Bärbel Schäfer/Monika Schuck
Das Glücksgeheimnis

Bärbel Schäfer
Monika Schuck

Das Glücksgeheimnis

Paare erzählen
vom Gelingen ihrer Liebe

kiepenheuer

Mit 18 Porträts von Thomas Kläber

ISBN 978-3-378-01102-1

Gustav Kiepenheuer ist eine Marke der
Aufbau Verlag GmbH & Co. KG

1. Auflage 2009
© Aufbau Verlag GmbH & Co. KG, Berlin 2009
Einbandgestaltung capa, Anke Fesel
Druck und Binden CPI – Clausen & Bosse, Leck
Printed in Germany

www.aufbau-verlag.de

Inhalt

Vorwort

Geliebt zu werden und zu lieben, jemanden zu finden, mit dem man das Leben teilen möchte, das ist wohl die größte Sehnsucht der Menschen. Und dennoch scheint es kaum etwas zu geben, das schwieriger ist. Die Scheidungsstatistik spricht eine deutliche Sprache: Im Jahr 2007 wurden in Deutschland 368 922 Ehen geschlossen und 187 072 geschieden. Seit Jahren liegt die Scheidungsrate bei etwa fünfzig Prozent. Durchschnittlich hält eine Ehe etwa vierzehn Jahre, und meist ist es die Frau, die den Schlussstrich zieht und die Scheidung einreicht.

Paare, die stabile und glückliche Beziehungen führen, werden mitunter bestaunt wie eine seltene Spezies, doch es gibt sie. Wir haben uns in diesem Buch auf die Suche nach ihrem Glücksgeheimnis gemacht und sind dabei der Frage nachgegangen, warum es einige Paare schaffen, über lange Zeit zusammen glücklich zu bleiben und nicht, wie Millionen andere, aus ihrer Beziehung einen Kampfplatz zu machen oder an Langeweile zu ersticken. Wie gelingt es, Liebe und Leidenschaft gegen den Alltag zu verteidigen, wenn heutzutage vielen Paaren im Durchschnitt bereits nach vier Jahren die Puste ausgeht und sie sich trennen.

In langen Gesprächen gaben uns Paare offen darüber Auskunft, wie sie Krisen meisterten, für den Partner durchs Feuer gingen oder noch immer verliebt sind wie am ersten Tag. Was zeichnet eine glückliche Partnerschaft aus? Vielleicht ein zarter Gute-Nacht-Kuss, ohne den Anna und Helmut Arrabin auch nach fünfzig Jahren Ehe nicht ins Bett gehen? Was prägt, was schweißt zwei Menschen zusammen? Ist es das Versprechen »Ich hole dich da raus, egal wie«, das der West-Berliner Student Eckard Albrecht der Ost-Berliner Studentin Regina mitten im Kalten Krieg gegeben hat und auch wirklich hielt?

Der Schriftsteller Wolf Serno stellt fest: »Ich bin einfach am liebsten mit meiner Frau zusammen«, und Eva und Hans fahren nach vierzig Ehejahren auch heute noch ab und zu mit dem Wagen durch die Landschaft und hören dabei weinend den Song: »You're my best friend«. Trotz falsch ausgedrückter Zahnpastatuben, Seitensprüngen und Enttäuschungen haben sich die von uns befragten Paare entschieden, den Partner, mitsamt seiner Schwächen und Macken, zu akzeptieren und anzunehmen und die Zukunft miteinander zu gestalteten.

Machen diese »alten« Paare etwas anders, dass es ihnen gelingt, eine dauerhafte Beziehung zu führen? Gibt es einen Code der Liebe? Vertrauen, Treue, Verzeihen, Respekt, Humor und viele gemeinsame Unternehmungen bei gleichzeitigem Gewähren von Freiräumen – das waren die häufigsten Antworten auf diese Frage. Aber wie erreicht man das?

Nach dem ersten Begehren muss sich emotionale Nähe, wirkliches Zusammengehörigkeitsgefühl entwickeln, Geborgenheit entstehen. Das romantische Ideal des immerwährenden Verliebtseins führt in eine Sackgasse. Eine erwachsene Beziehung hat auch Höhen und Tiefen. Wichtig ist es, genau diese Stolpersteine im Miteinander zu sehen, damit man nicht fällt. Über Krisen kann zum Beispiel eine Paartherapie hinweghelfen, wenn die Partner sie nicht aus eigener Kraft bewältigen können. Ein »Schiedsrichter« kann helfen, so Paartherapeutin Angelika Faas, Streitblockaden abzubauen und aus dem Funken der ursprünglichen Liebe, sofern er noch existiert, wieder das Feuer einer gut funktionierenden Ehe anzufachen. Auch der Sternekoch Johann Lafer hat auf diesem Wege wieder neu gelernt, mit seiner Frau im Gespräch zu bleiben und anzuerkennen, dass eine lebendige Beziehung beiden Raum lassen muss, sich darin entfalten und weiterentwickeln zu können.

Die Paare, die wir befragt haben, zeichnet eine große Nähe, Offenheit und ein ehrliches Interesse aneinander aus. Sie kämpften auf ihrem langen gemeinsamen Weg für die gleichen Ziele oder Träume oder bauten sich gemeinsam eine Existenz auf. Auch in schwierigen Zeiten liefen sie nicht vor den Problemen davon, sondern suchten immer wieder den Dialog mit dem Partner.

Menschen, die sich lieben, fügen sich Verletzungen zu. Das ist unausweichlich. Wenn die Partner den Weg gemeinsam weitergehen wollen, müssen sie in der Lage sein, einander zu verzeihen und auf Vergeltung zu verzichten. Niemals darf etwas, das man sich anvertraute, später gegen den anderen verwendet werden.

Die Forschung hat erwiesen, was zunächst wie eine Märchenweisheit klingt, nicht Reichtum und Ruhm, allein Liebe ist der Garant für wahres und dauerhaftes Glück. Warum aber gelingt es dann nur so wenigen Menschen, dieses Glück zu finden? Glaubt man der Statistik, müssten auf jeden Single Dutzende anderer Singles warten. Single-Agenturen, Singles im Internet, Single-Clubs, Single-Events, es gibt unzählige Möglichkeiten, Mr. oder Mrs. Right endlich zu finden. Strengen die meisten sich zu wenig an, wenn es darum geht, eine Beziehung zu gestalten, oder haben sie einfach nur Pech bei der Partnerwahl? Es ist unromantisch, aber wahr – sich in jemanden zu verlieben, hängt nicht nur von unseren Wünschen und Vorstellungen ab, es ist ein biochemischer Prozess. Unsere Sinne verarbeiten die von unserem Gegenüber gewonnenen Eindrücke binnen Nanosekunden. Ob es dabei funkt, hängt nicht nur von Attraktivität, Breitschultrigkeit, Größe, sondern von unzähligen anderen Faktoren wie Geruch, Ausstrahlung etc. ab.

Gibt es tatsächlich irgendwo auf der Welt den idealen Partner, die absolute Ergänzung zu einem selbst? Wir wissen es nicht. Eines aber wissen wir: Für sein Glück ist jeder selbst zuständig. Oft sind Erwartungen überhöht, und man muss lernen, Unterschiede auch als Bereicherung anzusehen, Interesse aneinander zu zeigen, einander zuzuhören, Gefühle, Ängste, Sehnsüchte zu formulieren. Es ist für uns selbstverständlich geworden, uns beständig und in den unterschiedlichsten Themenbereichen weiterzubilden, aber wie sieht es mit der Kompetenz in Sachen Partnerschaft aus?

Doch bei allen vernünftigen Ratschlägen und Tipps, mit denen wir heute überschwemmt werden, kann das Geheimnis des Liebesglücks sicher nie ganz entschlüsselt werden: Was sieht der Liebende in den Augen des geliebten Menschen, was lässt sein Herz beben beim Wiedersehen nach einer Trennung, woher hat er die Gewissheit, dass dies der Mensch ist, mit dem er sein Leben verbringen möchte? Niemand wird all das ganz genau ergründen können, doch diese Paare haben es erlebt: das Gefühl, zusammenzugehören.

Bärbel Schäfer, Monika Schuck im November 2008

Eine Beziehung braucht viele Kompromisse – kleine, große, mittlere

Das Schauspielerpaar Ann-Kathrin Kramer (42) und Harald Krassnitzer (48) ist seit etwa neun Jahren zusammen und lebt in der Nähe von Wuppertal. Ann-Kathrin Kramer hat einen elfjährigen Sohn aus ihrer früheren Beziehung mit dem Schauspieler Jan Josef Liefers.

ANN-KATHRIN KRAMER

Als ich Harald bei Dreharbeiten kennenlernte, lebte ich noch in einer Beziehung. Mein Sohn war gerade geboren, und ich war nicht besonders offen für das, was da passierte, einfach nicht bereit für eine neue Liebe. Bei mir hat es deshalb nicht gleich gefunkt, aber es gab schon eine große Anziehung zwischen uns. Harald verliebte sich in mich, machte aus seinem Herzen keine Mördergrube, war sehr offen und beständig und damit auch sehr gewinnend. Zu diesem Zeitpunkt hätte ich niemals die Initiative ergriffen. Bei mir wäre es eher dieser Klassiker geworden, man trifft sich ein Jahr später zufällig wieder und denkt: Warum sind wir nicht schon damals zusammen gekommen?

Wann es endgültig mit uns losging, kann ich gar nicht so genau sagen, es muss vor etwa neun Jahren gewesen sein. Es schlich sich so an, begann mit großem Hin und Her. Ich fühlte mich zu dem Zeitpunkt aus vielen Gründen sehr verwundet, war aufgrund meiner damaligen Beziehung verletzt und dünnhäutig. Doch Harald, der besonders einfühlsam ist, konnte mir in dieser Situation sehr viel geben und wurde mir schnell vertraut. Er war bei mir,

14

half mir sehr. Anfangs zog mich im Grunde seine Stärke an und seine Fähigkeit zuzuhören, aber dann wurde viel mehr daraus. Harald war für mich ein Mann wie aus einem Drehbuch, den man sich immer wünscht, den es aber in Wirklichkeit nicht gibt. Ich suchte lange nach dem Haken. Aber da war keiner!

Wir zogen recht schnell zusammen, das war, glaube ich, im Jahr 2000. Vorher lebten wir schon eine Weile gemeinsam in meiner Münchner Wohnung. Dann fanden wir ein Haus in der Nähe von Wuppertal, nah bei meinen Eltern. In die Provinz zu ziehen fiel uns beiden nicht leicht, doch es war für uns alle die beste Lösung, denn wir mussten ein Modell finden, in dem es meinem Sohn Leo gut geht. Wenn wir unterwegs zu Dreharbeiten sind, kann er nun bei den Großeltern sein.

Für uns beide ist es wichtig, uns nicht nur als Paar zu begreifen. Wir nehmen auch unsere jeweils eigenen Bedürfnisse ernst, möchten wissen, wer wir sind, was wir wollen. Wir müssen über unsere Sehnsüchte sprechen und diesen auch nachgehen können. Vor ein paar Jahren wollte Harald zum Beispiel einige Wochen allein mit einem Jeep nach Kenia fahren. Das war kein Problem für mich. Diskussionen um die Frage, ob man überhaupt allein oder mit einem Freund in Urlaub fahren darf, gibt es bei uns nicht. Auch über seine Ängste muss man reden können, und später darf niemals etwas, das man sich anvertraut hat, gegen den anderen verwendet werden. Wenn es mal schwierig wird, muss es da Rücksichten geben. Natürlich verletzen wir uns auch hin und wieder, man lernt ja erst mit der Zeit, wo die wunden Punkte des anderen sind. Sich gewollt oder aus reiner Boshaftigkeit zu verletzen, das darf jedoch niemals sein.

Ich bin super konfliktfähig und streite mich eigentlich gern. Zu viel Harmonie ist mir unheimlich. Harald hat das mit der Zeit ganz gut verstanden, auch wenn es ihm zunächst gar nicht leicht fiel. Für mich wäre es unvorstellbar, nur auf seinem Schoß zu sitzen und ihm den Bart zu kraulen. Wir haben mittlerweile eine gute Streitkultur entwickelt. Ich halte Streit für eine wichtige und legitime Form der Auseinandersetzung. Damit kommt eine andere Energie in die Beziehung, eine besondere Kraft. Die Kunst besteht darin, zu kämpfen, aber nicht einfach zu provozieren. Wir streiten eigentlich nicht oft, aber wenn wir es tun, dann mit viel Leidenschaft. Wenn mich etwas stört, hinterfrage ich aber immer erst mal ehrlich, ob es nicht an meiner momentanen Stimmung liegt.

Ich wusste gleich, dass eine Beziehung mit Harald kein Federballspiel sein wird. Er ist ein schwieriger Mann. Aber ich wusste auch, wenn ich mich auf ihn einlasse, wird es von langer Dauer sein. Er hat eine unglaubliche Fähigkeit, sich in andere hineinzuversetzen, sie zu verstehen. Das ist einerseits etwas Großartiges, hat aber andererseits auch mit Manipulation zu tun, und das mag ich gar nicht.

Meist ist es ja so, dass es erst eine Phase der Verliebtheit gibt, auf die dann die Liebe folgt. Bei uns war es umgekehrt, wir waren gar nicht so sehr verliebt, es war gleich Liebe. Erst später kamen immer wieder Phasen der Verliebtheit. Das ist auch heute noch so, und ich finde diese Variante sehr schön.

Da wir beide sehr viel arbeiten und oft unterwegs sind, haben wir keinen regelmäßigen Alltag. Wir kommen von Dreharbeiten zurück und müssen gleich präsent sein. Wir können uns nicht zurückziehen, nach einer anstrengenden Rolle in ein Loch fallen und erst wieder zu uns finden. Das hat ganz praktische Gründe. Wenn ich wieder zu Hause bin, erwartet mich mein Sohn Leo und braucht Aufmerksamkeit. Deshalb bin ich ganz schnell wieder mitten im Familienalltag. Das Wechselhafte der Arbeit finde ich aber sehr schön, so kann sich keine Routine einschleichen. Das Leben, das wir zwei Schauspieler mit Kind führen, bedeutet zwar insgesamt einen Mehraufwand, hält aber frisch. Der einzige Nachteil ist, dass wir als Paar phasenweise nur wenig Zeit haben, miteinander zu reden – und gerade das ist so wichtig. Man muss sich das so vorstellen: Wir treffen uns nach Dreharbeiten nach ein, zwei, drei oder sogar fünf Wochen wieder und wollen dann alles auf einmal. Das ist wie bei vielen Familien zu Weihnachten, wenn die ganze Verwandtschaft zusammen kommt. Dann kracht es oft erst mal. Wir mussten lernen, mit den Erwartungen des anderen klar zu kommen. Ich sage aber auch manchmal ein Angebot ab, um Zeit für die Familie und die Partnerschaft zu haben, das kostet mich keine Überwindung. Man kann nicht immer alles aufschieben und nachholen. Wir machen in jedem Sommer eine längere Pause. Diese Zeit gehört dann nur uns.

Besonders wichtig finde ich es, miteinander zu reden und zuzuhören. Ist man schon länger zusammen, glaubt man oft zu wissen, was der andere sagen will, was er fühlt. Dabei ist es so spannend, genau hinzuhören, man wird immer wieder überrascht. Gerade Frauen sind häufiger ungeduldig, meinen zu wissen was kommt. Mich kostete es die ersten Jahre viel Kraft, denn als Österreicher braucht Harald manchmal etwas länger. Da können auch mal zwanzigminütige Monologe heraus kommen. Das machte mich wahnsinnig. Mittlerweile sehe ich eher die Qualität darin, mich auf sein Tempo einzulassen. Man sollte einander immer wieder neu betrachten, neu entdecken und nicht denken, man wüsste sowieso schon alles. Alles ist in Bewegung, man weiß nie, was passiert. Es gibt immer wieder Situationen im Leben, die dir völlig unerwartet die Beine weg hauen können. Ich schütze unsere Liebe mit allem, was ich habe, dennoch kann ich nicht sicher sein, ob ich Harald nicht morgen betrüge. Es gibt keine Garantie, keine Sicherheit in der Liebe. Das sollte einem bewusst sein, wenn man das Leben miteinander verbringen will.

Um nicht falsch verstanden zu werden: Ich finde Treue sehr wichtig, und es wäre für mich undenkbar, wenn mein Partner gewissermaßen als ständige Option durch die Welt laufen würde. Aber wenn es einen Seitensprung gäbe, wüsste ich nicht jetzt schon, wie ich darauf reagieren würde. Natürlich hoffe ich, dass dieses Thema an uns vorbei geht. Ich glaube aber, die meisten Konflikte entstehen, wenn man Bedingungen stellt, starre Vorstellungen hat. So funktioniert Zusammenleben nicht. Manchmal muss man auch einfach mal etwas ertragen.

Ich bin kein eifersüchtiger Mensch, es gefällt mir, wenn andere Mädels Harald gut finden, aber es gibt Situationen, da schreie ich schon mal auf und will wissen was los ist. Zum Glück sind wir beide nicht flatterhaft. Es gibt ja viele Menschen, die gerne flirten, ohne besondere Absichten zu haben, einfach aus Spaß. Ich finde das anstrengend, und es würde auch bei mir Eifersucht wecken.

Eine Beziehung braucht viele Kompromisse – kleine, große, mittlere. Am besten ist es, wenn man sie gar nicht als Kompromisse betrachtet, sondern als ein Geschenk, man lernt etwas anderes kennen, betrachtet das Leben mal von einer anderen Seite aus. Wenn ich weiß, dass mein Partner sich etwas wünscht, ist das doch ein guter Grund, es für ihn zu tun. Zum Beispiel träumte Harald von einem Urlaub im Wohnmobil. Das konnte ich mir gar nicht vorstellen, da wir bei Dreharbeiten schon so oft im Wohnwagen leben. Der Kompromiss war, mit dem Hausboot durch die Grachten in Holland zu fahren. Mein Sohn verliebte sich sofort in diese Idee. Wir paddelten also bei strömendem Regen durch die Landschaft, in der kleinen Kajüte war es heiß und stickig, und ich versuchte verzweifelt, mir vorzustellen, das seien die Malediven. Insgesamt war dieser Urlaub aber sehr witzig, und mit ihm verbinden wir mehr Erinnerungen als mit allen anderen Reisen.

Harald und mein Sohn Leo mochten sich von Anfang

an sehr. Es war schön zu beobachten, wie sie sich annäherten, beide ihre Rolle suchten und fanden. Hätte das nicht funktioniert, wären wir sicher nicht zusammen. Ich war noch lange ein Mutterkokon, wie ein unsichtbarer Schutz, aber mit den Jahren traute ich Harald mehr und mehr Verantwortung zu. Leo hat nun zwei Papas. Weder sein leiblicher Vater Jan Josef Liefers noch Harald sind in der Beziehung eitel oder blöd. Sie gehen beide gut mit der Situation um.

Die größten Auseinandersetzungen und Krisen hatten Harald und ich am Anfang. Wir mussten uns sowohl als Paar, als Du und Ich und als Familie definieren. Einfach heile Welt ging für mich nicht, das machte mich verrückt. Es ging darum, Verantwortung zu übernehmen. Das war nicht leicht. Harald hat sich an mir zuerst wirklich die Zähne ausgebissen, ich habe immer dagegen gehalten und konnte auch nicht scheinbar auf etwas eingehen, was ich nicht wollte. Da haute Harald öfter ab. Er fuhr aber immer nur bis zur nächsten Ecke oder bis zur Autobahn. Dann kam er zurück und schwieg, manchmal eine Woche lang. Das fand ich unsäglich, auch frech, es wäre mir oft lieber gewesen, er wäre wirklich weggefahren. Dieses Schweigen hasse ich wie die Pest, ich empfinde es als Abstrafung, und es macht mich wütend. Aber wir haben diese Kämpfe miteinander ausgefochten, und sie brachten uns einander sehr nahe.

Als Paar will man eine Einheit bilden, dem Alleinsein entkommen. Natürlich ändert eine Partnerschaft nichts daran, dass man letztendlich doch allein auf Erden ist, aber mit einem guten Partner erlebt man eine Verwurzelung. Man geht anders durch die Welt. Die Liebe zu Harald hat mich selbstsicherer und ruhiger werden lassen.

Harald lebt sehr bewusst, er ist äußerst gewissenhaft. Ich mag vor allem seine Weichheit in vielen Bereichen. Auch wenn er stur ist und sich sehr verbeißen kann, ist er dennoch unglaublich liebevoll. Mit ihm ist eine ganz besondere Form von Kommunikation möglich. Er begegnet anderen sehr offen und nimmt sie ernst, ist menschenfreundlich, lebensfroh und dabei hat er sich etwas Unschuldiges bewahrt. Eine solche Energie finde ich nur bei wenigen Menschen, sie ist etwas ganz Besonderes. Das hat mich für ihn eingenommen. Harald ist ein Mensch, den ich lieben kann, wirklich lieben kann, der Nähe zulässt, mir gegenüber ganz, ganz offen ist. Ihm meine Liebe zu zeigen fällt mir leicht.

Ich glaube nicht, dass sich eine gute Partnerschaft dadurch auszeichnet, dass man alles zusammen unternimmt. Man muss loslassen können, wenn man sich vertraut. Wenn man weiß, dass der Partner nichts tut, was einen verletzen würde, findet man Ruhe. Man entwickelt sich in bestimmten Phasen unterschiedlich, manchmal ist die Karriere im Vordergrund oder die Beschäftigung mit sich selbst. Zuweilen muss man den Partner auch aus der Distanz betrachten, und sich dennoch im Auge behalten. Die Verbindung sollte nie abreißen.

Mein Ziel ist nicht, dass wir so viele Jahre wie möglich zusammen verbringen, sondern dass wir glücklich miteinander sind, uns etwas zu sagen haben. Wenn uns das für eine lange Zeit gelänge, wäre es wunderbar. Meine Eltern sind zum Beispiel seit vielen, vielen Jahren ein Paar und lieben sich immer noch. Jeden Nachmittag um halb fünf halten sie ihre Teestunde. Bei offenem Fenster hört man sie schnattern, lachen, erzählen. Das ist schön.

Wichtig ist vor allem, nie die gute Laune zu verlieren. Mir gefällt es, wenn wir uns überraschen. Ich brauche nicht das romantische Candle-Light-Dinner, lieber sind mir kleine Gesten, zum Beispiel unerwartet am Flughafen stehen. Es ist schön zu spüren, dass der andere bei einem ist.

In dem Film, bei dem Ann-Kathrin und ich uns kennenlernten, spielten wir Bruder und Schwester. Ich glaube, ich
war ihr zuerst ziemlich unsympathisch, zumindest irritierte sie meine österreichisch blumige Art. Damit konnte
sie nichts anfangen. Ich kam wiederum anfangs mit ihrer
Geradlinigkeit nicht klar. Da gab es Kommunikations-
probleme. Wir Österreicher empfinden es ja eher als un-
höflich, arrogant oder klugscheißerisch, wenn uns jemand
knallhart sagt, was er meint; wir umschreiben lieber alles
lang und umständlich, bevor wir auf den Punkt kommen.
Umgekehrt können die Deutschen mit unserer ständig la-
mentierenden Art wenig anfangen. Ann-Kathrins Direkt-
heit, immer gleich zu sagen, was sie denkt und fühlt, hat
mich erst erschreckt, dann aber gleichermaßen angezogen.
Ich war fasziniert und wollte sie näher kennenlernen. Im
Laufe der Dreharbeiten wurden wir uns vertrauter, und in
den Drehpausen führten wir oft sehr lange private Gespräche. Da hat es schon geknistert. Sie war damals in
einer schwierigen privaten Situation, und ich habe den
Frauenversteher gegeben, volles Verständnis gezeigt, ihr
sozusagen den starken Arm gereicht. Eines Abends kam
es zu einem Kuss. Ich war zutiefst erschrocken, denn ich
wusste ja, sie war noch in einer Beziehung. Das durfte also
nicht sein, ich wollte nichts sprengen oder kaputt machen
und trat den Rückzug an. Wir sahen uns fast ein Jahr nicht
mehr, Ann-Kathrin ging mir aber nicht aus dem Sinn, ich
dachte oft an sie.

Als unser gemeinsamer Film im Fernsehen lief, rief ich
sie an. Es war ein guter Vorwand, wieder Kontakt aufzu-
nehmen, und in diesem Gespräch merkten wir, dass da
noch etwas ist. Es kam zum ersten Rendezvous.

Am Anfang unserer Beziehung gab es häufige Turbulenzen, viel Streit, harte Auseinandersetzungen und Missver-

ständnisse. Jeder kämpfte um seinen Raum, eigentlich wollten wir zueinander, hinterfragten aber auch alles. Verletzungen, die aus anderen Beziehungen rührten, kamen hoch, bei Ann-Kathrin vor allem in Bezug auf ihren Sohn Leo, der damals noch sehr klein war. Es war für mich ein Sprung ins kalte Wasser. Plötzlich steckte ich in der Vaterrolle. Und sie forderte absolute Verantwortung von mir. Ich musste erst lernen, für so einen kleinen Menschen da zu sein, das wirklich umzusetzen. Ich habe es zunächst ein wenig auf die leichte Schulter genommen, dachte, es wäre damit getan, hin und wieder mal mit ihm zu spielen oder spazieren zu gehen. Wenn man aber plötzlich ein wirklicher Bezugspunkt wird, geht es um sehr viel mehr. Ich bin jetzt mit für seine Entwicklung zuständig, das musste ich erkennen und mich darauf einlassen. Das brauchte seine Zeit.

Manchmal knallte es so sehr, dass ich schon meine kleine Tasche packte und sagte: »Ich fahre nach Salzburg.« Das kam häufiger vor und wurde zum Synonym von: »So, das war´s jetzt, ich habe hier keinen Raum, das ist nicht mein Platz. Es ist aus, ich verschwinde.« Spätestens an der nächsten Ecke merkte ich allerdings, wie blöd und kindisch meine Reaktion war. Ich rauchte dann eine Zigarette vor dem Haus und ging zurück, sprach aber meist ein paar Tage nicht mehr und zog mich zurück. Dennoch nahm einer von uns das Gespräch immer wieder auf. Schlimm war es, wenn wir einen Streit hatten und einer von uns in dem Moment für längere Zeit zu Dreharbeiten weg musste, weil wir dann keine Chance hatten, das zu klären.

Ich glaube, weil wir in der ersten Zeit die Streitpunkte über unterschiedliche Lebenshaltungen und Verantwortlichkeiten so hart ausgefochten haben, ist unser Verständnis füreinander jetzt umso größer. Wir haben viel gelernt, indem wir uns auf diese Auseinandersetzungen einließen. Mittlerweile haben wir eine sehr schöne Gesprächskultur, und unsere Verliebtheit beginnt immer wieder von vorn. Unsere Liebesgeschichte war eine Art umgekehrte Zeitreise, am Anfang war es hart, dann wurde es immer besser, und wir kamen uns sehr nah.

In unserem Metier kommt es oft vor, dass sich gerade jüngere Schauspieler am Set verlieben. Sie spielen nach Drehbuch ein Liebespaar, präsentieren den Film auf dem roten Teppich tatsächlich als Paar und sind, wenn der Film anläuft, oft schon wieder getrennt. Das sind häufig Liebschaften mit geringer Halbwertzeit. Mir ist das früher auch passiert. Sogenannte prominente Traumpaare geistern immer wieder durch die Klatschpresse. Auch wir werden gern als solches bezeichnet. Wir lachen nur darüber, schließlich lesen wir in der Yellow Press von ständig neuen Traumpaaren, deren Partner nach ein paar Wochen in jeweils anderen Konstellationen bereits als neue Traumpaare gefeiert werden. Absolut lächerlich.

Ann-Kathrin und ich haben uns in einem Alter kennengelernt, in dem wir beide schon bestimmte Beziehungsmuster erlebt hatten. Dieses »Just for fun«, das Schnelllebige interessierte uns nicht mehr.

Wenn man sich verliebt, entdeckt man in der Regel erst die Sexualität, man ist total aufgeregt, verschmilzt mit dem anderen. Ich denke, je älter man wird, desto mehr projiziert man in den anderen hinein, man läuft der Sehnsucht nach wahrer Liebe hinterher, versucht im Partner etwas zu finden, was möglicherweise gar nichts mit ihm zu tun hat. Wenn man das überwindet, beginnt Akzeptanz und wirkliches Verstehen, und man schafft es, sich im anderen zu spiegeln. Bei uns gab es zwar auch mal Funkstille, aber trotz großer Krisen immer eine innere Notwendigkeit, das Bedürfnis, wieder zueinander zu kommen.

Kehre ich von Dreharbeiten zurück, weiß ich schon im Flugzeug, dass da gleich Leo ist, der meine ganze Aufmerksamkeit fordert. Da ist kein Platz mehr für künstlerische Attitüden. Mit einem Kind ist man gleich wieder geerdet. Ann-Kathrin kann das bis zur Perfektion, sie ist sehr gut organisiert. Sie kann erst entspannen, wenn ihr Sohn gut versorgt ist. Ich lerne immer noch, das wirklich umzusetzen. Eine wesentliche Säule unserer Beziehung ist es, dass wir unseren Alltag ganz bewusst leben, eine Familie sind. Alltag ist für uns nicht langweilige Routine, sondern hat unsere Liebe eher gestärkt. Was uns sonst umgibt, Dreharbeiten, Filmfeste, Events, bleibt dann draußen. Wir genießen es sehr, zu Hause zu sein, mal nichts darstellen zu müssen, und sprechen auch wenig über den Job. Unsere Privatheit schützen wir.

Drehbücher besprechen wir grundsätzlich nicht. Das wird strikt getrennt. Wir sind beide so ehrgeizig, dass wir Rollenangebote nur aus unserem Blickwinkel betrachten würden, etwas steuern wollten. Besprochen wird lediglich das Zeitmanagement, also alles, was unser Zusammenleben direkt betrifft.

Am Anfang unserer Beziehung hatte ich manchmal ein Problem damit, wenn Ann-Kathrin das interessantere Filmangebot bekam – daran hatte ich zu knacken, war eifersüchtig, wenn sie im Fokus stand. Ich bin da schon eher in klassischen Rollenmustern aufgewachsen, der Mann hat Erfolg, und die Frau steht im Schatten. Mit zunehmendem Vertrauen zu ihr und auch zu mir selbst änderte sich das. Das hing sicher auch damit zusammen, dass Frauen eher alles mit dem Partner teilen und nicht wie Männer bei zunehmendem Erfolg denken, sie könnten alles und alle haben.

Am meisten mag ich Ann-Kathrins Aufrichtigkeit und noch mehr, dass sie mich liebt. Von ihr habe ich gelernt, Liebe anzunehmen und zu spüren, der Liebe nicht zu misstrauen. Mir selbst fällt es immer noch schwer, über Gefühle zu sprechen, ich empfinde da eher so, wie es in diesem russischen Gedicht heißt: »Wenn du die Quelle auffüllst, trübst du sie.« Theoretisch gelingt es mir ganz gut, Emotionen zu formulieren, aber in der Praxis ist das anders. Ich hatte einmal ein lustiges Erlebnis mit einem Analytiker. Ich lag auf seiner Couch und erzählte ihm mein Leben. Eines Tages schlief er dabei ein. Ich war stinksauer, enttäuscht und beschwerte mich bei ihm. Er entgegnete: »Sie erzählen mir seit einem halben Jahr jedes Mal den gleichen larmoyanten Scheiß. Was wollen Sie eigentlich?« Wir mussten beide lachen, und der Panzer war geknackt. Ich konnte endlich Verletzungen zugeben, träumen, auch mal weinen und sehen, dass da mehr ist als nur Maske und Fassade. Das blieb aber im Alltag zunächst Theorie, wirklich umsetzen konnte ich es erst mit Ann-Kathrin. Bei ihr war ich zum ersten Mal bereit mich zu öffnen, konnte Schwäche zulassen, ohne Angst, als Weichei zu gelten, oder abgewiesen zu werden. Daran wuchs ich, wurde erwachsener. Durch diese Beziehung bin ich klarer und direkter geworden. Früher glaubte ich immer funktionieren zu müssen, das ist mir heute wurstpiepegal. Ich vertraue ihr.

Auch unsere Sexualität hat sich im Laufe der Jahre verändert, wird intensiver, offener, mutiger, freier. Am Anfang will man es immer vor allem besonders gut machen, dann wird es zum Dialog. Wir sprechen jetzt mehr über unsere Körper, über unsere Wünsche. Das macht den Sex spannender, spielerischer.

Treue ist ganz wesentlich, sie ist eine Voraussetzung, sonst geht es schief. Ich behaupte zwar, dass ich überhaupt nicht eifersüchtig bin, aber in Wirklichkeit bin ich es massiv, tue dennoch sehr souverän.

Verheiratet sind wir nicht, aber manchmal haben wir schon Lust dazu. Dann wieder kommt es uns irgendwie zu theatralisch vor: »Ja, ich will!« zu sagen. Wir fantasieren spaßeshalber über Gäste- und Geschenkelisten, dass es zum Beispiel ein Grund wäre zum Standesamt zu gehen, weil bald eine neue Waschmaschine fällig ist ... Es macht Spaß zu überlegen, wo und wie die Hochzeit stattfinden könnte. Auch ohne Trauschein fühlen wir uns wie Mann und Frau. Auf jeden Fall möchten wir miteinander alt werden, und manchmal malen wir uns aus, wo wir dann sein werden. Ann-Kathrin träumt von einem Haus im Süden am Meer, ich denke eher an die Steiermark, das Burgenland oder Tirol, schließlich muss die medizinische Versorgung im Alter stimmen. Solche Planspiele hecken wir gerne aus.

Egal, wie lange man zusammen ist, man entdeckt am Partner immer wieder etwas Neues. Das ist spannend. Jeder hat im tiefsten Inneren ja etwas verborgen, das man noch nicht kennt, Sehnsüchte und Wünsche, die man auch sich selbst gegenüber noch nicht formuliert hat. Dem muss man Zeit lassen, bevor man es benennt und ausspricht. Früher störte mich eher mal etwas an ihr, jetzt würde ich nichts an Ann-Kathrin ändern wollen. Wozu auch? Auch wenn ich vieles anders machen würde als sie, finde ich es heute spannender zu beobachten, welche Herangehensweise sie wählt.

Ich glaube, wir sind uns tief in der Seele sehr ähnlich, wir beschreiten aber den Weg der Umsetzung ganz unterschiedlich. Zwei Sichtweisen, zwei Menschen, die aber unbedingt zueinander wollen, zusammen gehören.

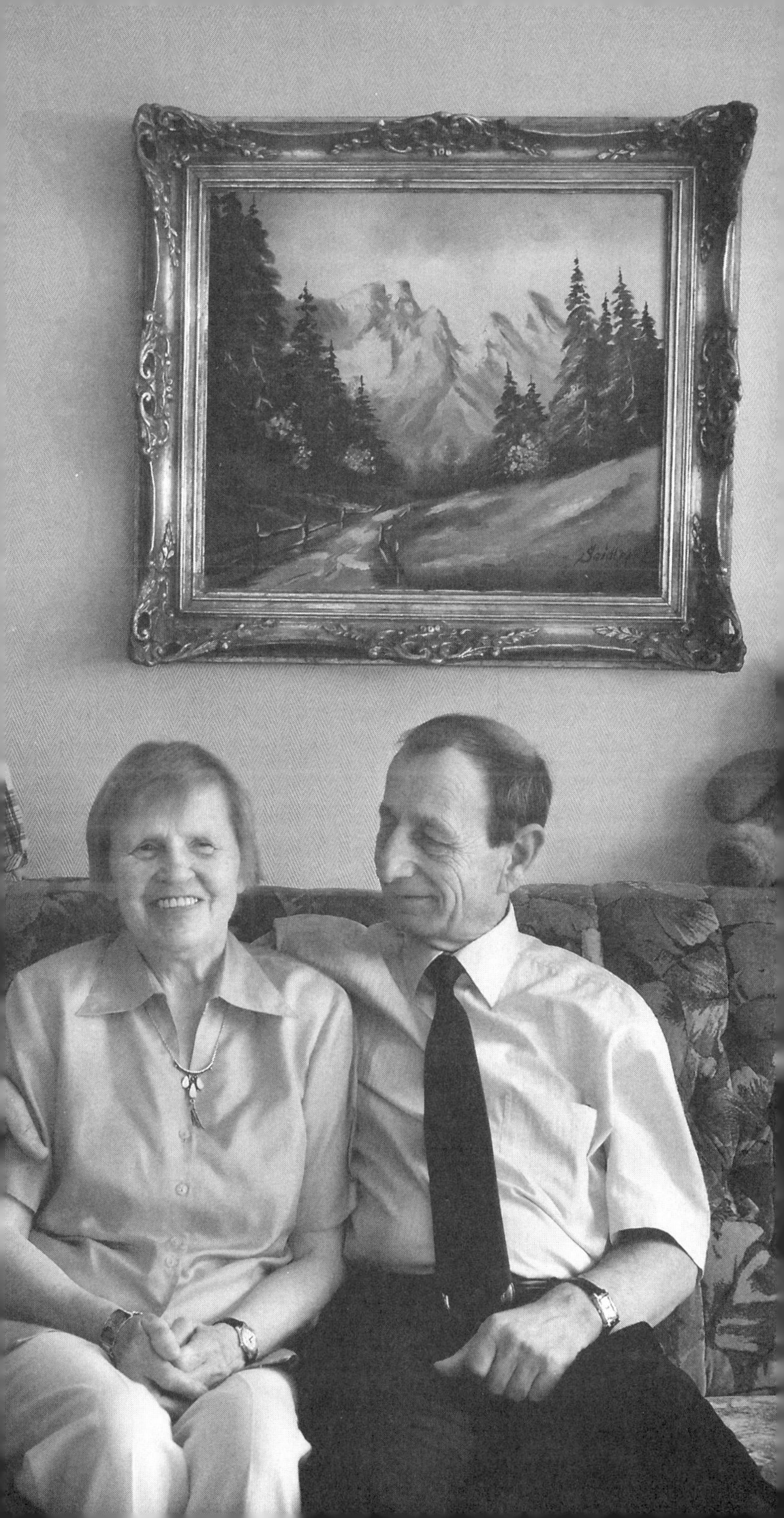

Unser Fundament ist Vertrauen

Harald Krämer (66), Kaufmann, ist seit 46 Jahren mit Irmgard Krämer verheiratet. Die ehemalige Büroangestellte leidet seit ihrer Geburt an einer starken Sehbehinderung. Das Paar hat eine Tochter.

HARALD KRÄMER

Dreißig Jahre lang konnte mir mein Freund nicht verzeihen, dass ich ihm Irmgard, meine heutige Frau, ausgespannt habe. Mich belastet die damalige Krise unserer Männerfreundschaft immer noch, aber ich konnte nicht anders, Irmgard war eben genau die Frau, die ich haben wollte. Das spürte ich schon im ersten Moment unserer Begegnung. Der Blitz hatte bei mir eingeschlagen, es war einfach um mich geschehen. Sie war meine erste sehbehinderte Freundin, obwohl ich damals viele Bekannte mit starken Seheinschränkungen hatte. Für mich spielte es nie eine Rolle, ob Irmgard blind war oder nicht, das war mir egal. Ich war immer überzeugt, dass sie ihren Weg ohne besondere Probleme gehen würde, nur dass sie eben schlechter sieht. Diese Zuversicht hat mir Vertrauen in unsere Liebe gegeben. Ich wollte Irmgard so schnell wie möglich heiraten.

Unsere damaligen Freunde und Bekannten waren, was unsere Liebe anging, keinesfalls so optimistisch wie wir zwei. Nach und nach wandten sich viele von uns ab. Sicherlich war nicht nur meine Partnerwahl der Grund dafür, aber es gab eine Reihe von Ressentiments. Mein ehemaliger Chef hat mich damals sehr verletzt. Da er selbst kinderlos war, plante er, seinen Betrieb an mich zu übergeben. Als er von meinen Heiratsplänen mit einer Sehbehinderten erfuhr, ging unser Arbeitsverhältnis schnell in die Brüche, denn für ihn war ein Geschäftsführer mit einer blinden Frau für seinen Betrieb undenkbar. In dieser extremen Form habe ich Ablehnung zum Glück nie wieder spüren müssen.

Dass meine Frau und ich uns kennenlernten, war reiner Zufall. Jener Freund, der selbst Interesse an Irmgard hatte, bat mich, sie zu gemeinsamen Unternehmungen mit der Clique zu überreden. Sie hatte bis dahin alle seine Vorschläge abgelehnt. Mein Versuch jedoch war gleich beim ersten Mal erfolgreich, sie begleitete uns, und wir beide verstanden uns prächtig an diesem Abend.

Beeindruckt haben mich besonders ihre Stimme und ihre Ausstrahlung. Auch optisch entsprach sie meinen Vorstellungen: eine hübsche Blondine, Typ Doris Day. Das Fundament unserer über vierzigjährigen Beziehung ist das starke Vertrauen, das wir ineinander haben. Selbst in unseren schwierigsten Zeiten war diese Basis nie getrübt. Und wir hatten einige schwere Jahre. Meine Frau musste zum Beispiel ihren Beruf aufgeben, weil mein Schwiegervater pflegebedürftig wurde. Dann erkrankte auch noch ihre Mutter. Alles in allem hat meine Frau zehn Jahre ihres Lebens in die Pflege ihrer Eltern investiert. Doch auch danach konnten wir nicht durchatmen. Im Alter von dreiundvierzig Jahren erhielt ich die Diagnose Leberzirrhose. Drei Jahre zuvor hatte ich mich mit einem Küchenstudio selbstständig gemacht. Wir kamen in finanzielle Schwierigkeiten. Das tägliche Geschäft lag durch meine Erkrankung darnieder. Hinzu kam, dass wir zwei Pferde hatten, die versorgt werden mussten. Für meine Frau bedeutete die gesamte Situation enormen Stress. Die laufenden Aufträge mussten abgewickelt, Kunden zufrieden gestellt und Rechnungen bezahlt werden. Es wurde am Ende schwierig mit der Liquidität, und so etwas belastet jede Ehe. Wir stießen beide an unsere Grenzen.

Meine Frau litt darunter, dass sie mir wegen ihrer Sehbehinderung nur bedingt unter die Arme greifen konnte. Die Ärzte rieten mir dringend zur Geschäftsaufgabe, doch ich ließ mir täglich Unterlagen aus der Firma ans Krankenbett bringen. Dieser Druck war kaum zu ertragen. Auf der einen Seite die finanziellen Schwierigkeiten, auf der anderen die Ängste meiner Frau. Einen richtig engen Freund, dem ich mich in dieser schweren Zeit hätte anvertrauen können, gab es leider nicht. Ich musste allein mit allem zurechtkommen. Zum damaligen Zeitpunkt war ich über die resignative Haltung meiner Frau enttäuscht. Dennoch machte ich ihr deshalb zu keiner Zeit Vorwürfe. Ich zweifelte auch in der Krise nie an unserer Ehe. Sie stand zwar auf der Kippe, aber im Herzen war unser beider Ziel immer der Erhalt und nicht das Ende der Gemeinschaft.

Schließlich war es unsere Tochter, die uns aus dieser ausweglosen Situation rettete, indem sie in diesem ihr völlig fremden Metier ins kalte Wasser sprang. Sie ist ganz selbstverständlich mit der Sehbehinderung ihrer Mutter aufgewachsen, so wie es bei mir mit der Blindheit meines Ziehvaters war. Irmgard versuchte immer, unsere Tochter wie eine ganz »normale«, nicht sehbehinderte Mutter zu erziehen. Zu keinem Zeitpunkt beanspruchte sie die Hilfe unserer Tochter, was ich für einen Fehler hielt, ich hätte mir diesbezüglich mehr Strenge gewünscht. Doch ich hatte mit der beruflichen Belastung mehr als genug zu tun und war oft abwesend. So habe ich einen großen Teil der Kindheit meiner Tochter verpasst, was mir heute enorm leid tut.

Die Liebe ist gerade in Krisen wichtig, aber eine gute Ehe braucht hauptsächlich Vertrauen. Das Vertrauen in den Partner nicht zu verlieren, erscheint mir fast noch wichtiger als die Liebe selbst. So gestärkt, kann auf ein Paar zukommen, was will.

Selbst nach so vielen Jahren Ehe mag ich die Stimme meiner Frau und ihre Ausstrahlung immer noch besonders gern. Ich bin stolz auf sie und darauf, wie wir zusammen unser Leben gemeistert haben. Mit ihren Gefühlen ist sie mir manchmal zu zurückhaltend, sie kann vieles nicht offen aussprechen, wie ich es mir wünschen würde. Mir fallen emotionale Äußerungen leichter.

Doch das einzige, was mir in unserer Partnerschaft fehlt und was ich wirklich bedaure ist, dass wir keine gemeinsamen Urlaubsreisen unternehmen. Meine Frau reist nur sehr ungern, sie ist sehr ortsgebunden, leidet unter starkem Heimweh und fühlt sich in der ihr vertrauten Umgebung am sichersten. Wir waren in all den Jahren nicht ein einziges Mal gemeinsam in den Ferien. Dabei litt ich schon als Junggeselle oft unter Fernweh, ich bin viel und gern unterwegs gewesen. Nun, als Ehemann, reise ich immer allein, das ist schmerzhaft.

Mich erstaunt nach all den Jahren an der Seite einer blinden Frau, wie oft sich Menschen im Alltag feige verhalten und uns nicht offen fragen, was sie interessiert. Sie gucken bloß und schweigen. Wir spüren beide, dass viele aus Angst oder Hilflosigkeit nicht wissen, wie sie sich verhalten sollen. Lernen sie uns dann näher kennen, sind sie von meiner Frau immer hell begeistert und plötzlich ganz aufgeschlossen.

Jede Partnerschaft setzt sich Etappen auf dem gemeinsamen Weg. Wir haben in vier Jahren goldene Hochzeit. Dieses Ereignis werden wir, hoffentlich bei guter Gesundheit, sicherlich feiern. Je mehr Jahre wir miteinander verbringen, umso mehr halten wir zwei zusammen, so empfinde ich es. In unserem jetzigen Alter leben wir viel von unseren Erinnerungen. Es ist eine große Bereicherung, sich über das gemeinsam verbrachte Leben auszutauschen, über Höhen und Tiefen, gute und schlechte Jahre. Sie alle sind mir wertvoll.

IRMGARD KRÄMER

Als ich 1961 meinen zukünftigen Mann in der Tanzstunde des Blindenbundes zum ersten Mal traf, habe ich ihn zunächst gar nicht richtig wahrgenommen. Ich war zu sehr ins Gespräch mit Freunden vertieft. Damals konnte ich noch Umrisse erkennen. Was bei den Sehenden der erste Augenkontakt ist, geht bei uns Sehbehinderten über das Gehör und Gefühl. Ich spüre genau, wie mir jemand gegenüber tritt, wie seine Stimme wirkt und wie er sich verhält, reserviert oder entspannt. Ich kann sehr leicht, offen und natürlich auf neue Menschen zugehen, das entlastet mein Gegenüber, das spüre ich.

Mein Mann war jemand, mit dem das Gespräch sofort frei, sehr nett und zugänglich verlief. Er war alles andere als unsicher, wie es mir oft mit Menschen passiert, die zum ersten Mal mit meiner Sehbehinderung konfrontiert sind. Vielleicht lag das auch an seinem Alltag mit dem durch Diabetes sehbehinderten Stiefvater. Für uns Blinde ist es ein gewaltiger Unterschied, ob jemand Erfahrung im Umgang mit uns hat oder nicht.

Unser erstes Treffen plätscherte also in dieser äußerst freundlichen Atmosphäre dahin, und er bat um weitere Treffen. Ich stimmte zwar zu, aber ich hatte zu der Zeit auch Einladungen anderer Männer. Ein damaliger Arbeitskollege, wir mochten uns ebenfalls, begleitete mich des öfteren nach Dienstschluss zur Straßenbahn. Doch er war im Umgang mit meiner Sehbehinderung bei weitem nicht so gelassen wie mein heutiger Mann und sagte einmal zu mir: »Irmgard, ich mag dich sehr, aber ich kann mir beim besten Willen nicht vorstellen, mit einer blinden Frau verheiratet zu sein. Kochen, putzen, Frühstück bereitstellen und den Haushalt organisieren, das müsste ich ja alles selber erledigen.«

Viele junge Männer reagierten damals so wie dieser Arbeitskollege, wenn es ernster wurde. Dabei ist es mein Bestreben, im Haushalt so vieles wie möglich selbstständig zu bewältigen und den Partner nicht stets um Hilfe bitten zu müssen. Schließlich bin ich als Schülerin in die Blindenstudienanstalt gegangen und war nach einer Ausbildung im Frankfurter Hauptpostamt berufstätig. Ich freue mich darüber, backen, kochen, Fenster putzen, waschen, Staub saugen zu können und ich versuche, ebenso viel im Haushalt zu leisten wie eine sehende Frau.

Mein heutiger Mann war eben hartnäckiger als die anderen Verehrer, er tauchte immer wieder auf. Wir gingen gemeinsam schwimmen, besuchten Veranstaltungen, machten Ausflüge. Harald nahm mich ganz natürlich überall mit hin und fuhr mich ab und zu mit seinem Moped ins Mädchenwohnheim des Hauptpostamtes.

Unsere Gefühle wurden in dieser Zeit, es war Anfang 1962, stärker, und dann ging alles sehr schnell. Im April 1962 fand unsere Verlobung statt und im September desselben Jahres die Hochzeit. Doch gleich nach der Eheschließung begannen die Schwierigkeiten, denn weit und breit gab es keine Wohnung. Die Einzimmerappartements des Blindenbundes waren zu klein für zwei, und die Leiterin der Wohnanlage wollte darin nur Blinde und keine Ehepaare unterbringen. Unter der Wohnungsknappheit litten damals viele junge Paare mit Trauschein in Frankfurt am Main, das hatte nichts mit meiner Blindheit zu tun. Wir zogen also die Konsequenz und gingen zurück in das Haus meiner Eltern in Nordhessen.

Zu Beginn unserer Ehe konnte ich noch schemenhaft sehen, ich war selbstständiger, ging noch allein zur Straßenbahn, fuhr bis zum Frankfurter Hauptbahnhof und lief ohne Blindenstock – der setzte sich erst in den siebziger Jahren richtig durch – zur Hauptpost, meinem Arbeitsplatz.

Als wir im Hause meiner Eltern erstmals zusammen lebten, mussten mein Mann und ich uns erst einmal richtig kennenlernen. In dieser Anfangszeit gab es schon die eine oder andere Reiberei, wie in jeder Beziehung. Morgens verließen wir gemeinsam das Haus und fuhren zusammen mit dem Auto nach Kassel, wo wir arbeiteten, und abends gemeinsam zurück. Tagsüber haben wir uns also gar nicht gesehen, eigentlich blieben nur die Abendstunden für das Zusammensein. Ich bin eher ein zurückhaltender Typ und schreibe keine Liebesbriefe, aber ich konnte immer offen über meine Gefühle sprechen.

Vielleicht hat bei diesen ersten Konflikten unterschwellig auch meine Sehbehinderung eine Rolle gespielt. Kein Arzt konnte mir damals eine eindeutige Prognose stellen. Ich bin von Geburt an sehbehindert, meine Schwester ebenfalls. Unser älterer Bruder hingegen war sehend. Ich war der Nachkömmling, meine Mutter war bei meiner Geburt bereits vierzig Jahre alt. Keine der Recherchen über die familiären Ursachen brachte ein Ergebnis.

Die ersten vier Schuljahre besuchte ich noch eine Regelschule mit wirklich engagierten Lehrern, ab dem zehnten Lebensjahr lebte ich im Internat der Blindenschule. Noch heute kann die Medizin bei mir keine Verbesserung herbeiführen. Ich leide an Durchblutungsstörungen im Augenbereich und einem vertrockneten Sehnerv. Das ist ein schleichender Prozess, und eine Operation im Sehzentrum wäre zu riskant.

Manchmal kann ich selbst kaum glauben, dass wir schon sechsundvierzig Jahre verheiratet sind. Wir hatten ein sehr turbulentes und manchmal nicht ganz leichtes Leben. Einige Male waren wir sogar kurz davor, auseinander zu gehen. Es gab nicht nur Friede, Freude, Eierkuchen in all den Jahren. Die Probleme, die sich im Laufe unserer Ehe ergaben, waren heftig, und dieses Gefühl, dass wir es nicht mehr zusammen schaffen, gab es in Krisenzeiten auf beiden Seiten. Am Ende war aber eher mein Mann derjenige, der an unserer Ehe festhielt, ich wollte ihn nicht um jeden Preis halten, nur weil er sehend war. Meine gesundheitliche Situation bereitete mir damals sehr große Schwierigkeiten. Es war eine Zeitlang wirklich wackelig zwischen uns. Zu große Turbulenzen können für eine Ehe tödlich sein. Es gibt für jeden Ehepartner eine Grenze des Belastbaren, es sei denn, man ist ein sehr gläubiger Mensch, das mag in schwierigen Zeiten helfen. Ich glaube nicht an Ehen ohne Krisen, dafür sind wir alle zu verschieden und nicht immer zur gleichen Zeit kooperativ.

In der Krise für beide einen gangbaren Weg zu finden, das Gespräch und immer wieder den erneuten Zugang zum Partner zu suchen, gehört zu den ersten Schritten der Befriedung. Man braucht bei auftauchenden Problemen in der Ehe einen Ausgleich, dann ist es leichter, diese zu meistern. Wir zum Beispiel haben uns in dieser Zeit einer Frankfurter Tandemgruppe angeschlossen und uns zwei Pferde angeschafft. Ich liebte den Duft des Waldes und der Tiere bei den Distenzritten, und ich nahm sogar an einer Jagd teil. Auch gemeinsame Wandertouren, Konzert- und Kinobesuche sind hilfreich bei einer kriselnden Beziehung. Ich glaube daran, dass man sich als Paar das gemeinsame Glück erarbeiten kann. Vielleicht bilde ich mir das ein, aber mir kommt es so vor, dass sich junge Paare heute schneller trennen, sie sind durch ihre Berufe häufiger gestresst als wir in den sechziger Jahren.

Sich in einer Ehe einen eigenen Raum zu verschaffen ist genauso wichtig, wie die Pflege der Gemeinsamkeiten. Wenn die Partner dies versäumen, dann ist die Ehe meiner Meinung nach zum Scheitern verurteilt. Mein Garten zum Beispiel ist heute noch ein Hobby, das ich nur für mich betreibe, genauso wie der Kirchenchor oder der Englischkurs, den ich zusammen mit meinen Freundinnen besuche, ohne unsere Männer.

Heute gibt es in unserer Ehe zum Glück keine Turbulenzen mehr. Doch nachdem unsere Tochter aus dem Haus war und wir in die Nähe von Frankfurt zogen, gab es noch einmal eine schwierige Zeit. Nur den Haushalt zu versorgen und mittags für meinen Mann zu kochen, das reichte mir nicht. Plötzlich war es egal, wann ich mein Bett verließ, ob um sieben Uhr in der Früh oder erst gegen zehn Uhr, weil ich nicht wusste, wie ich den Tag gestalten soll. Ich musste handeln, um zu Hause nicht zu versauern, und begann meine Tätigkeit beim Blindenbund. Zunächst in der Beratung, als Frauengruppenleiterin, später im Vorstand von Bezirks- und Landesgruppen. Mein Mann unterstützt mich aus voller Kraft bei dieser Tätigkeit und fährt mich oft zu den Terminen nach Frankfurt, denn ich bin mit den Jahren ängstlicher geworden. Ich marschiere nicht mehr mit meinem Langstock auf Teufel komm raus in die Öffentlichkeit und riskiere einen Sturz. Das Mobilitätstraining habe ich auch vernachlässigt, deshalb bin ich besonders froh, dass mein Mann mir wirklich eine große Hilfe bei der Arbeit im Blindenbund ist.

Die Liebe ist für mich ein Wunder. Das man solange miteinander leben kann, ist doch nicht selbstverständlich. Liebe ist nie in ihrer Intensität gleichbleibend, sie muss durch Abwechslung aufgefrischt werden. Der Rhythmus des Aufstehens, Frühstückens, Zeitunglesens, muss unbedingt durchbrochen werden. Uns ist es in den Jahren unserer Ehe gelungen, diese lähmende Routine gar nicht erst aufkommen zu lassen.

Bei so vielen Möglichkeiten, die meinem Mann offen standen, waren viele Bekannte verwundert, warum er ausgerechnet mich, eine Sehbehinderte, zur Frau nahm. Sie waren fast alle der Meinung, dass er sich in unserer Ehe abrackern, den größeren Part der anfallenden Arbeiten übernehmen müsse. Ich wollte diesen Zweiflern mit aller Macht beweisen, dass sie falsch lagen. Ihre spitzen Bemerkungen waren ein Ansporn für mich, selbstständiger zu sein. Damals haben mich solche Aussagen verletzt, und meine Reaktion war immer, Stärke zu demonstrieren.

Heutzutage habe ich mehr Verständnis für die damaligen Bedenken der Leute. Sicherlich muss der Ehepartner eines Sehbehinderten präsenter sein als der eines Sehenden. Manche Dinge kann ich im Alltag eben nicht leisten, dennoch scheint es für einen Sehenden kaum fassbar, was ein blinder Mensch im Beruf, Haushalt und Familie zu bewältigen vermag.

Die Erziehung unserer Tochter lag allein in meinen Händen. Diese Aufgabe habe ich so ernst genommen, dass mein Mann fast ein wenig zu kurz kam und sich beschwerte. Unsere wunderbare Tochter ist gesund und sehend. Wir wollten das Schicksal einer Sehbehinderung bei einem weiteren Kind nicht herausfordern und sind das Risiko deshalb nicht eingegangen. Ab und zu unterstützte mich die Gemeindeschwester bei der Erziehung, aber den Familienalltag mit Fläschchengeben und Windelnwechseln habe ich allein geschafft, und darauf bin ich stolz. Ich habe mit dem restlichen Augenlicht sogar noch die ersten Schritte meiner Tochter erkennen können.

Heute sehe ich rechts noch ein Prozent, und selbst das wird weniger. Obwohl ich täglich mit meiner Sehbehinderung konfrontiert bin, packt mich auch heute noch ab und zu die Wut. Ich trauere dann der Zeit nach, als ich noch etwas besser sehen konnte. Doch nach ein paar Tagen bin ich aus so einer Minidepression wieder heraus und versuche meist, niemanden damit zu belasten. Ich lese in diesen Phasen viel, arbeite am Computer, höre Radio und gehe in meinen Garten.

Wir Blinde helfen uns mit vielen kleinen Tricks, um den

Alltag zu meistern. Ordnung im eigenen Kleiderschrank ist zum Beispiel oberstes Gebot. Hosenanzüge und Kostüme gehören nach Gebrauch sofort wieder auf den Bügel an Ort und Stelle. Mittlerweile gibt es ein Farberkennungsgerät, sodass ich nicht dauernd hinter meinem Mann herlaufen und ihn nach passenden Farbkombinationen fragen muss. Die Farben Anthrazit und Dunkelblau verwechsle ich oft mit Schwarz. Manchmal ist mein Mann ein wenig dominant, und es gibt Streit darüber, wo etwas in unserem Haushalt stehen soll. Erst gestern hat er versucht, heimlich ein Glashäuschen aus unserem Schlafzimmer zu verbannen, aber ich bin ihm auf die Schliche gekommen. Dennoch: Kompromisse sind in einer langen Ehe sehr wichtig, auch bei einer kleinen Dekoration.

Bei uns Blinden steht und fällt alles mit Beschreibungen oder Berührungen. Die Augenfarbe und das dunkle Haar meines Mannes konnte ich zu Beginn unserer Liebe noch erkennen, heute fühle ich, dass sein Haar lichter geworden ist. Bei gemeinsamen Spaziergängen spüre ich seine Körpergröße, und wenn wir zusammen durch die Stadt gehen, beschreibt er mir die Kleidung und das Verhalten der Menschen um uns herum. Mein Spaziergang durch das Leben geht über das Gehör.

Make it – or break it!

Kerstin W. (43) arbeitet bei einer deutschen Fluglinie
und ist seit 1991 mit Klaas W. (44), Kaufmann, verheiratet.
Das Paar lebt, nach einem mehrjährigen Auslandsaufenthalt
in Hongkong, heute wieder in Bremen und hat drei Söhne
im Alter von zwölf, elf und sechs Jahren.

KERSTIN W.

Wenn Klaas einen Raum betritt, kann man ihn nicht übersehen. Seine Präsenz, sein mitreißendes Wesen und seine Attraktivität gefielen mir sofort, als ich ihn kennenlernte. Ich merkte schnell, dass ich gern in seiner Nähe war, doch ich steckte zunächst noch in einer kränkelnden Beziehung und versuchte die aufkommende Verliebtheit zu Klaas abzuwehren. Es nützte nichts. Klaas zeigte mir deutlich, dass er mich begehrte, und lange konnte ich mich seinem Charme nicht entziehen. Über einen Hamburger Radiosender überraschte er mich einmal sogar mit einem Song und einer verschlüsselten Mitteilung, damit mein damaliger Freund nichts bemerkte. Sie lautete: »Dieser Song ist von Klaas für die süßeste Frau westlich des Rio Peco.« Das fand ich natürlich sehr süß von ihm. Irgendwann zog ich einen Schlussstrich unter die Beziehung zu meinem Exfreund und war endlich bereit, mich intensiver auf Klaas einzulassen.

Allerdings begleitete uns in der ersten Phase der Verliebtheit und zu Beginn unserer Ehe nicht nur Sonnenschein. Die größten Gefahren lauerten gerade im ersten Jahr auf uns. Eigentlich haben Klaas und ich mit unserer

Liebe das Pferd von hinten aufgezäumt. Wir sind mit großen Schwierigkeiten in unser Glück gestartet, haben diese gemeistert und uns positiv zusammen weiterentwickelt.

Nach nur zwölf gemeinsamen Monaten begannen wir schon mit den Hochzeitsvorbereitungen. Heute weiß ich: Eine Eheschließung ist keine hundertprozentige Garantie für pures Glück. Nach dem Ja-Wort kann ein Paar genauso von Krisen geschüttelt werden wie zuvor.

Als Klaas mich fragte, ob ich seine Frau werden will, ging mir das fast zu schnell. Er verhielt sich enorm zielstrebig, das kannte ich nicht von anderen Männern. Auch ich wollte ihn heiraten und plante eine langfristige Partnerschaft, hätte aber durchaus noch warten können. Dennoch ließ ich mich darauf ein. Ich erwartete durch die Eheschließung größere Klarheit und innere Ruhe. Wir befanden uns damals in einer brisanten Situation, mir fiel es noch immer schwer, mich aus meiner vorherigen Beziehung zu lösen. Ich verspürte den dringenden Wunsch nach einem endgültigen Schnitt. Aber offenbar war ich nicht aus eigener Kraft in der Lage, ihn zu vollziehen. Das öffentliche Bekenntnis zu Klaas sollte mir Stärke geben. Als Ehefrau, nach dem großen Fest mit unseren Freunden und Familien, gab es für mich kein Ausbrechen mehr. Ich wollte mir den Rückweg selbst versperren, denn, es war mein tiefster Wunsch, meinen Lebensweg von nun an gemeinsam mit meinem Mann zu beschreiten. Heute bin ich gern mit Klaas verheiratet, es fühlt sich gut an, seine Frau zu sein.

Es war die richtige Entscheidung für uns, 1995 Bremen zu verlassen und für mehrere Jahre ins Ausland, nach Hongkong, zu gehen. Ich nahm mir drei Jahre unbezahlten Urlaub und folgte Klaas, wir wollten gemeinsam durchstarten. Für seinen Mut, sich in kürzester Zeit in die neue berufliche Welt und die fremde Sprache einzuarbeiten, bewunderte ich meinen Mann sehr.

Zwei unserer Söhne kamen in Hongkong zur Welt, der Jüngste fünf Jahre später in Bremen. Kinder verändern jede Beziehung. Man investiert soviel Zeit und Zuwendung in die Erziehung, dass man sich als Paar erst neu positionieren muss. Abends fühlte ich mich oftmals kraftlos und ausgelaugt. Dieser Zustand veränderte auch unser Sexualleben. Mit der Mutterschaft habe ich lange Zeit das Frausein in mir negiert. Elternschaft eint und trennt zugleich. Viele Paare scheitern an dieser enormen Belastungsprobe.

Heute ist meine Figur wieder in Form und ich habe nicht mehr rund um die Uhr ein Kind auf dem Arm. Somit wächst auch die Lust auf den Partner. Jetzt gelingt es mir wieder, in uns auch Mann und Frau zu sehen und nicht nur Vater und Mutter. Klaas fühlte sich manchmal vernachlässigt, denn oft konnte ich ihm nicht die körperliche Nähe geben, die er brauchte.

Ehen erleben Wellenbewegungen. Wir waren zuerst verliebt, wurden durch die Familiengründung ein Spitzenorganisationsduo und sind heute als Teamplayer wieder dabei, uns neu ineinander zu verlieben. Ich lebe diese Ehe, so wie ich sie erwartet habe. Unberechenbar und neu waren für mich die Phasen der finanziellen Abhängigkeit von meinem Mann, mit drei kleinen Kindern. Heute bin ich glücklich und wünsche mir keinerlei Veränderung. Die Entscheidung, Klaas zu heiraten, war die beste meines Lebens, er ist ein wunderbarer Mann.

Das Geheimnis ist sicherlich, immer weiterzumachen, sich bei Schwierigkeiten und Stress nicht gleich beirren zu lassen und zu denken, auf der anderen Seite sei das Gras grüner. Für andere Paare ist es auch nicht einfacher, da bin ich mir sicher.

Zum Gelingen unserer Ehe brauchen wir mitunter auch Distanz zum Partner. Eine Klette an meiner Seite könnte ich nicht ertragen. Der Wunsch nach Abstand ist bei uns beidseitig, er erhöht die Vorfreude aufeinander, macht unsere Partnerschaft spannender. Es ist doch durchaus ein Kunststück, eine Ehe nach siebzehn Jahren, mit drei Kindern, einem Mann, der beruflich viel unterwegs ist, meinem Schichtdienst bei der Fluglinie lebendig zu halten. Das gelingt auch durch die Auszeiten, die wir uns gewähren. Klaas ist ein hervorragender, liebevoller Vater. Er lässt sich hundertprozentig auf unsere drei Jungs ein. Das verschafft mir Freizeit, um Sport zu machen, mich mit Freundinnen zu verabreden oder einfach mal für niemanden ansprechbar zu sein.

Rituale sind wichtig für unsere Familienstruktur, seien es gemeinsame Mahlzeiten, Ausflüge, der Jahresurlaub oder die Zubettgehrituale. Unser Alltag ist mit den Kindern anstrengender geworden. Die Zeit, die wir nur als Paar miteinander haben, ist absolut limitiert. Sind wir dann endlich allein, besprechen wir wiederum oft nur Organisatorisches. Sicher sind wir nach einem langen Tag manchmal auch zu bequem, zu energielos oder einfach zu erschöpft. Eigentlich könnten wir öfter einen Abend außer Haus verbringen, denn langsam benötigen wir keinen Babysitter mehr. Die älteren Kinder sind groß genug, um drei Stunden ohne unsere Aufsicht zu sein. Trotzdem lauert allabendlich die Gefahr, lieber die Bügelwäsche zu erledigen oder sich vor den Computer zu setzen, als gemeinsam auszugehen.

Ernst wird es jedoch erst, wenn sich in der Partnerschaft Probleme ansammeln und man einfach keine Zeit hat, sie aufzuarbeiten. Ein finanzieller Engpass zum Beispiel kann zu schlechter Stimmung führen. Als Hausfrau und Mutter gehört es zu meinen Aufgaben, das Geld für die Familie auszugeben, Klaas muss es ranschaffen. Das alles sind Anlässe für kleinere und größere Konflikte. Wir haben es in den vielen Jahren unserer Ehe in zahlreichen turbulenten Diskussionen zum Glück immer wieder geschafft, konstruktive Lösungen zu finden. Wir beide können in diesen hitzigen Phasen verletzend sein, aber genauso gut wieder aufeinander zugehen. Klaas kann wunderbar zuhören, Probleme analysieren und lösungsorientiert denken.

Doch egal wie kritisch es um unsere Liebe stand, ich wollte nie hinschmeißen und einfach abhauen. Im Leben von Paaren gibt es immer wieder Sorgen, die es zu meistern gilt. Bei uns häuften sich die Probleme, als wir nach gut drei Jahren aus Hongkong zurück nach Bremen zogen. Ich knüpfte große Erwartungen an unsere Rückkehr, glaubte, in Deutschland würde der Alltag mit den zwei kleinen Kindern leichter sein. Die Vorfreude auf mehr Eigenständigkeit und den Rückhalt der Familie war groß. Doch stattdessen folgten berufliche Veränderungen, die zu finanziellen Engpässen führten, und mich überfiel Panik. Das Gefühl, in einem Ruderboot ohne Steuermann zu sitzen, diese Hilflosigkeit, nicht zu wissen, wohin die Reise geht, das war für mich sehr schwierig. Zum Glück kam nach einigen Wochen Ruhe und Kontinuität in unser Leben. Aus jeder Krise sind wir gestärkt hervorgegangen. Nach viel Strampelei siegten immer wieder die Zuversicht und der gemeinsame Blick nach vorn. Das kostet Kraft, viel Kraft, das hätte ich vielleicht nicht so massiv erwartet. Ich wachse in Stürmen und Gefahr. Glück allein würde mich nicht weiterbringen. Heute bin ich neugierig, was uns die Zukunft bringen wird. Doch ich sehe Klaas dabei stets an meiner Seite.

KLAAS W.

Unsere Liebe hat mich sehr verändert. Ich glaube, dass ich dank Kerstin heute ein anderer Mensch bin als noch vor siebzehn Jahren. Es gelingt mir besser zuzuhören, mich zurückzunehmen, weniger extrovertiert aufzutreten.

Durch unsere Liebe wurden meine positiven Seiten gestärkt und die negativen gemildert.

Schon bei meiner ersten Begegnung mit Kerstin hatte
ich das Gefühl: Das wird die Mutter meiner Kinder. Da
war ich mir so sicher wie sonst selten. Mit Kerstin waren
Streitpunkte, die meine früheren Partnerschaften überschattet hatten, plötzlich kein Thema mehr. Sie war nicht
eifersüchtig, klammerte nicht, nörgelte nicht, wenn ich
spät nachts nach Hause kam. Im Gegenteil, sie wollte am
nächsten Morgen wissen, ob ich einen schönen Abend mit
meinen Kumpels hatte.

Wir lernten uns auf einer Party in Hamburg kennen.
Vom ersten Moment an fühlte ich mich zu ihr hingezogen. Noch bevor wir auch nur ein Wort miteinander gewechselt hatten, wusste ich: Das ist sie, die Frau meines
Lebens! Liebe auf den ersten Blick also. Doch die Sache
hatte einen Haken, denn Kerstin lebte damals noch in
einer festen Beziehung. Es war ein absolutes Tabu für
mich, um sie zu werben, ich wollte mich keinesfalls in ihre
Partnerschaft drängen.

Einige Tage nach der Party halfen wir gemeinsam mit
einigen Bekannten einem Freund beim Umzug. Irgendwann, ich war gerade allein in der neuen Wohnung, stieß
ich versehentlich mit einer Kiste Kerstins Handtasche zu
Boden, und ihr Timer fiel direkt vor meine Füße. Ich bin
ein diskreter Mensch, fühlte mich aber magisch von der
offen vor mir liegenden Kalenderseite angezogen. Entgegen meiner Gewohnheit las ich, was da stand. In Stich-
worten hatte Kerstin den problematischen Zustand ihrer
aktuellen Beziehung notiert und eindeutig formuliert,
dass sie das Ende der Partnerschaft wollte. Diese Notizen
ermutigten mich, und ich verabredete mich mit ihr zum
Frühstück, brachte ihr riesige Blumensträuße und um-
warb sie nach allen Regeln der Kunst, um sie für mich ein-
zunehmen. Aber diese zaghaften Annäherungen waren

nur der Anfang. Einmal ging ich zum Hamburger Flughafen, wo sie beim Bodenpersonal einer großen Fluglinie arbeitete, und reihte mich mit heftigem Herzklopfen in die Abfertigungsschlange ihres Schalters ein. Ein schneller Kuss und der Blick in ihre Augen waren für mich der schönste Start in meinen Arbeitstag.

Trotz alledem dauerte es lange, bis sich Kerstin hundertprozentig auf mich einließ. Über sechs Monate konnte sie keinen endgültigen Schlussstrich unter die Beziehung zu ihrem Exfreund ziehen. Dieses ewige Hin und Her belastete die erste Phase unserer Verliebtheit sehr. Sie war zerrissen und unschlüssig, während es mir leicht fiel, ihr meine starken Gefühle zu zeigen. Doch irgendwann war das Maß voll, ich zog mich von ihr zurück. Aber jetzt begann Kerstin zu kämpfen.

Erst durch unsere Ehe kam für mich eine größere Leichtigkeit und Ruhe in unsere Beziehung. Heute muss ich zugeben, dass ich sie durch die Heirat an mich binden wollte. Ich war noch Student im ersten Semester, doch ich wollte Kerstin für immer an meiner Seite wissen. Mir war es wichtig, unsere Liebe eindeutig nach außen zu dokumentieren, und so machte ich ihr nach nur einem Jahr einen Heiratsantrag. Es war im Auto. Wir standen an einer roten Ampel. Ganz spontan fragte ich sie, ohne über einen ausgetüftelten romantischen Masterplan zu verfügen. Zum Glück stimmte sie zu. Im Spaß fragt mich meine Frau noch heute, was aus uns beiden wohl geworden wäre, wenn die Ampel auf grün gestanden hätte?

Auch nach siebzehn Jahren Ehe entdecke ich immer wieder Neues und Überraschendes an Kerstin. Sie ist heute eindeutig attraktiver als vor zwanzig Jahren. Sie sieht ungleich schöner aus, ihre Figur hat sich zum Besseren verändert, sie fühlt sich wohler und hat ihren Stil gefunden. Aber sie überrascht mich nicht nur mit Äußerlichkeiten, mir gefällt auch ihre Gelassenheit, wenn ich oft lange beruflich abwesend bin. Sechs Monate waren wir, damals hatten wir noch keine Kinder, durch meinen Aufenthalt in Simbabwe getrennt. Später tourte ich wochenlang allein durch Guatemala. Doch diese Trennungen haben unsere Beziehung nicht verändert, sie sind Teil unserer Ehe. Nur als Kerstin den Wunsch äußerte, während meines Aufenthaltes in Afrika für drei Wochen mit sieben Fremden auf einem Boot durch die Karibik zu shippern, bekam ich Probleme. Das ging mir zu weit, ich war eifersüchtig. Deshalb wollte ich sie nicht allein reisen lassen. Zum Glück konnte ich mir Urlaub nehmen, und wir haben gemeinsam drei herrliche Wochen auf dem Wasser genossen.

Unser erster Sohn wurde 1996 in Hongkong geboren, wo wir für knapp vier Jahre lebten. Make it – or break it! So sagt man dort über Liebesbeziehungen. Wir sind an dieser Stadt gewachsen, sie hat unsere Liebe gefestigt. In der Fremde mussten wir als Paar bestehen – und wir haben das gemeistert. Lange Jahre spürte ich in unserer Beziehung ein Defizit, weil ich mir Kerstins Liebe nicht sicher war. Erst als wir in Asien lebten, bemerkte ich auch die kleinen Zeichen ihrer Zuwendung, sie begriff uns endlich als Paar. Sie war es, die den Kinderwunsch zuerst äußerte und das in einer Umgebung, die alles andere als kinderfreundlich ist.

Seit unsere drei Söhne auf der Welt sind, hat sich vieles in unserer Ehe verändert. Heute unternehmen wir mehr als Familie denn als Paar, und versuchen dem Partner Freiräume zu verschaffen. Ich nehme am Wochenende oft die Kinder allein mit in die Natur oder zum Sport, damit Kerstin Zeit hat, ihre Freundinnen zu treffen oder Sport zu treiben. Umgekehrt gewährt sie mir auch die Freiheit, Zeit mit meinen Freunden zu verbringen. Gemeinsame Hobbys haben wir nicht, versuchen uns aber als Paar immer wieder kleine Highlights zu schaffen, wie ein

Wochenende zu zweit in Venedig oder der Besuch einer Party. Dafür verabreden wir uns regelrecht miteinander und tragen den Termin fest in unsere Kalender ein. Anders ist das nicht machbar. Kerstin ist bei der Fluglinie im Schichtdienst und ich bin beruflich oft Tage unterwegs, das stiehlt uns »Wirzeit«.

Die gegenseitige Aufmerksamkeit darf nicht zu kurz kommen, denn kleinere Krisen gibt es auch bei uns immer wieder. Ob aus Übermüdung und Stress, wegen beruflicher Wechsel oder einer knappen Finanzlage. In diesen Phasen brauchen wir Zeit, um miteinander zu diskutieren und Ängste abbauen zu können. Kerstin ist eine wunderbare Zuhörerin und gute Ratgeberin, das hat uns über die Jahre oft gerettet. Wir sind beide in der Lage, uns beim Anderen entschuldigen zu können. Wenn man Ärger über Monate hinunterschluckt, belastet das die Beziehung zu sehr. Es hilft nur reden, reden, reden. Diese tiefe Freundschaft, die wir miteinander leben, ist sicherlich die Basis unserer Ehe. Ich liebe meine Frau über alles, bin sehr zufrieden mit unserer Ehe. Ab und zu wünsche ich mir nur mehr Nähe. Mir ist aber auch bewusst, wie sehr sie der Alltag mit den drei Kindern und ihrem Beruf sie beansprucht. Ansonsten will ich nichts an Kerstin ändern, denn meine Liebe zu ihr macht mich unglaublich glücklich.

Dass ich jemanden so lieben kann, hätte ich nicht für möglich gehalten. Wir haben stets an unserer Beziehung gearbeitet, einander Freiheiten gewährt und dem Partner Respekt gezollt, das alles macht unser persönliches Glücksgeheimnis aus. Unser Traum ist es, gemeinsam mit den Kindern Australien zu bereisen, denn das ist der einzige Kontinent, den wir beide noch nicht kennen. Und ich wünsche mir, mit Kerstin alt zu werden und vor ihr zu sterben. Denn ein Leben ohne sie kann ich mir nicht vorstellen.

Die Liebe zu Gott ist nicht einseitig

Schwester Jordana (39) trat im Alter von einundzwanzig Jahren dem Orden der Dominikanerinnen bei, vor sechs Jahren legte sie die ewige Profess, das Ordensgelübde, ab.

Auch in der Partnerschaft zu Gott gibt es Phasen der Verliebtheit. »Habe ich dir heute schon gesagt, dass ich dich liebe?«, frage ich ihn oft. Tatsächlich gibt es auch in der Begrifflichkeit viele Parallelen zu einer Ehe. Den altmodischen Ausdruck Braut Christi mag ich allerdings gar nicht, damit kann ich mich nicht identifizieren. Das verbindende Element zwischen einer Partnerschaft von Mann und Frau und der zu Gott ist die Liebe. Natürlich kann ich mich bei Gott nicht in den Arm kuscheln, trotzdem gibt er mir das Gefühl von Geborgenheit und ist mir oft ganz nah.

Wirklich »Ja« gesagt, mit allen Konsequenzen, zu dieser Beziehung habe ich vor sechs Jahren. Seit ich das Ordensgelübde auf Lebenszeit abgelegt habe, trage ich auch einen Ring – da steht auf der Innenseite: »Suche Gott« – denn um den geht es. Ab dem Moment der ewigen Profess ist es auch eine formelle Bindung an den Orden und durchaus rechtlich mit einer Ehe vergleichbar. Ich bin diese »Partnerschaft zu Gott« eingegangen, weil Er für mich existent und spürbar ist. Das ist sehr schwer zu beschreiben. Ich spüre, da ist jemand, der mich begleitet, auch ohne Worte. Ohne die intensive Beziehung zu Gott würde es sich für mich nicht rechtfertigen, so ein Leben zu führen, auf einen Ehemann und Kinder zu verzichten. Ich würde lügen, wenn ich sagte, dass mir eine eigene Familie nicht manchmal fehlt. Ich kenne die Sehnsucht danach durchaus, und es gab Zeiten, da wäre ich gern Mutter geworden. Hier bei uns habe ich aber das Glück, viel mit Kindern zu tun zu haben. Dem Konvent ist ein Kinderdorf angeschlossen, in dem ich Erziehungsleiterin bin. Ich habe also viele Kinder und kann auch meine mütterlichen Anteile ausleben. Trotzdem ist es natürlich ein Unterschied, wenn man ein Kind zur Welt bringt und stillt. Doch jetzt bin ich fast vierzig, und in diesem Alter wird bei mir der Wunsch nach Mutterschaft geringer. Mir macht es großen Spaß, hier mit den Kindern aus Problemfamilien zusammen zu sein und zu sehen, wie sie sich entfalten. Hier finden sie ein Zuhause, Geborgenheit und Zuwendung, und wir sorgen dafür, dass sie eine Ausbildung bekommen. Mit vielen gibt es auch nach ihrem Aufenthalt im Kinderdorf noch engen Kontakt. Sie kommen am Wochenende zu Besuch, wie in anderen Familien auch. Und wenn sie selbst Mütter oder Väter geworden sind, übernehmen wir oft die Rolle der Großeltern.

Die Liebe zu Gott ist nicht einseitig. Ich finde darin Erfüllung, Glück und Liebe, die ich als erwidert empfinde. Oft kommt mir der Spruch von Viktor Frankl in den Sinn: »Gott ist der Partner unserer intimsten Selbstgespräche.« Ich nehme mir Zeit für das Gebet, das Gespräch mit Gott. Allerdings spreche ich am liebsten mit ihm nicht in der Kirche, sondern auf einer Parkbank – draußen.

Ich bin gelernte Kinderkrankenschwester, habe Heilpädagogik studiert, und bin Familientherapeutin. Es ist schwer zu erklären, wie man plötzlich auf die verrückte Idee kommt, Ordensfrau zu werden. Ausschlag gab bei mir eine Freundin, die ins Kloster ging. Das inspirierte mich, ebenfalls diesen Weg zu gehen. Meine Eltern waren sehr erstaunt über diesen Schritt. Religion war in unserer Familie zwar ein Thema, aber ich komme nicht aus einem besonders »frommen« Elternhaus. Inzwischen sehen sie aber, dass ich glücklich bin und eine Aufgabe habe. Das ist für meine Eltern das Wichtigste, und sie sind stolz auf mich.

Auch viele meiner Kommilitonen waren sehr erstaunt, als sie erfuhren, dass ich Schwester bin. Man sah es mir ja nicht an, ich ging nicht im Habit (dem Ordenskleid) in die Fachhochschule. Sie stellten sich vor, dass man als »Nonne« irgendwie heiliger, immer geduldig sein und alle lieben müsse. Es gibt da viele Schubladen. Als ich jünger war, erfüllte ich manche Klischees ganz bewusst nicht. Ich führte viele Gespräche an der FH, erzählte vom Klosterleben. Schwester zu sein ist eine Haltung, eine Lebensform, erklärte ich, und macht sich nicht an der Kleidung fest.

Es gibt immer wieder Phasen, in denen ich meinen Entschluss überprüfe. Es ist wichtig, auch andere Lebensentwürfe nicht auszuschließen. Wie in einer Ehe gehören auch Krisen dazu, Zeiten, in denen man am liebsten alles hinschmeißen würde. Doch ich will diese Zweifel zulassen, sie bringen mich weiter. Bisher kam ich jedoch schließlich immer wieder zu der Überzeugung, dass meine Entscheidung die richtige ist. Glück ist für mich, einer sinnvollen Tätigkeit nachzugehen, glauben zu können und Antworten zu finden.

Am Anfang meiner Beziehung zu Gott empfand ich, ganz und gar unchristlich, eine gewisse Eifersucht, weil er viele liebt und ich ihn nicht für mich allein habe. Ich lernte erst schrittweise, dass mir dabei nichts verloren geht. Gott hat so viel Platz, er kann jeden Menschen ganz exklusiv lieben. Ich bin mir seiner sicher, er betrügt mich nicht.

Manchmal habe ich das Gefühl, dass wir beinahe schon wie ein altes Ehepaar sind. Seit achtzehn Jahren bin ich nun im Orden, so lange halten viele Ehen nicht. Mit Gott kann man herrlich streiten, ich tue das sehr gern. Auch in der Bibel finden sich viele Stellen, wo mit ihm gestritten wird. Manchmal schimpfe ich mit ihm, frage, warum er ausgerechnet mich berufen habe, es gäbe doch so viele nette Männer. Aber ich spüre, es ist richtig was ich bin und mache. Auch eine Schwester kann sich verlieben und unsicher werden. Wenn man sich nicht hinter Klostermauern verschanzt, begegnet man draußen Menschen, natürlich kann es da sein, dass man sich auch verliebt. Es ist wie in einer Ehe, man kann jederzeit einem anderen Menschen begegnen, der einem gefällt. Es kommt dann darauf an, ob man der Anziehung nachgibt oder nicht. Aber klar, mir fehlt Zärtlichkeit manchmal. In einer Gemeinschaft wie der der Dominikanerinnen zu leben, ist wunderschön, aber manchmal auch schrecklich, wie so oft beim Zusammenleben. Ich bin gern hier, es erfüllt mich mit Glück und Dankbarkeit, dass ich immer wieder einen Schritt weiter komme. Zu spüren und zu begreifen, wo ich hingehöre, ist ein großes Geschenk, eine Befreiung. Ich glaube, Gott hat schon Ja zu mir gesagt bevor ich es verstand. Ich bin schließlich einfach dem gefolgt, was wohl schon länger in mir war.

Die Beziehung zu Gott ist von größtem Vertrauen geprägt. Ich erlebe Gott als jemanden, der mich befreit, er stellt niemals Forderungen, die ich nicht erfüllen kann. Es gibt Zeiten, da schubst er mich, manchmal lockt er, und manchmal gehen wir Seite an Seite. Ich habe mein Leben in seine Hände gegeben und bin auf seinen Segen angewiesen. Das bedeutet jedoch nicht, dass ich die Verantwortung für mein Handeln abgebe, ich tue, was menschenmöglich ist.

Ich habe viel gelernt und wurde mit den Jahren gelassener. Die Partnerschaft mit Gott zu leben braucht Zeit, es gibt im Ordensleben aber auch Phasen, in denen man nur wenig Zeit hat. Ich kann dann auch mal zu ihm sagen: »Stör mich nicht!« – und ich weiß, er ist trotzdem da.

Mit einundzwanzig hatte ich ganz bestimmte Vorstellungen, was von mir als Nonne verlangt würde. Ich bin freier geworden. Meine Gebete sind frei geworden, meine Art zu sein. Im Ordensleben muss man sich auch von bestimmten Meinungen und Vorstellungen lösen. Zum Beispiel, was Kleidung betrifft. Ich dachte zunächst, dass eine bestimmte Form gewahrt werden müsse. Doch mittlerweile trage ich lieber Alltagskleidung, Jeans und T-Shirt. Es hat allerdings eine gewisse Zeit gedauert, bis ich mir das erlaubte und auch noch Spaß daran hatte. Eine Weile trug ich gern Ringelstrümpfe und einen knielangen Rock, da mussten einige Schwestern doch schlucken. Das Ordensgewand trage ich bei offiziellen Terminen und sonntags in der Messe. Manchmal ist es zwar auch schön, erkennbar zu sein, ein Familienkennzeichen zu haben, doch oft wird man mit dem altehrwürdigen Habit in eine Schublade gesteckt. Dieser Prototyp der Nonne, der in vielen Köpfen steckt, hat wenig mit mir zu tun, ich möchte lieber, dass die Leute erst mal den Menschen in mir sehen.

Wir sind in unserem Orden recht liberal. Den moralischen Zeigefinger mag ich nicht, weder von der Kirche, noch von der Politik oder Einzelpersonen. Der Mensch ist wichtig, nicht die Gesetze. So sprechen wir – auch wenn die Kirche als solche anders darüber denkt – mit unseren Jugendlichen natürlich über Verhütung. Es nicht zu tun, empfände ich als menschenverachtend und weltfremd.

Einen Freundeskreis habe ich auch außerhalb des Ordens, denn man sollte nicht nur im eigenen Saft schmoren. Wichtig ist mir ein Netzwerk von verschiedenen Leuten. Bei Problemen finde ich Trost bei Freunden oder Mitschwestern, aber auch da ist meine wichtigste Adresse Gott und das Gespräch mit ihm.

Die Kunst einer jeden Beziehung ist, zu bleiben wie man ist, sich nicht zu verbiegen. Das ist ein schwieriger

Prozess, aber wenn man es schafft, den anderen nicht verändern zu wollen, wenn man auch loslassen kann, tolerant ist, bedeutet das ganz viel Freiheit. In einer Beziehung zu denken: »Was habe ich davon?« ist sicher der falsche Weg.

Mein Leben mit Gott empfinde ich als sinnerfüllt. Ich habe Armut gelobt, aber ich fühle mich reich.

Jedes gemeinsame Jahr macht uns ein bisschen stolzer

Wolf Serno (63) arbeitete viele Jahre als Kreativdirektor in der Werbebranche und verfasst heute erfolgreiche historische Romane. Seit fünfundzwanzig Jahren ist er mit der Strafrichterin Birgit Friederike Keyenburg (51) verheiratet. Das Paar ist kinderlos und lebt in Hamburg, zusammen mit drei fidelen Möpsen.

WOLF SERNO

Die erste Liebeserklärung gab mir meine Frau schriftlich, und sie hat mich sehr berührt: »Ich will immer Tee für Dich kochen«, hatte sie auf einen kleinen Zettel geschrieben.

Seither gibt es ein stillschweigendes Abkommen zwischen uns: Wir sind zusammen, und wir bleiben zusammen. Jedes gemeinsame Jahr macht uns ein bisschen stolzer auf unsere Beziehung, auch wenn wir unseren fünfundzwanzigsten Hochzeitstag in diesem Sommer nicht großartig feiern werden, weil uns beiden riesige Feste nicht liegen.

Seit unserem Kennenlernen, im April 1979, bin ich, so albern es klingt, am liebsten mit meiner Frau zusammen. Vielleicht bin ich in dieser Hinsicht ein seltenes männliches Exemplar, aber ich werde ihrer einfach nicht überdrüssig. Ich möchte sie wirklich von morgens bis abends um mich haben. Es gibt nichts, was ich lieber ohne sie unternähme, bis auf eine Ausnahme vielleicht: Fußball gucke ich lieber ohne sie.

Als ich meine zukünftige Frau das erste Mal traf, interessierte sie mich nicht die Bohne. Wie auch, sie war damals zwölf Jahre alt und die kleine Schwester meines Freundes und Kollegen Olaf. Obwohl Olaf und ich im Laufe unserer Karrieren häufig die Arbeitsplätze wechselten, verloren wir uns nicht aus den Augen. Ende der siebziger Jahre musste Olaf zu einem Fotoshooting verreisen. Anschließend wollten wir ein paar Tage gemeinsam Urlaub machen. Seine jüngere Schwester Birgit sollte sich während unserer Abwesenheit um sein Haus in Düsseldorf kümmern.

Mein Freund schwirrte noch in der Gegend herum, als ich nach Düsseldorf kam, und ihn abholen wollte, und so stand ich seiner mittlerweile einundzwanzigjährigen Schwester gegenüber. Wir mussten zwei Tage auf Olaf warten, dessen Termine sich verzögert hatten, und bei dieser zweiten Begegnung hat es zwischen uns sofort gefunkt. Olaf, seine Frau und ich machten, wie geplant, unsere Reise mit dem Wohnmobil durch die Staaten und legten noch einen Zwischenstopp in der Karibik ein. Doch ich wollte nichts anderes, als mit Birgit zusammen zu sein, soviel war mir bereits klar.

Bis »Micky«, das ist Birgits Spitzname, in mein Leben trat, hatte ich bereits mehrfach die Gelegenheit gehabt, zu heiraten. Meine Mutter und die Mütter meiner damaligen Freundinnen hatten bereits die Bettwäsche für die Aussteuer in meiner Lieblingsfarbe gekauft. Doch ich habe alle Hochzeiten rechtzeitig abbiegen können. Bei Micky hingegen war ich mir von der ersten Sekunde an sicher: Diese Frau musste es sein. Ich hatte gleich so ein Gefühl großer innerer Ruhe, Sicherheit und Gewissheit. Ich war vierunddreißig Jahre alt, und ich wusste, das ist die Liebe meines Lebens. Für unser Glück gibt es keine Worte.

Ihr Äußeres gefiel mir, und sie besaß eine unglaublich sanfte und ruhige Art, gepaart mit einer dicken Portion Humor und einer unglaublich erfrischenden Intelligenz.

All das, und die Tatsache, dass sie immer ganz genau weiß, was sie will, begeisterte mich. Meine Frau kann dank ihrer guten Auffassungsgabe einfach alles. Was sie will, das schafft sie. Ganz im Gegensatz zu mir, ich glaube, dass meine Fähigkeiten viel beschränkter sind als ihre. Ich lobe sie gern und oft, sage ihr, dass sie eine tolle, die beste Ehefrau von allen ist. Sie hält mir kompromisslos den Rücken frei. Micky ist so wunderbar, dass ich mich manchmal frage, was ihr eigentlich an mir gefällt.

Nachdem wir drei Monate zusammen waren, kündigte Micky mir an, Düsseldorf zu verlassen, ihr Pädagogikstudium abzubrechen, um direkt bei mir einzuziehen und in Hamburg Jura zu studieren.

Auf meiner Breitcordcouch in meiner Hamburger Wohnung schlossen wir zwei einen Pakt. Mir war klar, dass ich spätestens mit fünfzig aus den verantwortlichen Positionen in der Werbebranche gekickt werde, da geht es diesbezüglich absolut gnadenlos zu. Dann würde meine Frau ran müssen und uns beide finanziell unterstützen. Wir versprachen uns, einander durch alle finanziellen Engpässe zu tragen.

Eigentlich arbeitet meine Frau als Strafrichterin, doch momentan ist sie sonderbeurlaubt und begleitet mich auf der Lesetour zu meinem neuen Buch. Um ehrlich zu sein: ich habe sie ein wenig dazu gedrängt. Ein Sabbatical ist in ihrem Amt schon eine große Entscheidung. Ich war lange Zeit in der Werbung für andere Produkte und Zielgruppen kreativ, als ich Lust bekam, nur noch für mich zu schreiben. Ich wollte eine berufliche Veränderung, noch mal mein »eigenes Ding« machen, ein Buch zu schreiben, das war mein neues Ziel. Als ich mich zu dem beruflichen Wechsel, vom Kreativdirektor zum freien Autor, entschloss, hat sie sich fabelhaft verhalten und mir den Rücken gestärkt. Möglicherweise hätte ich den Schritt ohne ihre Unterstützung gar nicht gewagt. Sie war immer auf meiner Seite, schon lange bevor sich die großen Erfolge einstellten. Meine Frau ist auch die erste Leserin meiner Manuskripte, ihre Kritik ist mir wichtig. Wir diskutieren die Grundkonzepte meiner neuen Buchprojekte, bevor ich die Recherche und das Schreiben beginne.

Dass wir so wunderbar miteinander harmonieren, hat vielfältige Gründe. Die Basis unserer Liebe ist in meinen Augen ein ähnlich stark ausgeprägter Humor. Wir können uns beide über irgendwelchen Quatsch schlapp lachen. Selbstverständlich muss man auch auf sich achten, darf sich nicht gehen lassen. Wöge meine Frau heute drei Zentner und wäre nicht so gertenschlank, wäre meine Libido zweifelsohne kleiner. So hat Sexualität immer noch eine große Bedeutung in unserer Beziehung. Sicherlich spielt auch der Bildungsgrad bei Paaren eine entscheidende Rolle und ähnliche Vorlieben. Wir wollen zum Beispiel beide in den Ferien immer und nur ans Meer, nie in die Berge. Religion steht für niemanden von uns im Mittelpunkt, die zehn Gebote sind uns Religion genug.

Wir bewahren uns das kostbare Geschenk unserer Liebe durch zahlreiche kleine Gesten im Alltag. In fünfundzwanzig Ehejahren haben wir uns auch angewöhnt, ab und zu mal neben uns zu treten, das eigene Verhalten objektiv und kritisch zu betrachten und sich gegebenenfalls auch beim Partner zu entschuldigen.

Sollten wir zwei uns doch einmal in etwas verrannt haben, merken wir oft gleichzeitig, wie lächerlich unser Verhalten ist, und müssen beide darüber lachen. Eine richtige Krise gab es in unserer Ehe nie. Und es ist doch ein Sauglück, dass unter sechs Milliarden Menschen ausgerechnet wir uns getroffen haben. Vielleicht gäbe es noch andere Frauen, die auch gut zu mir passen würden, aber ich habe für mich die ideale Frau gefunden. Mit diesem Gleichklang fällt es uns leicht, über die Jahre harmonisch miteinander zu leben.

Meine Frau gab mir zwar nie einen Anlass zur Sorge, dennoch spüre ich ab und zu Eifersucht, die Angst, sie an jemand anderen zu verlieren. Treue ist für mich eine ganz, ganz wichtige Tugend, die ich meiner Partnerin gebe und von ihr erwarte, auch wenn das vielleicht furchtbar altmodisch klingt.

Es gibt nicht das eine Rezept, wie man das gemeinsame Glück erreichen kann, eher sind in den vielen zufriedenen Jahren zahlreiche kleine Glücksgeheimnisse versteckt. Es gibt aber Voraussetzungen, die in meinen Augen zu einer langfristigen Partnerschaft gehören, Respekt und Achtung zum Beispiel. Und ich kämpfe für meine Frau bei jeder sich bietenden Gelegenheit.

Ich schreibe Micky zwar keine Liebesbriefe und höre im Radio nicht ständig Liebeslieder, aber bei Textpassagen der Songs von Herbert Grönemeyer, wie zum Beispiel: »Wir haben zusammen den Regen gebogen«, da kribbelt es schon manchmal. Unsere Liebe macht mich stärker, und es erfüllt mich mit großem Glück, mein Leben mit Micky teilen zu dürfen.

Birgit Friederike Keyenburg

Nachdem Wolf und ich uns damals wiederbegegnet waren, und es in jenen zwei Tagen, die wir im Haus meines Bruders verbrachten, gefunkt hatte, lief ich die nächsten Tage in seinem getragenen Oberhemd durch die Wohnung, das war das Einzige, was mir von ihm blieb. Durch seinen Duft war er mir nah. Er flog mit meinem Bruder und meiner Schwägerin in den geplanten Urlaub in die USA und ich hütete, wie verabredet, sein Haus. Ich hatte beim Zusammensein mit Wolf sofort ein Gefühl von großer Nähe und Stimmigkeit. Dann kam plötzlich der Anruf der drei aus den USA mit der überraschenden Idee, mein Köfferchen zu packen und mich für einen Flug in die Karibik bereitzuhalten. Diese Reise, auf der ich mich endgültig in den Mann meines Lebens verliebte, sollte alles verändern.

In der ersten Phase unseres Kennenlernens begeisterte mich Wolfs lässige, authentische, ehrliche und gefühlvolle Art, außerdem kann er sich phantastisch ausdrücken. Er gefällt mir einfach, so wie er ist. Ich muss keine Konzessionen machen, oder mich gar verstellen, um ihm zu gefallen. Jeder von uns kann in der Nähe des anderen er selbst sein, und wir fühlen uns dennoch miteinander wohl. Manchmal ist er allerdings etwas impulsiv, er kann recht laut werden, sich furchtbar ärgern, dann ist es schwierig, ihn wieder auf den Teppich zu bringen.

Wolf und ich haben einen Lebensplan und verfolgen gemeinsame Ziele. Bis auf Fußball, Frauenliteratur und Yoga, haben wir sogar identische Interessen. Unsere Freizeit verbringen wir gern in Ruhe miteinander, ohne viel Action. In unseren Berufen machen wir bereits genug Grenzerfahrungen, wir brauchen keinen zusätzlichen Kick am Wochenende. Wir sind gern zusammen unterwegs, diskutieren viel, unterstützen uns, leben die gleichen ethischen Werte. Bei den wenigen Konflikten bemühen wir uns beide um eine konstruktive Lösung.

Als kinderloses Paar haben wir viel Raum und Zeit zur Verfügung, so fließt unsere ganze Aufmerksamkeit in die Partnerschaft. Wir investieren viel Energie in unsere Beziehung, wir sind ein Paar geblieben, auch ohne dass wir Eltern wurden. Richtig glühend war unser Kinderwunsch nie. Als die Wohnung gekauft und meine Verbeamtung auf Lebenszeit geregelt war, sagten wir uns, wenn es jetzt passieren würde, wäre es in Ordnung. Aber es passierte nicht. Heute bin ich mit Leidenschaft Patentante und kann mir im Nachhinein gut vorstellen, mit einem eigenen Kind zu leben. Aber das wäre eben ein anderer Plan, ein anderes Leben gewesen.

In meinen Augen ist es wichtig, den Lebenspartner auch dann unterstützend zu begleiten, wenn er sich auf ein neues Terrain begibt. Als mein Mann in der Werbeagentur seine Stelle als Kreativdirektor kündigte und Bücher zu schreiben begann, habe ich gespürt, wie wichtig das für ihn war. Also unterstützte ich ihn, indem wir in dieser Zeit von meinem Gehalt lebten. Dass er einmal solchen Erfolg haben würde, damit konnten wir beide nicht rechnen.

Zurzeit habe ich zwei Jahre Sonderurlaub von meinem Job und richte meine Energie voll und ganz auf unsere Partnerschaft. Es ist bereits mein drittes Sabbatical, und die Entscheidung, noch einmal mit dem Beruf auszusetzen, ist mir sehr schwergefallen. So ein Absprung auf Zeit bedeutet auch einen Karriereverzicht. Für Wolf und mich aber war es immer selbstverständlich, füreinander da zu sein, mit allen Konsequenzen. Vor einem Jahr brauchte er meine Hilfe, er konnte sich nicht mehr auf das Schreiben konzentrieren. Wir hatten ungefähr sieben Baustellen um unsere Wohnung herum, es war ein Riesenlärm. Also zogen wir für drei Monate in unser dänisches Ferienhaus, damit er seinen Roman rechtzeitig zum Abgabetermin zu Ende schreiben konnte. Bei meinen Kollegen gelte ich mittlerweile als Exotin. Sie bleiben im Job stets am Ball, und ich lege meinen ohne große Not erneut auf Eis. Aber mein Mann hätte für mich genauso gehandelt, und so sagte ich zu meinen Kollegen: »Ich gebe der Partnerschaft den Vorrang vor der eigenen Karriere.«

Wolf legt bei seiner Arbeit sehr viel Wert auf meine Meinung. Ab und zu lese ich ein Kapitel, oder wir sprechen über die Dramaturgie der Figuren. Bei den weiblichen Protagonistinnen fragt er mich, wie sich Frauen in so einer Situation verhalten würden, ob eine Szene stimmig ist. Nach Abschluss eines Manuskriptes lese ich es ganz, bevor es an den Lektor geht. Ich streiche Dinge an, über die wir im Anschluss reden. Wäre er nicht mein Mann, wüsste ich nicht, ob ich seine Bücher lesen würde. Historische Romane, sein Genre, habe ich früher nie gelesen, auch keine Kriminalromane.

Durch unsere gemeinsamen Jahre habe ich mich sicherlich weiterentwickelt. Ich bin in meinen Entscheidungen, auch durch Wolfs Einfluss, kompromissloser, zielstrebiger und klarer geworden. In meinem Beruf trainiere ich permanent, klare Positionen zu beziehen und zu ihnen zu stehen, das überträgt sich auch auf das Privatleben.

Mit unserem Glück sind wir unter den Millionen von Paaren bestimmt nicht in der Mehrzahl, das ist mir bewusst. Es ist für mich oft erschreckend zu beobachten, wie langjährige Partner in unserem Freundeskreis miteinander umgehen: alles andere als liebevoll. Mein Mann ist mein bester Freund, ich bin zwar auch mit Frauen befreundet, aber ich habe keine sogenannte beste Freundin. Mit Wolf kann ich mich immer amüsieren und freuen, wir sind, wenn wir zusammen sind, in einer positiven Stimmung.

Ich führe mit Wolf eine Partnerschaft, wie ich sie mir immer gewünscht habe. Es ist ein enormes Glück, dass wir zwei uns getroffen haben. Zu einer guten Beziehung gehört aber auch stetige Arbeit. In gutem Kontakt und Dialog zu stehen ist genauso wichtig, wie einander achtsam, respektvoll und aufmerksam zu behandeln. Wenn Paare sich nach zahlreichen Ehejahren noch füreinander interessieren, dann stimmt mit Sicherheit auch ihr Sexleben, denn körperliche Nähe ist wichtig in der Partnerschaft. Sich nicht ständig mit fettigen Haaren und verschmierter Küchenschürze zu präsentieren, ist dabei durchaus von Vorteil.

Manchmal stellen wir mit Schrecken fest, dass in unserem Freundeskreis langsam die Suche nach barrierefreien Penthousewohnungen mit Fahrstuhl für den gemeinsamen Lebensabend los geht. Wolf und ich überlegen immer, ob wir das nun auch schon brauchen. Ich fühle mich aber deutlich zu jung, um schon bald in einer Seniorenresidenz mit Gleichaltrigen oder noch älteren Menschen zu leben. Diese Vorstellung finde ich schrecklich. Lieber will ich möglichst lange autark bleiben und meinen Alltag so gestalten, wie wir ihn jetzt leben.

Ich bin natürlich nicht blauäugig, und ich weiß, dass mein Mann um einige Jahre älter ist als ich, aber es überschreitet meine Vorstellungskraft, mir ein Leben ohne Wolf auszumalen. Manchmal versuche ich es, wenn er einen auswärtigen Termin hat. Doch das allein ruft schon eine schwere Unruhe in mir hervor. Auf die Einsamkeit ohne Wolf kann und will ich mich nicht vorbereiten, ich will unser Glück endlos lange festhalten. Wenn wir gemeinsam auf längere Flugreisen gehen, legen wir unser Testament auf den Kamin. Gemeinsam zu sterben, macht mir weniger Angst, als der Gedanke, ohne Wolf zurückbleiben zu müssen.

Wir haben alles gemeinsam aufgebaut

Nuray Badan (32) und ihr Mann Hasan (33) haben sich bereits mit fünfzehn Jahren kennengelernt. Das Paar hat zwei Kinder und betreibt gemeinsam ein Gemüsegeschäft in der Nähe von Frankfurt.

NURAY BADAN

Der Beginn unserer Beziehung war nicht ganz einfach. Als wir das erste Mal zusammen kamen, war ich fünfzehn. Ich hatte Hasan über den Freund meiner Schwester im Jugendzentrum kennengelernt. Hasan war sein Cousin, und wir gingen oft zusammen in der Gruppe aus. Anfangs stritten wir uns oft, ich hänselte Hasan immer, weil ich den Freund meiner Schwester nicht besonders mochte und das auch auf Hasan übertrug. Mit der Zeit entwickelte sich aber eine Freundschaft daraus, und eines Tages beim Tanzen küsste er mich. Ich reagierte darauf zunächst negativ, und wir sahen uns eine Weile nicht. Als wir uns dann wieder trafen, sprachen wir uns aus und wurden ein Paar. Doch Hasan machte schon bald einen entscheidenden Fehler: Er küsste ein anderes Mädchen, deshalb trennten wir uns schon nach vierzehn Tagen wieder. Da wir in einer Clique waren, begegneten wir uns jedoch trotzdem noch häufig. Und immer, wenn ich ihn sah, dachte ich, verletzt wie ich war: Dich bekomme ich zurück, und dann zahle ich es dir heim.

Etwa ein Jahr später kamen wir tatsächlich wieder zusammen, aber von Rache keine Spur – ich war ernsthaft in ihn verliebt. Insgeheim hatte ich ihn all die Monate genau beobachtet und gemerkt, wie sehr er mir gefiel. Er war nicht so ein Angeber und prahlte nicht wie die meisten anderen Jungs, er war schon ein richtiger Mann. Er sprach wenig, aber wenn er etwas sagte, war es interessant. Das fand ich toll.

Eine ganze Weile gab es dieses typische pubertäre Hin und Her. Es war seine Mutter, die eines Tages unsere Verlobung beschloss. Das kam für mich überraschend. Ich hatte mir zwar schon gewünscht, Hasan zu heiraten, war mir aber nicht sicher, ob er das auch wollte. Es gab aufgrund unserer unterschiedlichen Lebensauffassungen viele Differenzen zwischen uns. Hasan war zum Beispiel der Meinung, als Mann könne er ausgehen, so oft er wolle, ich dürfe das aber nicht. Es war also nicht ganz einfach, aber wir fügten uns der Entscheidung seiner Mutter. Die Verlobung fand im Dezember statt. Kurz darauf verkündete seine Mutter, die Hochzeit sei am zweiten August, der Saal bereits gemietet. Ich war glücklich, aber es belastete mich, nicht sicher sein zu können, ob Hasan wirklich zu mir stand. Zugleich traute ich mich aber auch nicht, ihn zu fragen, zu sehr fürchtete ich seine Antwort. Also schwieg ich lieber, um seine Frau zu werden. Im Nachhinein denke ich, das war gut so, sonst wäre es vielleicht anders gekommen.

Bei der Hochzeit war ich einundzwanzig. Meine Lehre als Zahntechnikerin hatte ich aus finanziellen Gründen abbrechen müssen, danach hatte ich als Postsortiererin gearbeitet und befand mich nun in meiner zweiten Ausbildung zur Kosmetikerin.

Als der große Tag schließlich kam, ging es mir zunächst gar nicht gut. Die Hochzeit fand in der Türkei in Adama bei der Familie meines Mannes statt. Meine Familie stammt aus dem tausend Kilometer davon entfernten Izmir. Als ich zum Polterabend in Adana ankam, waren nur dreißig Gäste da. Außer meiner Schwiegermutter und der Schwester meines Mannes, die in Deutschland leben, kannte ich niemanden, alle waren mir fremd. Meinen zukünftigen Schwiegervater hatte ich nie zuvor gesehen. Er lebt in der Türkei. Vor ihm hatte man mich gewarnt, er sei sehr streng. Mir wurden Verhaltensregeln mit auf den Weg gegeben, ich solle nicht die Beine übereinander schlagen und nur sprechen, wenn ich gefragt sei, keine allzu freizügige Kleidung tragen und nicht Kaugummi kauen. Ich war ganz eingeschüchtert.

Als ich dann gestylt zur Feier kam, wurde ich leider gleich von meinem Mann getrennt. Er saß, wie es die Tradition vorschreibt, bei den Männern, ich bei den Frauen. Ich war also nur unter Fremden und hatte furchtbar schlechte Laune. So hatte ich mir meinen Polterabend nicht vorgestellt. Irgendwann stand ich auf und tanzte ganz allein und betont gelangweilt.

Glücklicherweise war dann das Hochzeitsfest am nächsten Tag wirklich toll. Mein Mann holte mich morgens beim Friseur ab, und als erstes ging es mit allen Gästen zum Fotoshooting. Hasan nahm mich kurz zur Seite – endlich hatten wir eine Minute für uns – und sagte mir: «Du siehst wunderschön aus.» Von da an war alles traumhaft. Ich fühlte mich wie eine Prinzessin. Nachts wurden wir in ein Strandhaus gefahren, es gab noch Kaffee für alle, dann waren wir endlich allein. Hassan war mein erster Freund, mein erster Mann, es war das erste Mal für mich – die Welt war schön.

Schon am nächsten Tag gegen zwölf klingelte es, und die ganze Familie stand wieder vor der Tür. Das war's dann mit der Zweisamkeit. Den Rest der Flitterwochen verbrachten wir mit zwanzig Leuten in der Dreizimmerwohnung des Ferienhauses. Es war trotzdem schön, ich war verheiratet mit dem Mann, den ich liebe – und glücklich.

Die erste Zeit der Ehe jedoch war schwierig, Hasan benahm sich wie ein Macho. Er verschaffte sich nach Belieben Freiräume, und ich sollte bei seiner Familie auf ihn warten, während er ausging. Für mich war das sehr schlimm, doch zum Glück legte sich dieser Fluchtreflex mit der Zeit. Mittlerweile hat sich meine Einstellung dazu auch verändert. Wir haben inzwischen zwei Kinder, einen neunjährigen Sohn und eine achtjährige Tochter, und ich bleibe gern zu Hause. Es stört mich überhaupt nicht, wenn er ausgeht, von mir aus auch dreimal in der Woche. Ich bin nicht mehr eifersüchtig, nicht mehr unsicher, was unsere Beziehung angeht. Er würde mich auch nicht mehr einengen.

Wir sind zwar wie eins, und ich muss nichts vor ihm verheimlichen, aber es gibt doch Dinge, die ich ganz für mich allein möchte. Ich brauche meine Intimsphäre. Zum Beispiel würde ich mir nie vor meinem Mann die Beine rasieren. Es gibt Dinge, die muss er nicht wissen.

Einen nichtmuslimischen Mann zu heiraten war für mich nie vorstellbar. Gar nicht so sehr wegen der Religion. Ich bin Sunnitin, mein Mann ist Alevit und viel religiöser als ich. Dennoch hatten wir deshalb noch nie Probleme. Viel wichtiger für mich ist unsere Sprache. Untereinander sprechen wir meist türkisch, nur streiten tun wir uns lustigerweise auf deutsch. Auch mit den Kindern sprechen wir vorwiegend türkisch, damit sie zweisprachig aufwachsen. Gefühle kann ich nur in meiner Sprache wirklich ausdrücken. Wenn ich Hasan sage, dass ich ihn liebe, sage ich es auf türkisch. Er hat mir noch nie eine Liebeserklärung gemacht. Früher hat mir das sehr gefehlt, ich hatte das Bedürfnis, es zu hören. Auch über ein Essen bei Kerzenlicht oder einen Blumenstrauß hätte ich mich sehr gefreut, aber jetzt vermisse ich das nicht mehr. Mein Mann ist nun mal kein Romantiker, daran habe ich mich gewöhnt. Ich weiß, dass wir uns lieben, und nur das zählt. Das Einzige, was mich nach wie vor verletzt, ist, dass er mir nie einen Heiratsantrag gemacht hat, das hätte ich gern als schöne Erinnerung.

Die Ehe hat mich sehr verändert, ich bin ruhiger und gelassener geworden. Früher ging ich gern auf Partys, wollte Spaß haben und feiern – heute bin ich ein Familienmensch. Auch wenn mein Mann anbietet, das Babysitting zu übernehmen, bleibe ich lieber zu Hause bei ihm und den Kindern. Freundinnen habe ich gar nicht, da unterscheide ich mich wohl von anderen Frauen. Hasan ist meine wichtigste Vertrauensperson, bei Problemen wende ich mich an ihn.

Ohnehin haben wir nur wenig Zeit für einander, mein Mann arbeitet zuviel. Seit drei Jahren führen wir einen eigenen Lebensmittelladen. Anfangs haben wir zwei das ganz allein gestemmt. Von heute auf morgen wurde ich von der Haus- zur Geschäftsfrau mit einem Fulltimejob. Das war eine große Umstellung. Morgens um fünf begann der Arbeitstag. Hasan musste auf den Markt zum Einkaufen, während ich den Obst- und Gemüsestand aufbaute und alles vorbereitete. Vor zehn Uhr am Abend kamen wir selten nach Hause. Wir hätten nicht gedacht, dass unser Unternehmen so erfolgreich läuft, aber der Preis ist hoch, wir werden sehr vereinnahmt, auch die Kinder leiden manchmal darunter. Mittlerweile haben wir Angestellte, und ich kümmere mich nun vor allem um das Kaufmännische. Meinem Mann tut es gut, gebraucht und anerkannt zu werden. Aber ohne mich würde der Laden nicht laufen, und es ist mir sehr wichtig, dass mein Mann das weiß. Er kann gern mit den Kundinnen flirten, damit habe ich keine Probleme mehr, er ist ja sehr attraktiv und charmant – und das ist nur gut für´s Geschäft.

Wir planen alles zusammen und würden nie etwas über den Kopf des anderen hinweg entscheiden. Natürlich habe ich meine Tricks, ich weiß genau, wie ich bekomme, was ich will, aber ich kenne auch die Grenzen. Man muss manchmal nachgeben können, nicht immer nur seinen Kopf durchsetzen. Gegenseitiger Respekt ist das Wichtigste, er hält die Liebe aufrecht. Selbst im Spaß würde ich nie »Dummkopf« sagen oder ihm einen Klaps geben. Was im Spaß beginnt, kann man im Streit nicht mehr stoppen, dann kommt es zu Beschimpfungen oder sogar Handgreiflichkeiten. Das gäbe es bei uns nicht.

Auch Sexualität ist sehr wichtig in einer Ehe und wird, wie ich finde, mit den Jahren immer schöner. Treue setze ich voraus, Untreue wäre das Einzige, was ich niemals verzeihen könnte. Das wäre ein Vertrauensbruch, nach dem es kein Zurück mehr gäbe, auch nicht wegen der Kinder.

Ich hoffe, wir können mit fünfzig Jahren in Rente gehen und dann vieles nachholen, reisen, die Welt ansehen, den Eiffelturm in Paris zum Beispiel. Wir könnten dann endlich Zeit miteinander verbringen und gemeinsam etwas unternehmen. Ich möchte mit meinem Mann alt werden. Ich denke, unseren Lebensabend werden wir in Deutschland verbringen. In der Türkei wären wir Fremde, weil wir ganz anders leben als die Menschen dort. Wir sind beide in Deutschland geboren und fühlen uns hier zu Hause, auch wenn mich die wieder verstärkte fremdenfeindliche Stimmung hier sehr irritiert. Das tut weh, denn als Kinder haben wir das sehr zu spüren bekommen, und ich dachte eigentlich, das sei endgültig vorbei. Wenn mein Sohn mit einem Durchschnitt von 1,8 keine Empfehlung für das Gymnasium bekommt, empfinde ich das als äußerst ungerecht und sehe darin Ausländerfeindlichkeit. Aber ich lasse mir nichts gefallen und kämpfe.

Für die Zukunft wünsche ich mir, noch viel Zeit mit meinem Mann zu haben und dass es zwischen uns so bleibt, wie es ist, dass wir immer so viel Verständnis füreinander haben. Ich bin sehr gern mit Hasan verheiratet.

Nuray und ich haben uns im Jugendzentrum getroffen. Damals gefiel sie mir nicht, sie war eine Zicke. Doch irgendwann lernten wir uns besser kennen, kamen uns näher und – trennten uns wieder. Ich hatte das Bedürfnis, mehr allein zu unternehmen. So richtig gefunkt hat es deshalb erst, als ich etwa siebzehn war. Ich hatte schon einen Job am Flughafen und wurde auch langsam erwachsener. Ich stellte sie meiner Mutter vor. Sie war recht liberal. Dass ihr Sohn eine Freundin hatte, war für sie in Ordnung, aber dass ich immer wieder eigene Wege ging und manchmal auch anderen Mädchen schöne Augen machte, ging ihr zu weit. Meine Mutter dachte an Nurays Ruf und entschied, dass wir uns verloben müssten. Das hätte sie sicher nicht getan, wenn Nuray nicht aus einer türkischen Familie gestammt hätte. Ich dachte zuerst, das sei ein Spiel, aber dann wurde es ernst. Wir waren sehr jung, als wir heirateten. Mit einundzwanzig saß ich, frisch verheiratet, in der gemeinsamen Wohnung. Das war mir einfach zu eng, alles ging mir zu schnell.

Das erste Jahr war schwer, ich war kaum zu halten, wollte meine Freiheit nicht aufgeben und ging bis tief in die Nacht in Diskos. Nur unter einem Dach mit meiner Frau zu leben, das war für mich zu wenig. Ich vermisste meine Unabhängigkeit und brach immer wieder aus. Ich empfand unser Zusammenleben als Belastung, weil ich nicht mehr tun und lassen konnte, was ich wollte. Doch meine Frau war tapfer, sie hielt dagegen. Erst ein Jahr später, 1998, mit der Geburt unseres Sohnes, änderte ich mich. Jetzt erst fühlte ich mich verheiratet, wurde mir meiner Verantwortung bewusst und kümmerte mich endlich um meine Familie. Von da an hatten Nuray und ich endgültig zueinander gefunden.

Ich wusste schon früh, dass Kinder für mich unbedingt

zu einer Ehe gehören. Es wäre für mich unvorstellbar, ohne Kinder zu leben. Als mein erster Sohn geboren wurde, war ich sehr stolz. Eine Familie verändert das Leben, man kann nicht mehr so spontan sein, alles muss organisiert werden. Aber ich bin durch die Partnerschaft auch ruhiger und gelassener geworden. Man muss Kompromisse eingehen, auf persönliche Bedürfnisse auch einmal verzichten, sich einigen. Wenn ich unbedingt etwas möchte, stimmt meine Frau zu, aber im Grunde setzt sie immer durch, was sie will. Sie lenkt mich sehr geschickt im Hintergrund, so dass ich es fast nicht merke.

Wir streiten uns untereinander nie, bei Auseinandersetzungen geht es immer um andere Mitglieder der Familie. Wenn mein Bruder Krach mit seiner Frau hat, halte ich dann zu ihm, während Nuray auf der Seite der Schwägerin steht. Nach Meinungsverschiedenheiten macht meist meine Frau den ersten Schritt zur Versöhnung, aber ich bin auch nicht nachtragend. Eine Krise mit Trennungsgedanken hatten wir nie.

Meine Frau ist für mich der wichtigste Mensch auf der Welt. Einmal, als wir in einer Runde von fünf Ehepaaren saßen, wurde die Frage gestellt, wer aus der Familie an erster Stelle stünde. Alle sagten, die Kinder, nur ich meinte, erst meine Frau, dann die Kinder. Sie ist immer für mich da, sie ist viel mehr als ein Freund. Ich kann mich immer an sie wenden. Durch unseren Laden sind wir im Prinzip vierundzwanzig Stunden täglich zusammen, dennoch sehen wir uns stundenlang nicht, weil wir mit unterschiedlichen Bereichen beschäftigt sind. Ich muss nachts um zwei schon los zum Großmarkt und bleibe bis zwanzig Uhr im Laden. Nur am Samstag schließe ich um achtzehn Uhr, dann können wir noch zusammen essen. Sonntag ist Familientag, wir frühstücken alle gemeinsam und unternehmen etwas.

Ich bin froh, dass wir zwei so viel erreicht haben, ich

hätte nicht gedacht, dass ich es so weit bringen würde. Das ist meiner Frau zu verdanken, ohne sie hätte ich das nicht geschafft. Wir haben alles gemeinsam aufgebaut und sind absolut gleichberechtigt. Sie hat am Anfang sogar mehr geleistet als ich. Es war ihre Idee, einen eigenen Laden zu eröffnen, ich war erst dagegen. Ich bewundere sehr, dass sie die Dinge in die Hand nimmt und immer erreicht, was sie will.

Ob man wirklich auf immer und ewig zusammen bleibt, kann man nie wissen. Das ist Kismet – Schicksal. Im Spaß sage ich manchmal zu meiner Frau, dass mich die Vorstellung, noch dreißig Jahre oder mehr mit ihr zusammen zu sein, wahnsinnig machen würde.

Meine kleinen Geheimnisse habe ich schon, das macht mich interessant. Wichtig sind vor allem Harmonie und Vertrauen wie auch Liebe und Sex. Was für mich aber wirklich zählt, ist Respekt, ohne Respekt bricht in einer Beziehung alles auseinander.

Ich glaube, ich bin ein guter Ehemann. In unserem Bekannten- und Familienkreis gibt es große Unterschiede in den Partnerschaften. Einige Frauen behandeln ihre Männer unmöglich, machen sich über sie lustig, und manche Männer betrügen ihre Frauen. So etwas darf nicht passieren, Treue muss sein. Sonst kann es kein Vertrauen geben, man wird eifersüchtig, und es kommt zu einer ernsten Krise. Wenn ich mir Gedanken machen müsste, ob meine Frau fremdgeht, während ich nachts auf dem Großmarkt unterwegs bin – das würde nicht funktionieren. Meine Frau weiß genau, wo die Grenzen sind und wann ich sauer werde. Das finde ich sehr wichtig.

Noch heute fällt mir manchmal auf, wie attraktiv Nuray ist. Ich möchte nichts an ihr verändern. Ich glaube, solange man sich über die Beziehung keine Gedanken machen muss, ist alles in Ordnung, dann läuft es reibungslos. Wir denken oft das Gleiche, sind uns einig. Auch in der

Kindererziehung würden wir einander nie in den Rücken fallen. Wenn Nuray nein sagt, bleibt es dabei und umgekehrt ebenso.

Das erste Jahr unserer Ehe war wirklich schwierig, aber dann habe ich gemerkt, dass ich Nuray wirklich liebe. Das hatte ich mir erst nicht eingestehen wollen. Wir hatten uns schon so lange vorher gekannt, und nach dem ganzen Hin und Her in unserer Jugendzeit spürte ich zwar, dass ich sie vermisse, dachte aber, das sei nur aus Gewohnheit. Ich wollte weg, ich wollte mich noch nicht binden, aber mein Herz wollte immer zu ihr zurück. Das musste ich erst begreifen. Meine Frau ist Romantikerin, ich bin da nicht so begabt. Meine Gefühle in Worte zu fassen fällt mir schwer. Ich weiß, dass ich sie damals sehr verletzt habe, weil ich nicht richtig zu ihr stand. Leider habe ich ihr nie einen Heiratsantrag gemacht, das wird sie mir nie verzeihen. Heute tut mir das sehr leid, und ich würde es, wenn es möglich wäre, gern nachholen.

Wir führen ein verrücktes Leben

Klaus Meine (60) Rocksänger / Textdichter und Komponist und seine Frau Gabi (52), eine gelernte Versicherungskauffrau, sind seit einunddreißig Jahren verheiratet. Der Sänger der »Scorpions« ist oft mit der Band auf weltweiten Tourneen unterwegs. Das Ehepaar lebt in der Nähe von Hannover und hat einen zweiundzwanzigjährigen Sohn.

KLAUS MEINE

Ich habe meine Frau 1972 bei einem unserer Konzerte kennengelernt. Diese Begegnung war, wie ich heute weiß, ein ganz besonderer Moment, der mein weiteres Leben bestimmte. Kurz danach hat es richtig gefunkt, wir verloren uns nicht mehr aus den Augen, und unsere Liebesgeschichte nahm ihren Anfang. Wenn der Blitz einschlägt, ist das mit einer Magie verbunden, die man nicht erklären kann. Es ist wie eine Vorbestimmung – zwei Menschen sind zum richtigen Zeitpunkt am richtigen Ort, sie kommen zusammen und teilen von da an ihr Leben. Es waren die wilden 1970er Jahre, mein Traum war es Profimusiker zu werden, ich wollte mit der Band um die Welt ziehen, Musik machen und meinen Rock'n'Roll Traum verwirklichen. Aber gerade die ersten Jahre mit der Band waren von Unsicherheit geprägt, wir wussten noch nicht, wohin die Reise ging. Gabi in dieser Situation an meiner Seite zu haben, war ein großes Glück. Auf sie konnte ich mich absolut verlassen, sie glaubte an mich und unterstützte mich, in einer Zeit, in der die Zukunft ein großes Fragezeichen war. Dass sie diese wilden, unsicheren Zeiten mit mir überstand, ist sicher eine der Grundlagen unserer langjährigen Beziehung.

Wir wussten schon bald, dass unsere Liebe wirklich trägt und 1977 haben wir geheiratet. Dieser Schritt ging mit den ersten Erfolgen der »Scorpions« einher und damit wurde für mich auch das Fundament für eine Ehe stabiler. Ich wusste ja nicht, ob ich als Musiker überhaupt eine Familie ernähren könne. Geld war in den ersten Jahren sehr, sehr knapp. Gabi arbeitete als Versicherungskauffrau, während ich Songs schrieb. Diese Zeit war eine Bewährungsprobe und schweißte uns fest zusammen. Mittlerweile sind wir seit einunddreißig Jahren verheiratet. Es ist einfach, die glamourösen Zeiten zu teilen, das Leben im Scheinwerferlicht, aber es gibt natürlich auch die Schattenseiten, und die schweren Seiten des Lebens haben wir erst vor kurzem wieder erfahren, als Gabi ihrer schwerkranken Mutter bis zu deren Tod beigestanden hat. Diese wahre menschliche Größe bewundere ich aufrichtig. Und so etwas prägt einen auch als Paar. Man weiß, dass man sich in jeder Lebenssituation auf einander verlassen kann.

Ich bin mit der Band noch immer Jahr für Jahr rund um den Globus unterwegs, aber Gabi und ich bleiben immer in enger Verbindung. Das war schon früher so. In den 1970er Jahren ging ich mit der Band auf unsere erste England-Tournee. Wir waren in einem klapprigen Bus unterwegs, stiegen in drittklassigen Hotels ab, und ich war immer glücklich, wenn dort schon ein Brief von Gabi auf mich wartete. Telefonieren wäre damals zu teuer gewesen. In der heutigen Zeit sind wir ständig über Handy, SMS, Email und Skype in Kontakt und fühlen uns so nie wirklich durch Zeit und Raum getrennt.

1982 gab es einen schweren Einschnitt in meinem Leben – ich hatte plötzlich meine Stimme verloren. Auch nach zwei Stimmbandoperationen wusste ich nicht, ob ich jemals wieder würde singen können. Es war sehr deprimierend. Lange Zeit schien es fraglich, ob ich meinen Weg als Sänger weiter gehen könne. Auch in dieser Zeit war Gabi unendlich wichtig für mich. Sie gab mir eine ungeheure mentale Power, machte mir Mut und war immer für mich da. Als ich diese harte Zeit überstanden hatte, wusste ich mehr denn je, dass wir zusammen gehören. Danach startete die Band erst richtig durch und die Zeit der großen Erfolge der »Scorpions« begann.

Wenn man erfolgreich ist, wird man bekanntlich auch beliebte Beute von Groupies. Kreischende Mädchen werfen ihre T-Shirts auf die Bühne, möchten Autogramme auf nackter Haut und, und, und. Wie das halt so ist. Es käme mir nicht in den Sinn, meine Ehe für einen One-Night-Stand, ein kurzes Abenteuer auf's Spiel zu setzen. Unsere weiblichen Fans lieben die Musik, das Image des Rockstars. Den Menschen dahinter kennen sie nicht wirklich. Es wäre gelogen zu sagen, dass es keine Verlockungen gibt, aber mir liegt nicht nur viel zu viel an der Beziehung zu Gabi, sondern ich respektiere auch meine Fans.

Ich habe in all den Jahren viele Beziehungen scheitern sehen und habe gesehen, wie sehr das Leben auf den Kopf gestellt wird, wenn man ganz von vorn beginnt. Man wird der gemeinsamen Geschichte beraubt, entwurzelt. Nichts hält ewig, und das Leben ist eine wilde Achterbahnfahrt, aber man sollte das Glück nicht herausfordern. Hat man einen Partner gefunden, mit dem man wirklich glücklich ist, sollte man auch alles dafür tun, dass die Beziehung hält. Die Basis unserer Ehe war und ist Liebe und Vertrauen.

1985 bekamen wir unseren Sohn Christian, ein Wunschkind. Die Geburt eines Kindes ist das schönste im Leben und steht über allem. Die »Scorpions« waren in den 80ern nonstop auf Tour oder im Studio und selten zu Hause. Auch da hielt meine Frau mir den Rücken frei, sonst hätte das Modell Familie nicht funktioniert. Sie übernahm den größten Teil der Erziehung und war immer für unseren Sohn da.

Mir hat es immer viel Kraft gegeben, dieses Familiennest zu haben, zu Hause kann ich entspannen, die Batterien wieder aufladen. Wenn ich von einer längeren Tour nach Hause komme, brauche ich jedes Mal eine Weile, um mich wieder zu erden. Da geht nicht der große Vorhang auf, es gibt keinen Applaus, wenn ich am Frühstückstisch erscheine. Es ist sehr wichtig, immer wieder in der Normalität zu landen, um auch mal die Seele baumeln lassen zu können. Man braucht einen Partner, der einen erträgt, mit allen Macken und Unzulänglichkeiten. Auch das gehört zu einer guten Beziehung.

Gabi ist sehr klar in ihrem Urteil und absolut ehrlich. Sie sagt mir auch Dinge, die ich nicht so gern höre, was sehr wichtig ist, weil es sonst niemanden gibt, der so offen mit mir spricht. Natürlich kracht es bei uns auch mal. Wir haben eine sehr unterschiedliche Mentalität. Ich bin eher chaotisch, Gabi ist viel geradliniger. Wenn ich mit meiner Künstlerseele für etwas wildere Entwürfe sorge, führt das gelegentlich zu Konfrontationen. Aber sie schafft es, mich auf den Boden zurückzuholen und alles wieder in vernünftige Bahnen zu lenken. Eine wirkliche Krise hatten wir noch nie, Trennung war in all den Jahren Gott sei Dank nie ein Thema. Als Komponist und Texter verarbeite ich natürlich meine tiefsten Gefühle. Für Gabi habe ich einige Songtexte geschrieben, die mein Seelenleben reflektieren. »No one like you« zum Beispiel, ist ein Song, der ausdrückt, wie sehr man den Menschen vermisst, den man liebt. In »Always somewhere« beschreibe ich den großen Kontrast zwischen dem Bühnenerlebnis und der Einsamkeit nach dem Auftritt, allein im Hotelzimmer. »Always somewhere miss you where I've been, I'll be back to love you again.«

Unser Sohn ist nun erwachsen, studiert in Hamburg,

und ich hoffe, dass Gabi und ich in den nächsten Jahren wieder mehr zusammen unterwegs sein können und auch abseits der Tourneen, einfach mehr Zeit für einander haben.

Im April 2008 haben Gabi und unser Sohn Christian mich zu einem Konzert in Moskau begleitet. Gerade Russland hat eine besondere Bedeutung für mich, dort ist »Wind Of Change« entstanden, die Hymne der Perestrojka, und die Shows im Kremlin Palace sind immer von großen Emotionen begleitet. Nun war meine Familie zum ersten Mal in Moskau mit dabei, und wir hatten etwas Zeit, uns den Kreml und den Roten Platz gemeinsam anzuschauen.

In meinem Beruf ist es ja fast geschäftsschädigend zu sagen, man sei einunddreißig Jahre verheiratet. Aber es gibt auch andere prominente Musiker, wie z.B. mein Freund Jon Bon Jovi, der auch in einer jahrzehntelangen glücklichen Partnerschaft lebt.

Selbst wenn ich am Ende der Welt wäre, und es ginge mir nicht gut, ich weiß, Gabi wäre sofort da. Ein Leben ohne sie an meiner Seite kann ich mir nicht vorstellen. Man sollte im Leben nie vergessen, wie man angefangen hat, ich bin überzeugt, dass die positive Energie, die man im Leben abgibt, auch zurück kommt.

GABI MEINE

Auch nach drei Jahrzehnten Ehe können wir ganz alltägliche Dinge, wie zum Beispiel ein gemeinsames Frühstück, sehr genießen. Ein einfacher Fernsehabend ist für uns etwas Besonderes, da mein Mann so oft mit der Band auf Tour ist, dass uns wenig Zeit für unser Privatleben bleibt. Früher waren wir viel zusammen unterwegs. Mittlerweile ist unser Sohn erwachsen, und ich könnte Klaus wieder öfter begleiten. Inzwischen schrecken mich die Langstreckenflüge ab, und auch das ständige Unterwegssein von einem Hotel zum anderen, das dauernde Hin und Her und aus dem Koffer leben macht mir für einen längeren Zeitraum nicht mehr soviel Spaß. Trotzdem möchte ich die Zeit mit der Band auf Tour auf keinen Fall missen, es war ein aufregendes Leben, eine tolle Erfahrung. Dadurch habe ich viel von der Welt gesehen, viele Menschen kennengelernt, viel erlebt.

Als ich meinen Mann 1972 traf, war ich sechzehn. Meine beste Freundin war mit dem Gitarristen der »Scorpions« zusammen. Auf einer Party nach einem Konzert kamen Klaus und ich ins Gespräch. Wir verstanden uns auf Anhieb gut. Es faszinierte mich, was für gegensätzliche Seiten er hatte, auf der Bühne der Rock'n'Roller und privat ein sehr liebevoller Mann. Diese beiden Facetten zogen mich an, und ich verliebte mich Hals über Kopf in ihn.

Zwei Jahre nachdem wir uns trafen, zogen wir zusammen. Es war in den 1970er Jahren gar nicht so einfach, als unverheiratetes Paar einen Mietvertrag zu bekommen. Wir fanden doch eine ganz kleine Wohnung und waren glücklich. Es war die große Liebe für mich, aber damals machte ich mir noch keine Gedanken darüber, ob wir mit fünfzig immer noch zusammen sein würden. 1977 heirateten wir, das war zu der Zeit eher ungewöhnlich und stieß in unserem Freundeskreis auf Befremden. Immer wieder kam die Frage, ob wir heiraten müssten, weil ich schwanger sei. Aber es gab keine Zwänge für unsere Hochzeit, wir taten es einfach aus Lust und Liebe. Das ist sicher die beste Voraussetzung für diesen Schritt.

Am Anfang unserer Beziehung war es finanziell für uns schwierig. Mit der Musik konnte mein Mann noch nicht viel verdienen, ich arbeitete als Versicherungskauffrau. Aber es war eine sehr schöne Zeit, wir hatten einander und waren glücklich. Klaus war mit der Band unterwegs oder schrieb Songs. In diesen Jahren konnte ich noch nicht mitreisen, denn selbst die Fahrkarte nach Frankfurt oder München wäre für mich unerschwinglich gewesen.

Ich wusste, dass die Musik Klaus' Leben ist, und stand immer hinter ihm. Als er Anfang der 1980er Jahre plötzlich seine Stimme verlor, war mir klar, was das für ihn bedeutete. Ich tat alles, um ihn aufzubauen und seinen Blick wieder nach vorn zu richten. Auch von der Band bekam er viel Unterstützung. Doch die erste Operation an den Stimmbändern blieb erfolglos und Klaus fiel in ein tiefes schwarzes Loch. Es war wirklich eine schwierige Zeit. Er tat mir unendlich leid. Nach einem zweiten Eingriff und unermüdlichen Stimmübungen ging Klaus dann mit noch mehr Power wieder raus auf die Bühne. Er arbeitete wirklich hart an sich und hatte es verdient, danach noch erfolgreicher zu sein.

Ein angenehmer Nebeneffekt des Erfolgs war für uns beide natürlich, dass der finanzielle Druck nachließ. Wir konnten diesbezüglich gelassen sein, und ich reiste auf vielen Tourneen mit. Das habe ich sehr genossen.

Als 1985 unser Sohn Christian zur Welt kam, verband uns dies noch mehr und machte unsere Beziehung noch intensiver. Mit der Einschulung hörte für mich allerdings das ständige Touren gemeinsam mit der Band auf. Aber ich flog dann mit unserem Sohn in den Schulferien zu den Tourneeorten hinterher.

Die Liebeslieder, die mein Mann für mich geschrieben hat, empfinde ich natürlich als großes Kompliment. Ich sehe sie aber nicht exklusiv, sondern teile die Emotion, die diese Songs vermitteln, gern mit den Fans. Manche Stücke sind zwar für mich komponiert, aber auch für die Zuhörer, für die Liebe an sich. Ich bleibe allgemein lieber im Hintergrund und beobachte aus einer gewissen Distanz.

Mit einem Rockstar zusammen zu leben heißt, dass man wenig Zeit miteinander hat. Bei Familienfesten und

Treffen mit Freunden kann Klaus oft nicht dabei sein. Privates muss häufig hintenan gestellt werden. Die Zeit, die wir miteinander zwischen den Tourneen verbringen, ist dann jedoch umso intensiver.

Nach einer langen Tour durch Amerika oder Asien dauert es meist ein paar Tage, bis Klaus wieder ganz angekommen ist. Doch dafür habe ich absolutes Verständnis, denn er hat dann sehr anstrengende Wochen oder Monate hinter sich, war jeden Tag an einem anderen Ort, jeden Abend auf der Bühne. Er ist dann so voller Emotionen, erfüllt von Erlebnissen und Begegnungen, die er erst mal verarbeiten muss. Dazu kommt der Jetlag und die Folgen der enormen körperlichen Anstrengung einer solchen Tour.

Wenn er unterwegs ist, vermisse ich ihn sehr, Trennungsphasen empfinde ich immer als zu lang. Ich bin zwar ziemlich oft allein, fühle mich aber dabei nie einsam. Wir sind immer in Verbindung. Obwohl wir ein so verrücktes Leben führen, gibt er mir Geborgenheit, das Gefühl, dass wir eine Einheit bilden, wächst mit den Jahren. Die Basis unserer Liebe ist gegenseitiges Vertrauen. Ich weiß natürlich, wie beliebt er als Rockstar ist, wie viele Möglichkeiten und Angebote auch erotischer Natur er unterwegs hat. Einerseits ist es schön, einen Mann zu haben, der so begehrt ist, andererseits ist die Vorstellung, dass da immer Groupies lauern, nicht sehr angenehm. Doch damit muss ich umgehen, es ist nicht zu ändern.

Man darf sich einer Beziehung nie zu sicher sein, muss immer etwas dafür tun, auch nach einunddreißig Jahren Ehe. Wir wissen, dass wir etwas sehr Wertvolles haben, dass wir uns hundertprozentig aufeinander verlassen können. Es ist ein großes Geschenk, einen Menschen zu treffen, mit dem man über so lange Zeit glücklich ist und zu dem die Liebe immer noch weiter wächst. Nach längeren Trennungsphasen freuen wir uns immer noch sehr aufeinander, und es ist schön zu spüren, dass mein Mann gern nach Hause kommt. Wir müssen uns nie voreinander verstellen, können immer wir selbst sein.

Uns beiden war es wichtig, dass unser Sohn in einem normalen Umfeld aufwächst. Deshalb leben wir hier in einem kleinen Ort in der Nähe von Hannover und nicht in einer Metropole oder in den USA. Klaus und ich genießen das normale Leben weitab vom Trubel, und das wollten wir auch unserem Sohn bieten.

Wir haben ein sehr unstetes, unregelmäßiges Leben, aber es passt zu uns. Viele Paare würden es sicher nicht aushalten, so oft getrennt zu sein, und die Beziehung beenden. Bei uns funktioniert das. Andere scheitern ja gerade an der Routine, während uns auf diese Weise selbst zum Streiten die Zeit oft fehlt. Ich würde es gar nicht aushalten, wenn wir im Streit oder Zorn auseinander gingen. Wir sind beide immer dankbar, wenn wir uns nach langen Reisen gesund wieder sehen.

Ich empfinde es als Glück, den richtigen Partner so früh getroffen zu haben, viele müssen lange suchen. Das Schicksal meinte es gut mit uns. Wir sind unseren Weg immer gemeinsam gegangen und haben uns dabei zueinander, statt auseinander gelebt, sicher auch weil mein Mann mich immer in seine Welt mit einbezog.

Man muss der Liebe eine Chance geben

Naomi S. (72), Kauffrau, hat aus ihrer ersten Ehe
zwei Söhne. Sie ist seit neunzehn Jahren mit Gitta M. (56),
Lektorin, liiert. 2004 bezogen sie eine gemeinsame
Wohnung und heirateten 2006.

GITTA M.

Als ich Naomi zum ersten Mal sah, war ich überwältigt
von ihr. Es war mehr oder weniger eine magische Faszi-
nation, die mich anzog. Wir begegneten uns immer wieder auf diversen Veranstaltungen in der Stadt. Ihr Aussehen, ihre Art zu reden, sich zu bewegen, unsere Gespräche
über Literatur, alles entsprach dem, was mir bei einer Frau
gefällt. Ich hatte mich ernsthaft verguckt. Vor neunzehn
Jahren arbeitete ich in einer Buchhandlung und Naomi
wurde bald meine beste Kundin.

Sie war damals noch verheiratet und hatte zwei Söhne.
Ich dachte also nicht im Entferntesten, dass ich bei ihr je
eine Chance haben würde. Trotzdem fing ich an, dieser
wunderbaren Frau den Hof zu machen, weil sie mir so gut
gefiel. An einen ernsthaften Erfolg glaubte ich nicht, doch
nach einigen Wochen wurde spürbar, dass sie nicht gänz-
lich abgeneigt war.

Vor meiner Beziehung mit Naomi hatte ich bereits zwei
ernsthafte Partnerschaften, aber erst in ihr habe ich die
Frau meines Lebens gefunden, mit ihr will ich den Rest
meines Lebens verbringen. Für Naomi bin ich die erste
Frauenbeziehung, und als wir uns kennenlernten, mussten
wir wegen ihrer Familiensituation unsere Liebe heimlich

leben. Das war für mich ungewohnt und ich wollte sie stets an meiner Seite wissen. Ich habe diese Heimlichkeiten in Kauf genommen. Auch konnte ich mir in diesen ersten Monaten unserer Liebe noch nicht hundertprozentig sicher sein, dass die Zeit für mich spielen würde. Natürlich war ich voller Hoffnung und bis über beide Ohren in sie verliebt. Die Unsicherheit war zunächst der Preis für diese große Liebe.

Nach und nach haben wir uns in die Öffentlichkeit bewegt. Alle wussten von mir, dass ich Frauen liebe. Naomi war auch nicht die erste heterosexuelle Frau in meinem Leben. Sicherlich war ich ihr eine Hilfe bei ihren ersten zaghaften Schritten in eine neue Welt. Über meinen großen schwulen und lesbischen Freundeskreis hat sie deren Alltag erlebt und gesehen, es funktioniert, man kann so leben. Die Tatsache, dass ich ihre erste Frauenliebe bin und sie für mich ihren Mann verließ, bedeutete für mich eine hohe Verantwortung, dessen war ich mir schon bewusst. Aber nicht in der Form, dass mich das erschreckt oder gar erdrückt hätte, ich wollte es ja so. Ich hatte eher die Sorge, ob es ihr dabei gut ginge, mit einer Frau zu leben und mit einer Frauenbeziehung identifiziert zu werden. Würde sie das schaffen? Da hat sie mich mit ihrer spontanen, unkonventionellen Art im positiven Sinne sehr überrascht.

Seit ich mit Naomi zusammen bin, spielt auch Treue für mich eine Rolle. Es ist keine Bedingung, ich habe auch schon in Beziehungen gelebt, in denen Treue nicht an erster Stelle stand, aber jetzt mit Naomi würde mich Untreue verletzen.

Es ist einfach herrlich, Worte für unsere Liebe zu haben, ihr immer wieder sagen zu können, wie wunderbar sie ist. Zwar schreibe ich ihr heute keine Liebesbriefe mehr, nur morgens ab und zu kleine Zettel, aber zum Glück brauche ich das ja auch gar nicht, denn ich habe sie jetzt täglich um mich. Neu ist, dass mich diese Liebe verletzbar macht. Wenn Naomi sauer auf mich ist, hoffe ich den ganzen Tag während der Arbeit, dass sie mir abends wieder gut sein wird. Sind wir räumlich getrennt, mache ich mir trotz der täglichen Telefonate Sorgen, ihr könne etwas zustoßen und ich wäre nicht bei ihr.

Unser Glücksgeheimnis ist, dass sie meine Traumfrau ist. Wenn man seine Idealpartnerin endlich gefunden hat, dann unternimmt man viel dafür, dass sie es auch bleibt. Nicht in den alltäglichen Trott zu verfallen, ist dabei wichtig. Sich gegenseitig zu überraschen mit kleinen Ideen, Geschenken oder spontanem Ausgehen. Die berühmte Zeitung, hinter der man sich am Frühstückstisch schweigend verschanzt, wäre tödlich. Keine zärtlichen Worte füreinander zu haben, ist hinderlich für das große Glück.

Naomi und ich sind einander schnell vertraut geworden. Trotz des Altersunterschiedes von fünfzehn Jahren waren wir uns ohne große Erklärungen nah. Nach neunzehn Jahren Beziehung finde ich sie immer noch unglaublich anziehend. Ich mag ihre Offenheit, ihren Humor, ihre Neugier. Wir reisen beide gern, mögen dieselben Länder, Bücher, Kinofilme, wir haben zahlreiche Gemeinsamkeiten und kaum Verständigungsprobleme. Ich wollte diese wunderbare Frau schon lange heiraten, aus rein romantischen Gründen. Das, was heterosexuelle Partner können, wollte ich auch erleben, ganz einfach.

Heute trage ich unseren Ehering voller Stolz am Finger und kann nur sagen, die Hochzeit war großartig. Meine Firma hat mir zwei Tage Extrahochzeitsurlaub zugestanden und mir einen großen Blumenstrauß geschenkt wie den heterosexuellen Kollegen auch. Das wäre vor zwanzig Jahren noch undenkbar gewesen. Durch unsere Ehe sind wir in meinen Augen noch enger miteinander verbunden, wir zwei gehören zusammen, das symbolisiert der Ring für mich. Dadurch sind wir auch zu einer Familie geworden. Jetzt ist unsere Beziehung so intensiv, wie ich es mir bei unserem Kennenlernen vorgestellt habe.

Als freiheitsliebende Persönlichkeiten kam uns beiden zugute, dass Naomi sich nach dem Auszug aus dem ehelichen Haushalt zunächst eine eigene Wohnung nahm. Im Laufe der Jahre führten wir immer wieder Diskussionen darüber, ob und wann wir vielleicht einen Haushalt teilen sollten. Zur endgültigen Entscheidung trug die Pflege von Naomis Mutter bei, die wir beide gemeinsam übernahmen. Als wir diese schwierige und belastende Zeit überstanden hatten, wollten wir auch unseren Alltag ganz miteinander teilen. Für mich ist das Zusammenleben mit einer Partnerin eine ganz neue Erfahrung, bis vor vier Jahren habe ich immer allein gelebt.

Wir werden natürlich nicht jünger und haben beide unsere Macken, positive und negative. Wir werden dickköpfiger, aber das passiert vielen Paaren beim Älterwerden und hat nichts mit dem Zusammenleben zu tun. Ich denke, dass wir Menschen im Laufe der Zeit etwas drolliger werden, deshalb gibt es bei uns auch ab und zu Streit über Kleinigkeiten. Nichts Gravierendes, aber Dinge, die im Alltag einfach nerven. Naomi raucht zum Beispiel, während ich Nichtraucherin bin. Wenn ich im Winter nach einem langen Tag im Büro nach Hause komme und die ganze Wohnung nach kaltem Rauch riecht, bin ich sauer. Doch man sollte Streitigkeiten als Paar immer im Guten lösen. Der Kern einer Liebe ist doch die Achtsamkeit gegenüber der Partnerin. Die Liebe darf man nie als Dauergeschenk und Selbstverständlichkeit betrachten. Aufmerksamkeit ist sehr wichtig.

Ich kann und mag mir mein Leben ohne Naomi nicht mehr vorstellen, dieses Gefühl hat sich mit jedem Tag unserer Beziehung stetig verstärkt.

Die Liebe zu ihr macht mein Leben schöner. Von ihr geliebt zu werden gibt mir das Gefühl, aufgehoben und sicher zu sein. Durch ihre Liebe bin ich ein fröhlicherer und verantwortungsbewussterer Mensch geworden. Vor der Begegnung mit ihr war ich unruhiger und fahrlässiger in vielen Dingen. Nun bin ich tatsächlich sesshaft geworden und habe zum ersten Mal seit neunzehn Jahren, und das ist schließlich ein großer Teil meines erwachsenen Lebens, eine Beziehung.

Hoffentlich können wir zusammen noch viele Reisen unternehmen. Sobald ich nicht mehr berufstätig bin, werden wir unsere Koffer packen, uns auf den Weg machen und gemeinsam die Teile der Welt entdecken, die wir noch nicht kennen.

Naomi S.

Im jüdischen Museumsbuchladen habe ich meine heutige Frau zum ersten Mal bewusst wahrgenommen. Sie war mir zwar von zahlreichen Veranstaltungsbesuchen bekannt, aber aufgefallen ist sie mir erst im Buchladen. Wir führten witzige und angenehme Unterhaltungen miteinander, sodass es mich plötzlich recht häufig in diese Buchhandlung zog. Während unserer Kennenlernphase recherchierte ich intensiv für ein Buchprojekt, und nach jedem Tag in der Bibliothek galoppierte ich geradezu zu Gitta. Wir tranken gemeinsam unseren Nachmittagskaffee. In ihrer Nähe spürte ich ein Gefühl von Verliebtheit und fragte mich, was denn da mit mir los sei. Nicht dass ich mir damals keine Beziehung zu einer Frau hätte vorstellen können, aber ich war noch mit meinem Mann verheiratet und wir lebten noch zusammen in einer Wohnung. Dennoch, jedes Wiedersehen mit Gitta war so außerordentlich angenehm und in vielen Facetten des Lebens verstanden wir uns so blendend. Das war etwas ganz Besonderes.

Eine zehntägige Kur unterbrach diese erste Phase des

Kribbelns und gab mir Zeit zum Nachdenken. Nach meiner Rückkehr stellte ich zu Hause mein Gepäck ab, wählte Gittas Telefonnummer und meldete mich mit den Worten: »Ich bin wieder da.« Mein Unterbewusstsein war zu diesem Zeitpunkt bereits gescheiter als ich selbst.

Im Nachhinein muss ich sagen, dass unsere ersten Treffen eigentlich gar nicht so heimlich stattfanden, denn wir sahen uns ja täglich in einem öffentlichen Raum, dem Buchladen. Jeder mit sensiblen Antennen hätte schon damals bemerken können, dass zwischen uns beiden der Blitz eingeschlagen hatte. Die Übergangszeit vom ersten Kennenlernen bis zum öffentlichen Bekenntnis unserer Liebe dauerte vierundzwanzig Monate. Diese Zeit war für mich alles andere als einfach. Ich war geradezu starr vor Angst, sah keine Lösung für meine Situation, fühlte mich wie ein Hamster im Laufrad, der den Ausgang nicht findet. Irrationale, diffuse Ängste, wie zum Beispiel dass Leute mit Steinen nach mir werfen würden, blockierten mich.

Lange Zeit war es für mich unvorstellbar, wie Gitta und ich unsere Liebe würden leben können. Meine beiden Söhne befanden sich damals im Abitur und am Beginn des Studiums, beide waren also schon halbwegs erwachsen, das schien nicht das primäre Problem zu sein. Aber da war noch meine Ehe. Dreißig Jahre lang war ich mit meinem Mann verheiratet.

In dieser von mir als ausweglos empfundenen Situation ging ich zu meiner Mutter und suchte ihren Rat, ohne sie mit den Details zu konfrontieren. Ihre Reaktion auf eine mögliche Trennung von meinem Ehemann war mir wichtig. Sie war sehr verständnisvoll. Mein persönliches Glück hatte für sie oberste Priorität. Nach dem Segen meiner Mutter war meine Handlungsstarre wie weggeblasen. Ich wusste jetzt, was zu tun war, war endlich in der Lage, das längst fällige Gespräch mit meinem Ehemann zu führen und offen mit ihm über die Trennung zu sprechen. Unsere letzten gemeinsamen Ehejahre hatten wir wie eines dieser Paare gelebt, die aus reiner Konvention zusammenbleiben. Große Lebendigkeit war nicht mehr vorhanden, so empfanden wir beide. Er stimmte der Trennung dann auch schnell zu. Alles verlief so viel leichter, als ich es mir hätte vorstellen können. Auch unsere Söhne nahmen die Trennung gut auf. Heute sehen wir uns alle oft. Gitta und ich verstehen uns bestens mit den Kindern und Enkelkindern, wir gehen alle sehr entspannt miteinander um. Nur die Treffen mit meinem Exmann sind überschattet. Ich habe ihn verletzt, das ist mir bewusst. Für einen Mann ist es sicherlich schwierig, damit umzugehen, wegen einer Frau verlassen zu werden.

Unsere Freundinnen verhielten sich erstaunlich liberal, freundschaftlich und positiv unserer Liebe gegenüber, und das vor neunzehn Jahren! Sie reagierten gar nicht altmodisch, das hat uns wirklich angenehm überrascht. Bei vielen Männern in der jüdischen Gemeinde spürte ich allerdings Zurückhaltung und Angst. Ich bin sehr aktiv und integriert in die jüdische Gemeinde. Nie, zu keinem Zeitpunkt, gab es von unserer Seite die Überlegung, Frankfurt zu verlassen und in einer fremden Stadt neu anzufangen. Mein deutliches Signal ans Umfeld war: »Freunde, es ist alles wie gehabt, nur statt eines Mannes gibt es jetzt eine Frau an meiner Seite.« Ich wollte keine Revolution anzetteln, nichts lag mir ferner. »Ich bin dieselbe Frau, die ihr seit Jahrzehnten kennt, ich habe mich nicht verändert«, sagte ich meinen Freunden und Bekannten, das ist offenbar angekommen. Ich wurde von niemandem als Person abgelehnt, alles erschien plötzlich kinderleicht. Meine Ängste entpuppten sich als unnötig. Ich bin vom Glück beschenkt worden.

Wäre ich Gitta nicht begegnet, hätte ich nicht viel unternommen, um aus meiner vom Alltag und Ermüdungserscheinungen geprägten Ehe auszubrechen. Stattdessen hatte ich plötzlich wieder Schmetterlinge im Bauch und wurde von Gitta wirklich wahrgenommen. Wer würde das nicht genießen?

Zu Beginn unserer Liebe, als Gitta mich auf das eine oder andere Frauenfest mitnahm, wusste ich zunächst gar nicht, unter welches Tischtuch ich zuerst kriechen sollte, um mich zu verstecken. Ich war viel älter als viele der anwesenden Frauen, ich war jüdisch, neu in der Szene und alles andere als identisch mit der Situation. Da ich fremden Menschen vorurteilsfrei begegne, gewann ich jedoch im Laufe der Jahre zahlreiche wertvolle neue Freundinnen. Wir haben mittlerweile einen großen gemeinsamen Freundeskreis und sind viel unterwegs. Nur ins Theater und zum Fußball geht Gitta allein.

Ich habe in der Beziehung mit Gitta unendlich viele neue Erfahrungen gemacht, es war ja das erste Mal, dass ich mich zu einer Frau hingezogen fühlte. Mein Leben lang fand ich Frauen viel spannender als Männer. Dieser Eindruck hatte bei mir aber nie eine erotische Komponente. Zwar war ich keineswegs naiv, ich hatte in früheren Jahren auch »Claudine« von Colette gelesen und besaß pubertäre Vorstellungen von Frauenbeziehungen. Doch das alles selbst zu erleben, war etwas ganz anderes. Ich glaube trotzdem nicht, dass ich im klassischen Sinne lesbisch bin. Es ist Gitta, die ich liebe.

Gitta ist eine Ausnahmefrau. Sie ist klug, sehr klug, und sie besitzt die Intelligenz des Herzens. Das liebe ich an ihr. Aber unser Alltag ist nicht nur eine rosarote Wolke. Manchmal versucht mich Gitta zu erziehen. »Rauch nicht so viel!«, sagt sie dann. Stellen Sie sich das vor, fast eine Generation bin ich älter als meine Frau und sie versucht mich zu bevormunden! Es gelingt ihr aber nicht, ich wehre mich noch erfolgreich.

Physisch spielt der große Altersunterschied zwischen uns schon eine Rolle. Weder kann ich mit Gitta Radtouren unternehmen, obwohl ihr das Freude bereiten würde, noch stundenlang auf Reisen neue Städte zu Fuß erkunden. Das alles wird mit Sicherheit in den kommenden Jahren nicht besser, das bereitet mir Sorgen. Ich versuche, mich fit zu halten, so gut ich es eben kann. Eine jüngere Partnerin soll ja angeblich ein Jungbrunnen sein, auch wenn die Lebensuhr nicht stehen bleibt. Wir werden möglichst viel Zeit miteinander genießen. Gitta geht erst in einigen Jahren in Rente, dann werde ich etwa achtzig Jahre alt sein. Ich kann nur hoffen, dass ich so lange gesund bleibe.

Für die Liebe muss man den inneren Schweinehund überwinden. Nicht immer jammern, wenn der Rücken schmerzt, stattdessen für die Liebste kleine Geschenke, Bücher, Leckereien mitbringen. Nie hätte ich gedacht, dass wir zwanzig Jahre nach unserem Kennenlernen in einer gemeinsamen Wohnung leben würden. Erst nach der Trennung von meinem Ehemann machte ich die Erfahrung, zum ersten Mal allein zu leben. Das wunderbare Gefühl der bis dahin für mich unbekannten Freiheit ließ mich tanzen, es war himmlisch, aber auch ein Zwiespalt. Einerseits wollte ich Gitta nah sein und andererseits die ersten eigenen vier Wände genießen. Die getrennten Wohnungen hielt ich lange für das Geheimnis unseres Glücks, und wer gibt das schon gern auf? Zunächst war ich mir sicher, dass zwei Frauen, die zusammenziehen, mindestens dreihundert Quadratmeter Wohnfläche inklusive Stahltür im Mittelteil benötigen, um miteinander auszukommen. Jetzt merke ich, es geht auch ohne Stahltür. Wir haben getrennte Badezimmer, so gibt es keinen Streit um Zahnpastatuben. Unser Glücksgeheimnis ist heute das Zusammenleben. Die Liebe zu meiner Frau hat mich um so viele Erfahrungen bereichert, das verdanke ich nur ihr.

Heiraten, das hatte ich schon abgehakt, eine Hochzeit hatte ich ja bereits erlebt. Doch für Gittas Sicherheitsgefühl war es wichtig, dass wir uns vor zwei Jahren standesamtlich das Ja-Wort gaben. Die Trauzeremonie fand ich eher ulkig als romantisch. Als die Standesbeamtin ihre Bemerkungen über die ersten zarten Bande einer Liebe machte, fiel ich ihr ins Wort und ließ sie wissen, dass wir bereits seit fast siebzehn Jahren ein Paar sind. Dennoch war es eine schöne Hochzeit, auch wenn sie für mich wirklich nicht notwendig gewesen wäre. Alle für uns wichtigen rechtlichen Absprachen hätten wir anwaltlich hinterlegen können. Aber ich gebe zu, dass ich immer wieder aufs Neue den Moment genieße, wenn ich Gitta zum Beispiel in einer Bank auf die Frage nach unserem Verhältnis als »meine Ehefrau« vorstelle und in das verdutzte Gesicht des Bankberaters blicke.

Man muss sich und der Liebe eine Chance geben, man darf sich nicht von den eigenen Ängsten beherrschen lassen. Das habe ich durch meine große Liebe zu Gitta gelernt. Zwei Jahre saßen diese fürchterlichen Ängste wie Dämonen in meinem Nacken, und wer weiß, ob ich ohne meine wunderbare Mutter den Mut zum Handeln gehabt hätte. Sie liebte Gitta, als sie sie kennenlernte. Alle lieben Gitta, das ist ja auch nicht schwer. Dennoch spielte Eifersucht nie eine große Rolle in unserer Beziehung. Vielleicht bin ich einfach mit ausreichendem Selbstvertrauen gesegnet. Ich kann mir nicht vorstellen, dass Gitta fremdgeht. Ich bin eher glücklich, wenn Gitta Erfolg beim Flirten hat, obwohl sie es nie ernsthaft versucht, höchstens als Spiel, um mich zu testen. Das merke ich aber recht schnell.

Noch heute muss ich über die Aussage meiner Mutter schmunzeln, als sie später im Detail erfuhr, für wen ich mich von meinem Ehemann getrennt habe: »So, Naomi, du hast jetzt also ein exotisches Verhältnis.« Sie konnte es nicht anders ausdrücken und wollte mich nicht verletzen.

Eigentlich sind wir ein unmögliches Paar

Marlies (77) und Hans-Peter Martensen (78) kennen sich
über sechzig Jahre, seit 1952 sind sie verheiratet.
Beide betrieben dreißig Jahre lang ein Friseurgeschäft.
Ihren ersten Sohn verloren sie durch einen tragischen
Unfall, er starb mit eineinhalb Jahren. Sie haben zwei
weitere Söhne und leben in Hamburg.

MARLIES MARTENSEN

Noch heute föhnt mein Mann mir täglich die Haare, das ist ein Ritual. Er würde es am liebsten mehrmals am Tag tun, aber einmal reicht mir. Wir hatten dreißig Jahre lang ein kleines Friseurgeschäft in Hamburg. Sechsundfünfzig Jahre sind wir inzwischen verheiratet, und ein Paar waren wir schon fünf Jahre zuvor. Ich war siebzehn, als ich Hans-Peter kennenlernte. Der Anfang war alles andere als leicht. Wir wohnten damals in einem kleinen Dorf in Norddeutschland, wo jeder jeden kennt. Auf einem Stiftungsfest des Gesangvereins tanzten Hans-Peter und ich miteinander und gingen danach immer mal wieder zusammen aus. Meine Eltern waren vehement gegen unsere Beziehung, sie stellten sich etwas »Besseres« für mich vor als einen Friseur. Deshalb trafen wir uns heimlich, schrieben uns postlagernd und erfanden immer wieder Tricks, um uns sehen zu können. Als ich schwanger wurde, durfte das natürlich niemand erfahren. Uns blieb nichts anderes übrig als durchzubrennen, also gingen wir nach Frankfurt zu meinem ältesten Bruder. Er stellte in seiner kleinen Wohnung ein Bett in die Küche, dort konnten wir erst einmal unterkommen. Ich suchte für mich und Hans-Peter Arbeit, eine Wohnung fanden wir nicht, nur ein Zimmer zur Untermiete.

1952 heirateten wir in Frankfurt, ganz allein, nur mein Bruder kam als Trauzeuge kurz auf das Standesamt, dann musste er gleich wieder zur Arbeit. Mein Mann und ich fuhren nach der Trauung mit der Straßenbahn nach Bad Homburg zum Kaffeetrinken. Das war's. Meine Hochzeit, den schönsten Tag im Leben, wie man so sagt, hatte ich mir ehrlich gesagt anders vorgestellt. Als meine Schwangerschaft nicht mehr zu übersehen war, wurde uns das Zimmer gekündigt. Wir mussten zurück nach Hause und eineinhalb Monate nach der Hochzeit kam unser Sohn auf die Welt. Wir lebten fünf Jahre bei meinen Schwiegereltern, wiederum in nur einem Zimmer. Mir gefiel es dort nicht, und ich war nicht immer nett zu meiner Schwiegermutter. Das tut mir noch heute manchmal leid. Meine Eltern hatten sich von dem Moment an, als wir zurückkamen, mit unserer Beziehung abgefunden, es wurde kein Wort mehr darüber verloren. Sie freuten sich sehr über ihren Enkel und schlossen ihn in ihr Herz. So fuhr ich jeden Morgen, wenn Hans-Peter zur Arbeit ging, mit unserem kleinen Rolfi in mein Elternhaus und verbrachte dort den Tag.

Doch dann geschah etwas Furchtbares. Im Alter von anderthalb Jahren verunglückte unser Sohn tödlich. Er ertrank auf dem Grundstück meiner Eltern in einer Regentonne. Es war ein unbeschreiblicher Schmerz. Dieses Kind war wie ein kleiner Friedensengel gewesen, es hatte die ganze Familie wieder zusammengebracht – und dann eine solche Tragödie. Wir waren alle unendlich traurig. Heute würde man sicher zum Psychologen gehen, um ein solches Trauma zu bewältigen, doch damals war es anders. Der schwierige Anfang unserer Beziehung hatte uns einander schon sehr nahe gebracht, und dieser Verlust schweißte uns noch mehr zusammen. Wir haben alles im Leben zusammen durchgestanden, immer zusammengehalten.

Nach diesem entsetzlichen Erlebnis waren mein Mann und ich uns einig, wir wollten ein weiteres Kind. Ein Jahr darauf wurde Rainer geboren, ein weiterer Sohn sechs Jahre später. Das war natürlich kein Ersatz für unseren Rolfi, doch es half uns ein wenig, über seinen Verlust hinwegzukommen.

Hans-Peter wollte sich als Friseur selbstständig machen, doch das war in dem kleinen Ort, in dem wir wohnten, nicht möglich. Sein damaliger Chef duldete keine Konkurrenz. Wir bekamen einen Lastenausgleichsschein, weil die Wohnung meiner Eltern 1943 ausgebombt wurde. Deshalb konnten wir im Zuge der Rückführung in Hamburg eine Wohnung beziehen. Ich hätte nie gedacht, dass mein Mann diesen Schritt machen würde, er ist absolut kein Stadtmensch, aber es war die einzige Chance. Ich wollte ganz für meine Kinder da sein, also blieb ich zu Hause und kümmerte mich um den Haushalt. Wir hatten beide schon immer einen ausgeprägten Familiensinn. Erst als unsere Jungs groß genug waren, arbeitete ich mit im Laden und machte die Buchhaltung, denn ich hatte als Mädchen eine kaufmännische Lehre gemacht. Ich fand es sehr schön, mit meinem Mann zusammen zu arbeiten und rund um die Uhr bei ihm zu sein. Wir hatten einen guten Kundenstamm, es war fast wie eine Familie. Noch heute haben wir mit einigen von ihnen Kontakt.

Wir lebten immer sehr bescheiden und stellten keine großen Ansprüche. Mein Mann macht mir oft schon mit Kleinigkeiten eine Freude, mit einem Blumenstrauß zum Beispiel oder einem schönen Ausflug. Finanziell können wir uns keine großen Sprünge leisten, aber wir sind zufrieden mit dem, was wir haben. Ich hätte nur sehr gern mehr Reisen unternommen, aber ich trauere dem nicht nach. Wir haben alles zusammen aufgebaut, in kleinen Schritten. Es war eine andere Zeit damals, heute ist meist alles von Anfang an da, zum Beispiel die Wohnungseinrichtung.

Wir haben uns über jedes Stück gefreut. Unsere erste Anschaffung war ein kleines Blumentischchen. Darin konnten wir ein paar Bücher unterbringen und eine Pflanze darauf stellen. Dieses erste Möbelstück zahlten wir zehn Monate lang mit einer Rate von sechs Mark ab. Vor ein paar Jahren brannte unsere gesamte Wohnung aus, alles war weg, wir mussten noch einmal ganz von vorn beginnen. Das war nicht leicht, aber auch das meisterten wir zusammen.

Ich kann heute gar nicht mehr sagen, was mir zuerst an meinem Mann gefiel, warum er mein Traummann war. Es sollte einfach er sein, ein anderer kam nie in Frage. Es war alles so selbstverständlich. Ich bin nicht romantisch veranlagt und rede nicht über meine Gefühle. Dazu bin ich nicht der Typ. Dass ich ihn liebe, habe ich ihm in all den Jahren noch nie gesagt. Ich bin der Meinung, darüber muss man nicht sprechen, das fühlt man doch. In einer Ehe ist es wichtig, dass man einander zuhört, sich austauscht, hilfsbereit, tolerant und verständnisvoll ist. Natürlich hat mich immer mal etwas an ihm gestört, aber das schleift sich mit den Jahren ab. Ich habe das Glück, dass mein Mann, im Gegensatz zu mir, nachgeben kann. Meistens setze ich meinen Willen durch.

Zärtlichkeit ist für uns immer noch wichtig. Sex spielte hingegen nur in den ersten Jahren eine Rolle, das war dann vorbei. Darunter habe ich nie gelitten. Seit die Kinder aus dem Haus sind, haben wir getrennte Schlafzimmer, dazu haben wir nun genug Platz. Hans-Peter liest gern lange. So können wir beide besser schlafen, das ist wunderbar. Man muss nicht immer aneinander kleben.

Einmal im Jahr fährt mein Mann allein zu seiner über achtzigjährigen Schwester in die Flensburger Gegend. Er hängt sehr an ihr. Die beiden unternehmen dann etwas, erzählen sich Geschichten von früher. Da muss ich nicht dabei sein.

Ich sage immer, über uns gibt es nicht viel zu erzählen, wir leben einfach unseren Alltag zusammen. Es lief alles so selbstverständlich, es geht immer weiter. Wir haben Freud und Leid geteilt und nehmen uns nicht so wichtig, wir zerreden nicht alles. Wenn man etwas so Trauriges wie den Tod des eigenen Kindes erlebt hat, weiß man genau, über das meiste lohnt es nicht zu streiten oder sich aufzuregen. Wir sind beide einigermaßen gesund, das ist wichtig. Hans-Peter und ich haben große Freude an unseren Kindern und den vier Enkeln. Wir verbringen gern Zeit miteinander und sind immer für sie da, wenn wir gebraucht werden.

Ich kann mir nicht vorstellen, ohne meinen Mann zu sein. Auch meine Eltern waren ein Leben lang, bis zum Tod, ein Paar. Ich kenne das gar nicht anders.

HANS-PETER MARTENSEN

Dass mich Marlies bei der Damenwahl zum Tanz aufforderte, sah ich als gutes Zeichen. Es war 1946, und auf dem Land gab es für junge Leute nicht viele Möglichkeiten. Man improvisierte. Auf dem Heuboden eines Bauern spielte einer Handharmonika, und es wurde getanzt. Den ersten Schritt machte ich auf Marlies zu, holte sie immer wieder auf die Tanzfläche. Das war natürlich eine spannende Sache, man berührte sich, kam sich so näher.

Es waren ja furchtbare Zeiten, der Krieg war gerade aus, es gab nichts. In eines der Bauernhäuser wurden Backwaren geliefert, dort kauften wir unser Brot. Da sah ich Marlies zum ersten Mal. Sie war so lustig, lachte viel, das gefiel mir. Näher kennengelernt haben wir uns dann beim Tanzen. An etwas Ernstes dachte ich damals noch nicht. Wir waren jung, verstanden uns gut, freuten uns immer, wenn wir uns sahen. Das war allerdings nicht einfach. Man

konnte zu dieser Zeit nicht einfach eine Freundin mit nach
Hause bringen. Das war undenkbar. Marlies erzählte mir,
dass ihre Mutter gegen unsere Beziehung sei. Ich tröstete
sie, riet ihr, es ihrer Mutter nicht übel zu nehmen. So konnten wir uns nur heimlich treffen. Die Mutter von Freunden
hatte ein Herz für uns, bei ihr trafen wir uns, blieben oft
bis spät in die Nacht und spielten Skat. Einmal holte ich
Marlies zu uns, schleuste sie nachts durch das Fenster hinein. Ich hatte ziemlichen Bammel, weil mein Vater auf-
wachte, aber wir blieben unentdeckt, und andere Möglichkeiten hatten wir ja nicht. Das war alles anders als heute.

Als Marlies schwanger wurde, war Holland in Not.
Vertrauenspersonen waren nur Marlies' Bruder und meine
Schwester, nur die beiden hatten Verständnis für unsere
Situation. Marlies fuhr zu ihrem Bruder nach Frankfurt,
und ich kam wenig später nach. Zuhause wusste niemand,
dass wir zusammen dort sind, und niemand wusste von
der Schwangerschaft. Als Marlies einundzwanzig wurde,
konnten wir heiraten.

Nach unserer gemeinsamen »Flucht« lernten wir uns
noch einmal besser kennen. Marlies hat für unsere Liebe
viel aufgeben müssen. Sie ist sehr intelligent, doch wegen
der Schwangerschaft musste sie die Schule vorzeitig abbrechen. Wenn sie den Fachhochschulabschluss gemacht hätte,
hätte sie sicher studiert. Für mich ist es wie ein kleines
Wunder, dass wir tatsächlich ein Paar wurden und blieben.
Es war Sympathie, Liebe, Sex und unsere gemeinsamen
Kinder.

Aus Frankfurt mussten wir weg, weil wir keine Unter-
kunft fanden. Wir kamen dann bei meinen Eltern unter.
Mit meiner Mutter verstand Marlies sich ganz gut, aber
mit meinem Vater war es schwieriger, denn er war sehr
dominant. Marlies wagte es, zu widersprechen, wehrte
sich. Das war für die damalige Zeit sehr ungewöhnlich und
beeindruckte mich sehr. Heute sind die jungen Frauen ja

zum Glück viel selbstständiger. Ich musste natürlich auch lernen, damit umzugehen, dass sie ihren eigenen Kopf hat. Ihr Elternhaus war völlig anders als meins. Mit fünf Geschwistern war dort immer etwas los, es wurde debattiert und viel gelacht. Das war für mich eine neue Welt, faszinierte mich, aber es fiel mir zunächst nicht leicht, mich darauf einzulassen. Das Verhältnis zu meiner Schwiegermutter wandelte sich nach unserer Rückkehr vollkommen. Trotz ihrer anfänglichen Ablehnung war ich später der beste Schwiegersohn der Welt für sie.

Wir wohnten noch bei meinen Eltern, als unser kleiner Sohn tödlich verunglückte. Das war furchtbar, wir spürten eine ungeheure Leere. Meine Frau und ich wollten beide so schnell wie möglich wieder ein Kind bekommen. Es war unsere Art, das Schreckliche zu verwinden.

Über Gefühle sprechen wir nicht viel. Dass ich sie liebe, sage ich ihr selten, ich tue eher etwas, damit sie es merkt. Wenn sie morgens aufsteht, ist der Frühstückstisch gedeckt, der Kaffee fertig. Das ist meine Art, ihr meine Liebe zu zeigen. Ich bringe ihr auch gern Blumen, dann schimpft sie manchmal, ich solle nicht soviel Geld für sie ausgeben. Das mag ich nicht, denn so schlecht stehen wir nun auch nicht mit dem Geld. Solche kleinen Aufmerksamkeiten sollte sie auch schätzen können.

Die Beziehung zu Marlies hatte einen positiven Einfluss auf mich, früher war ich ein »Wutkopf«, regte mich schnell auf. Heute bin ich ausgeglichener.

Dass sich ältere Männer jüngere Frauen suchen habe ich nie verstanden. Einen Partner zu haben, der dreißig Jahre jünger ist, das ist doch ein Witz. Ich finde, heute gehen Paare viel zu schnell auseinander, die Menschen sind zu ungeduldig, sie können bei einem Streit nicht einlenken. Für eine Beziehung muss man kämpfen, etwas tun, sonst hält sie nicht.

Im Gegensatz zu mir war Marlies nie eifersüchtig, wirk-

lich nie. Dabei hatte ich viele Chancen bei den Damen. Wenn man fünfzig Jahre als Friseur arbeitet, erlebt man so einiges. Da gab es manches eindeutige Angebot. Ich blieb natürlich standhaft, denn ich glaube, Treue ist in einer Ehe sehr wichtig.

In unserer Ehe gab es noch nie eine Krise. Bei einem Krach gilt, vor dem Zubettgehen müssen wir uns vertragen. Den ersten Schritt muss meist ich machen. Marlies kann sehr bockig sein, sehr hartnäckig. Sie gibt nicht leicht etwas zu, nachzugeben fällt ihr äußerst schwer. Dennoch waren wir immer gleichberechtigt, das war für unsere Beziehung sehr wichtig. Wir sind ein gutes Team und sprechen über alles offen. Marlies ist ein grundehrlicher Mensch, sehr korrekt und kreativ. Sie ist eine gute Frau. Eigentlich ist sie der Boss. Als die Kinder selbstständig genug waren, arbeitete meine Frau mit im Geschäft. Sie organisierte alles, Kasse, Termine, Kartei, und nahm mir auch so manches lästige Kundengespräch ab.

Heute genieße ich den Ruhestand, ich habe noch nie so gern gelebt wie jetzt. Manchmal unternehme ich gern etwas allein. Ich sammle Steine, Artefakte der Germanen. Die findet man auf Äckern, wenn frisch gepflügt wurde. Ich fahre morgens um halb fünf los nach Kiel, bin um sieben auf einer Koppel und mache mich auf die Suche. Ich habe bereits eine schöne Sammlung zusammen. Mal nur für mich zu sein ist herrlich. Ich bin altmodisch und schwelge gern in Erinnerungen. Einmal im Jahr besuche ich meine Schwester, und wir fahren gemeinsam all die Orte unserer Kindheit ab. Wir schauen uns an, wo wir zur Schule gingen, wo wir wohnten, besuchen Verwandte. Das gefällt mir.

Eigentlich sind Marlies und ich ja ein unmögliches Paar, wir unternehmen gar nicht so viel zusammen. Wir leben einfach miteinander, und zwar sehr gern.

Wir sind Sucherinnen,
die auf einen Suchenden trafen

*Brigitte Streubel (58), ehemaliges Fotomodell, Kamerafrau
und Filmautorin, Christa Ritter (65), Filmemacherin und
Autorin, sowie die Zwillingsschwestern Gisela Getty (59),
Filmemacherin und Schriftstellerin, und Jutta Winkelmann
ebenfalls Filmemacherin und Schriftstellerin, leben seit
über dreißig Jahren zusammen mit Rainer Langhans (68)
im »Harem«, einer ständigen Selbsterfahrungsgruppe
in München.*

BRIGITTE STREUBEL

Als ich Rainer 1972 kennenlernte, fühlte ich mich von ihm
zugleich angezogen und abgestoßen und immer etwas
überfordert von seiner Suche nach neuen Lebensformen.
Mit Uschi Obermaier war es gerade vorbei, ebenso mit der
Kommune. Er war auf einem spirituellen Weg, sein indi-
scher Meister hatte ihn gerade initiiert. Ich hatte damals
einiges von Hermann Hesse gelesen und eine gewisse
Ahnung, dass es um Bewusstseinserweiterung geht. Aber
ich verstand noch nicht wirklich, was das für mich bedeutet und wohin das führen sollte.

Zunächst lernte ich über Rainer meine große Liebe, den
Regisseur Ulli Lommel kennen. Ich arbeitete als Foto-
model, verdiente das Geld, und Ulli war das kreative Ge-
nie, der es ausgab – eine ideale Ergänzung? Nach drei
Jahren zerbrach diese Beziehung. Ich war am Boden zerstört, heulte und heulte. Rainer sagte zu mir: »Wo sind
deine Gefühle? Du fühlst doch gar nichts wirklich.« Das
verstand ich überhaupt nicht, ich war doch in Tränen auf-

gelöst, fix und fertig. Was redete er da? Aber ich spürte, irgendwie hatte er Recht. Ich hatte meine Gefühle immer abgestellt bzw. unter Kontrolle, schon seit Kindertagen, da ich zu Hause wenig Zuwendung bekommen hatte. Und als Fotomodell spielt man ja oft nur eine Rolle – niemand interessiert sich wirklich dafür, wie es einem geht.

Danach lernte ich Jutta kennen, wir fasteten und meditierten mit Rainer, beschäftigten uns mit Psychologie und konkurrierten um ihn. Wir versuchten aber auch immer wieder, ihn zu verführen, selbst gemeinsam. Es reizte uns, dass er wie ein Mönch enthaltsam leben wollte. Aber es war nichts zu machen. Sex als Lustgewinn oder zur Zeugung interessierte ihn nicht mehr. Er hatte das Beziehungsmodell mit Uschi Obermaier versucht und gemerkt, es funktioniert nicht. Den Versuch, im Partner den zweiten Teil seiner selbst, als eine Ergänzung zu suchen, findet er falsch. Jeder muss selbst ein Ganzes sein.

Ich hatte aber noch die Sehnsucht nach Erfüllung in einer Partnerschaft und brach daher immer wieder aus. In kurzfristigen Beziehungen mit jüngeren Männern probierte ich einiges aus, auch in erotischer Hinsicht. Ich war mit potenten, berühmten Männern zusammen, hätte mehrmals reich heiraten können. Aber in all diesen Begegnungen fand ich nichts, was mich auf Dauer erfüllte. Seit zwölf Jahren ist es mir nun ernst, mein Ziel ist es, nicht mehr bei einem Mann, sondern bei mir anzukommen.

Mit seinen Meistersprüchen war Rainer anfangs sehr dogmatisch, praktizierte aber immer weiter, z. B. das »Geben und Nehmen in Ordnung zu bringen« oder »Sexualität ist der Tod und Enthaltsamkeit das Leben«. Das ist inzwischen seine Überzeugung. Ich provozierte ihn immer wieder, bis ich merkte, wie konsequent er ist, dass die Samenkontrolle bis in seine Träume reicht. Ich fand das erst krank, Sexualität kannte ich anders, aber dann wurde mir klar, dass seine ungeheure Lebensenergie auch daher kommt. Seit zwölf Jahren probieren Rainer und ich eine Menge aus, auch körperlich. Ich musste lernen, bereits im Vorfeld meine Motive und dann die Zärtlichkeit zu erkunden und dort zu verharren, mich dem Feuer zu nähern, aber mich nicht in ihm abzufackeln. Oft rastete ich danach vor Wut aus, wusste nicht, wohin mit meiner Energie. Es dauerte lange, bis ich diese Art der Sexualität schätzen und genießen konnte, doch ich lernte so Gefühle von mir kennen, negative wie positive, die mir bis dahin unbekannt waren, die ich so tiefgreifend mit all den anderen Männern nie erlebt hatte. Heute kann ich sagen, der Orgasmus ist nicht das Höchste, Tollste und schon gar nicht das Intimste.

Es gibt immer noch diese »Fraquenanteile« in uns, die wir überwinden müssen, und das dauert. Trotz mancher Eifersüchteleien sind wir Frauen aber oft froh, dass wir uns haben. Wir sind eine Art »virtuelle Frauenkommune«, uns reicht ¼ Mann bei unserer Selbstsuche, und wir stützen einander, wenn wir nicht weiterkommen, nicht verstehen, worin wir gerade wieder zu versacken drohen, oder erinnern uns, wohin der Weg eigentlich geht. Rainer ist als Spiegel gnadenlos, er spürt wunde Punkte sofort, wir untereinander aber auch, und wir projizieren heftig, aber das sind unsere Spielregeln. Das Schwerste ist, immer dran zu bleiben, nicht aufzugeben. Im Gespräch mit den Frauen verstehe ich Rainer manchmal besser, als wenn ich mit ihm direkt spreche.

Es ist eine Reise zu sich selbst. Verlieren wir den Kontakt zu uns, beherrschen uns Neid und andere Zwänge und der Drang nach Zuwendung. Rainer spürt sofort, ob wir aus Eifersucht Aufmerksamkeit fordern, und zeigt gleich mit dem Finger darauf, wenn wir in falsches Fahrwasser geraten und vom gemeinsamen Ziel abkommen.

Ich habe Liebe offensichtlich immer falsch verstanden, ich dachte, es ginge darum, den anderen zu lieben. Doch meine Versuche, mich auf einen anderen Menschen, einen Mann, zu beziehen, gingen immer schief. Entweder war ich in meiner Verliebtheit eine Getriebene, klammerte schnell, war auf den Mann fixiert, konnte nicht loslassen, und es endete in Ent-Täuschungen, oder ich experimentierte in tantrischen Gefilden. Ich scheiterte in meinen Beziehungen immer wieder an mangelnden oder echten Gefühlen zu mir selbst. Man muss erst sich selbst lieben, bevor man jemand anderen lieben kann. Das zu lernen ist ein langer Prozess, aber es ist beglückend, wenn das Herz aufgeht und ich ganz bei mir bin. Dann sieht man auch die anderen mit anderen Augen. Man hat dann keine bestimmten, starren Vorstellungen mehr, sondern kann offener sein. Das ist unglaublich schön, und ich erlebte es mit Rainer zum ersten Mal.

JUTTA WINKELMANN

1974 kam ich nach München und wollte unbedingt Rainer Langhans kennenlernen. Ich hatte viele Jahre im Ausland verbracht, doch seine Geschichte immer verfolgt, und er schien mir damals einer der interessantesten Männer in Deutschland zu sein. Er war für mich eine ungewöhnliche, revolutionäre Persönlichkeit, und ich teilte seine politischen Ansichten. Unsere erste Begegnung jedoch war ganz anders, als ich es mir vorgestellt hatte. Ich hatte das Bild vom einem zornigen, wilden Mann, aber er war völlig anders. Er fastete gerade, war sehr still und schwach. Das bewegte mich sehr. Ich spürte, er hat eine ganz andere Ebene in sich als wir alle.

Ich glaube, Rainer ist eine unermüdliche Selbsterkenntnismaschine. Wenn man in einem schwachen Moment von ihm aufgebaut werden möchte, kann das erstmal nach hinten losgehen – scheinbar. Er kann jede von uns völlig demontieren, eröffnet uns aber gleichzeitig die Möglichkeit, über unsere eigenen Schwächen hinauszuwachsen. Da bekommt man manchmal Mordgedanken! Wir können in der Arbeit mit ihm aus alten Strukturen ausbrechen. Dabei ist er ein hervorragender und zuverlässiger Partner.

Als Frau beißt man sich an Rainer die Zähne aus. Er ist eine große Herausforderung, weil er nicht unter der »Macht der Lenden« lebt – wie ich immer wieder zähneknirschend erlebt habe. Ich musste vor allem lernen, der Furie Eifersucht zu begegnen, und aufhören, mich als Opfer zu fühlen: Keiner liebt mich oder will mich. Als es mit Brigitte und Gisela und Rainer intensiver wurde, wurde ich so eifersüchtig, dass ich das Gefühl hatte, ich verbrenne. Es war unglaublich quälend, und ich verließ die Gruppe immer wieder für eine Weile, da ich diese Schmerzen kaum aushielt. Die Liebe wurde mir zur Qual.

Ängste und alte Gewohnheiten brechen auch – vielleicht gerade – bei unserem Lebensmodell manchmal durch. Wären nicht immer wieder diese befreienden Erfahrungen, dass nach der Angst, den Schmerzen, das Himmelreich, nämlich die Freiheit, anfängt, wäre es wahrscheinlich der reine Masochismus. Aber so sind die alten Verhaltensmuster der Zerberus, den es zu überwinden gilt. Ohne diese Arbeit an mir, außerhalb der Gruppe, fühle ich mich allerdings schnell leer und heimatlos.

Den Begriff »Harem« habe ich zunächst gehasst, denn damit verbinde ich ein bestimmtes negatives Klischee, gegen das ich mich wehre. Aus Mangel an Alternativen blieb es schließlich aber dabei. Ich finde eigentlich den Begriff »neue Familie« positiver und treffender für unsere Lebensform. Die Basis dafür ist das Interesse mehrerer Individuen an ihrer eigenen persönlichen Weiterentwicklung. Für jeden von uns ist die wichtigste Verabredung die mit sich selbst. Die Utopie und Erfahrung der 1968er Jahre und die Begegnung mit Rainer Langhans hat unseren Weg entscheidend geprägt. Wir sind Sucherinnen, die auf einen Suchenden trafen und zusammen blieben. Unsere Erfahrung in der Gruppe ist schön und ermutigend, weitaus positiver als jede Paarbeziehung, obwohl ich ja mit Rainer oft erbittert gestritten habe.

Wir alle haben unterschiedliche Motive, hier zu sein. Wenn ich es groß fasse, ist es die Suche nach Gott, dem höheren Ich. Durch unsere LSD-Erfahrungen in den 1968er Jahren war das Fenster schon ein Stück geöffnet, und die Suche nach Bewusstseinserweiterung hört eben nie auf – weil sie das Spannendste in unserem (kurzen) Leben ist. Wäre diese Grundsuche nach etwas Höherem nicht das Verbindende, hätten Gisela und ich wahrscheinlich wenig mit den anderen Frauen zu tun. Wir leben zwar nicht unter einem Dach, und unsere Interessen sind sehr verschieden, aber es tut uns allen gut, auf unseren individuellen Wegen auch ein Gefühl von Verbundenheit zu spüren, und wenn nötig, die eigenen Probleme in der Gruppe gespiegelt zu bekommen und miteinander zu reden.

Rainer war von Beginn an eine sehr inspirierende Quelle für meine Selbstfindung. Noch nie wollte ein Mann so viel von mir wissen, ohne auf meine Spielchen reinzufallen. Er will möglichst wenig Körper und möglichst viel Geist haben. Als ich ihn kennenlernte, weckte er eine Hingabebereitschaft in mir, die ich zuvor so nicht kannte. Mit ihm lernte ich den Geschmack der Wahrheit kennen, denn meine Fragen werden ernst genommen. Das gibt mir ein Gefühl subtiler Freiheit, also mache ich mich auf den Weg zu meiner letzten großen Liebe, der Liebe zu mir selbst, das heißt immer wieder unermüdliche Arbeit.

Eigentlich wollte ich 1975 gerade von den USA mit meinen zwei Kindern nach Poona reisen, da erreichte mich eine Postkarte von Rainer Langhans, den ich damals noch gar nicht persönlich kannte. Doch Jutta hatte bereits intensiven Kontakt zu ihm, und er berichtete mir von einem Traum meiner Schwester, ein Konflikttraum über Zwillingsschwestern. Zum Abschluss schrieb er in seiner winzig kleinen, peniblen Schrift: »Wieso Indien? Es gibt hier so viel zu tun.« Seine Postkarte berührte mich, ich buchte tatsächlich um.

In unserer Gruppe, dem sogenannten Harem, haben wir die Möglichkeit, uns gegenseitig zu spiegeln und individuell zu wachsen. Die Intimität unserer Gemeinschaft empfinde ich stärker, als ich es teilweise in der Ehe erlebte. Wir sprechen über die intimsten, tiefsten und verrücktesten Dinge in uns, zeigen uns auch die dunklen und negativen Seiten. Wenn man sich in einer Zweierbeziehung dermaßen offenbaren würde, hätte man schnell die Sorge, verlassen oder für verrückt erklärt zu werden. Hier in Rainers Umfeld kommt alles auf den Tisch.

Ich habe auch hin und wieder große Sehnsucht nach Sicherheit, bekomme hier aber dann Gegenwind. Uns wird in der gemeinsamen Auseinandersetzung ständig der Boden unter den Füßen weggezogen, jeder materiellen oder gefühlsmäßigen Sicherheit der Kampf angesagt. Oft habe ich mich nach einer Paarbeziehung gesehnt, wusste aber aus eigener Erfahrung , dass es bei mir einfach nicht funktioniert, und machte mich auf die Suche nach alternativen Lebensformen. Deshalb ließ ich mich auf dieses Experiment ein. Ich hatte ja schon damals gesehen, dass bei Rainer die Utopie nach einem freieren Leben weiterging.

Viele Menschen leben doch heute schon in Patchworkbeziehungen, die Grenzen werden fließender, nicht zuletzt weil Frauen über ihr eigenes Einkommen verfügen und viel mehr Freiheiten haben. Keine Frau muss mehr heiraten, um gesellschaftlich anerkannt zu werden. Unser Harem ist vielleicht ein extremes Modell, aber heute sind so viele Lebensformen möglich – wir leben nur eine davon sehr konsequent. Ob ich glücklich bin, ist für mich schwer zu beantworten, ich stoße da gerade an meine Grenzen.

Jutta und ich haben im Harem eine spezielle Position. Wir beziehen uns als Zwillinge stark aufeinander, konnten uns nie richtig anpassen. Wir sind zusammen eine Macht, werden immer unabhängiger sein können als eine einzelne Frau. Ich empfinde uns beide als kämpferischer und stärker in der Auseinandersetzung gegenüber Rainer.

In ihm sehe ich Geist und Vision. Nach vorn zu gehen, an mir zu arbeiten, erfüllt mich mit Hoffnung. Rainer fordert von uns Zwillingen, dass auch wir uns individualisieren müssen. Das unbekannte Wesen neben meiner Zwillingsexistenz erwartet mich also. Dieses Ich will ich immer mehr finden.

CHRISTA RITTER

Als ich Rainer 1978 traf, war ich in einer verzweifelten Situation. Obwohl ich gerade aus der Werbebranche ins Filmgeschäft gewechselt war, merkte ich schnell, dass ich dort nicht fand, wonach ich eigentlich suchte: ein existenzielleres Leben. Rainer sprach etwas in mir an, das mir völlig fremd und gleichzeitig merkwürdig vertraut war: meine innere Seite. Wir begegneten uns bei den Dreharbeiten zum Film »Die Hamburger Krankheit« von Peter Fleischmann. Rainer spielte eine der Hauptrollen und irritierte mich sofort. Er blieb ausdrücklich für sich, wie niemand sonst aus dem Team, trug nur weiße Kleidung, kurze, streng wirkende Haare und lachte nie. Er machte sich eben mit niemandem gemein. Das machte mich neugierig. Mich faszinierten dann unsere Gespräche, vor allem, wie ernsthaft er sein neues, spirituelles Leben umzusetzen versuchte.

Wie mit jedem Mann, der mich interessierte, flirtete ich aber geradezu automatisch auch mit ihm. Rainer wusste längst, dass nach Uschi keine Frau, sondern sein Meister die große Liebe für ihn war. »Mit mir nicht!«, sagte er nur. So eine Abfuhr hatte ich noch nie erlebt, es war geradezu ein Schock. Bei allem, was ich sagte oder tat, schien er mit seiner Sicht meine bisherige Selbstzufriedenheit einfach hinwegzufegen. Das war spannend und erschreckte mich gleichzeitig natürlich zutiefst: War ich tatsächlich in so hohem Maße unbewusst und daher oberflächlich? Mein Selbstbild war ein anderes. Durch Rainer begann ich schließlich zu ahnen, dass die Verachtung, die ich damals oft für andere empfand, im Grunde mir selbst galt und ich dringend an mir arbeiten musste. Obwohl mich Rainer zunächst warnte und ich vor einer Veränderung auch Angst hatte, entschied ich, mich Rainer und den Frauen anzuschließen.

Die erste Zeit mit ihnen, vor etwa dreißig Jahren, war sehr aufregend und für mich in vielerlei Hinsicht eine Offenbarung. Wir probierten viele Dinge aus, die ich nicht kannte, und stellten gemeinsam unsere alten Lebensbilder radikal infrage. Karriere? Filmerfolge? Nada! Ich begann zu entdecken, wie eng und spießig mein Lebenskonzept geworden war, obwohl ich mir einbildete, ein Single mit kritischem Verstand und Experimentierlust zu sein.

Wir fasteten oft, meditierten, ich reduzierte meinen Konsum, hörte von einem Tag auf den anderen auf, Alkohol zu trinken und zu rauchen und stellte die Ernährung auf vegetarisch um. Stattdessen fingen wir an, uns Schritt um Schritt neu zu erfinden: Auch die persönlichsten Telefonate und Gespräche wurden für alle anderen protokolliert und dann diskutiert. Ein geistiger Aufbruch, den auch ich erlebte, der aber nicht tiefer bei mir ankam. Ich projizierte stattdessen immer noch nach klassischem Weibchen-Muster alles auf Rainer. Er war alles, ich war nichts, hatte nur panische Angst vor mir selbst. Trotzdem erinnere ich mich an die ersten vier Jahre unseres Labors als einen phantastischen Höhenflug.

Ein paar Jahre später zog Gisela von Los Angeles nach München. Sie und Jutta waren als Zwillinge für mich von Anfang an eine besondere Herausforderung. In fast allem schienen sie mir als Doppelereignis überlegen, ihre Andersartigkeit bedrohlich. Aber der Harem ist vielleicht gerade wegen solcher Vielfalt so stark. Noch heute fällt es mir schwer, Frauen und damit meine eigensinnige Weiblichkeit wirklich anzuerkennen, ich übe mich erst in schwesterlichen Gefühlen. Rivalität und Eifersucht dominieren. Dann ziehe ich mich zurück und leide an Vereinsamung und Depression. Zusätzlich zur Haremsarbeit mache ich deshalb seit dem Frühjahr eine Daseinsanalyse.

Nach der Anfangszeit meines geistigen Aufbruchs im »Harem« kam, ohne dass ich es merkte, in mir massiv wieder mein altes Außen-Programm zum Vorschein. So schnell ließ sich die scheinbar abgemeldete Idee von Karriere und Film nicht von der Bettkante stoßen! Während wir uns inzwischen bei den Grünen ausprobierten oder Videoexperimente machten, wuchs in mir unbemerkt der Widerstand. Wenn ich mich mit den anderen als Harem bewegte, war ich niemand, schien alles nur in »seinem« Auftrag zu geschehen. Gleichzeitig hatte ich Angst vor jeder Selbstverantwortung, davor, mich endlich genauer im Spiegel zu betrachten. Im Grunde hatte ich keine Ahnung, wie ich lernen, nämlich an mir arbeiten sollte.

Ich würde nicht mein Leben in dieser ewigen Nabelschau verbringen, rumorte es in mir, sondern aus meinen neuen Erfahrungen Filme machen. Endlich fasste ich mir aber doch ein Herz und verabredete mit Rainer, nicht ab-zusahnen, sondern an diesem Widerstand mit ihm zu ar-beiten. Das bedeutete anfangs, mich mit Rainers Unter-stützung im Schreiben zu üben. Bald schrieb ich als Quereinsteigerin für angesehene Printmedien. Je mehr ich ausprobierte, umso mehr wuchs jedoch auch wieder mein Ehrgeiz, und der verhinderte bald jede innere Arbeit. So war ich mir selbst untreu geworden. Rainer und ich mach-ten zwar erfolgreiche TV-Dokumentationen, waren mehr-fach für den Grimme-Preis nominiert, erhielten ihn auch 1994 für »Schneeweißrosenrot«, aber ich »vergaß« unsere Verabredung immer mehr. Rainer sah meine Abwehr als Vertragsbruch. Wir beendeten unser Experiment und ich fiel wieder in eine diesmal noch heftigere Depression.

In all diesen Jahren geriet ich in unserer Gruppe aber auch immer wieder mit den anderen Frauen an sehr per-sönliche Grenzen. Dann überwand ich manchmal meine Abwehr, erlebte wenigstens projektiv, dass nicht die ande-ren mein Leben verhindern, sondern nur ich selbst. Trotz allem Geschrei, gerade wegen dieser unglaublichen Offen-heit, bleiben wir bis heute zusammen, niemand muss ge-hen. Es gibt nichts Besseres! Dieses verrückte Spiel dauert zwar nun schon ewig, scheint letztlich aber doch aus dem selbst verordneten Gefängnis herauszuführen. Ich fühle mich ein ganz klein wenig besser als je zuvor, und das ist schon unglaublich viel, selbst wenn ich häufig noch feige zurückkrieche und dann wieder alle anderen beschimpfe. Konflikte zu suchen, um sie ohne Netz zu bestehen, ist für mich nach wie vor extrem schwierig.

Den Begriff »Harem« erfanden übrigens andere. Wir übernahmen den Ausdruck, und mir gefiel er als Provoka-tion. Ich würde uns heute allerdings eher als »Labor« be-zeichnen, aber als eines, das wir Frauen erfanden, weil jede von uns über das traditionelle Angebot für Frauen hinaus-wachsen wollte. Das ärgert mich immer wieder: Im Mittelpunkt steht nach außen bis heute Rainer Langhans, und wir kommen eigentlich nur als »seine Frauen« vor. Aber ich arbeite ein wenig eigenwilliger als damals – so ist zumindest mein Gefühl – an verschiedenen Buch- und Filmprojekten, um zunächst mit einem Inneren verbunden, aber dann doch draußen aufzutauchen. Wie dort mein Platz aussehen könnte, ist mir allerdings bisher unklar.

Ich glaube deutlich zu sehen, dass außer uns längst viele Frauen und Männer im Verborgenen auf dem Weg dieser Suche nach sich selbst sind. Die Jungen sowieso. Das macht Mut. Die meisten Menschen leben ihre Ehen nicht mehr so traditionell wie früher, viele erfinden sogar längst wie wir ungewöhnlichere Lebensmodelle. Die alte Ehe ist schon lange tot! Auch das hat der 68er Aufbruch ausgelöst: Statt der Einfalt des alten Geschlechtervertrags eine Welle von vielfältigen Möglichkeiten, auch für Frauen.

Ich fühle mich also langsam mir selbst und daher auch Rainer und meinen Mitstreiterinnen trotz aller Schwierigkeiten schon ein ganzes Stück verbunden. Anders wäre es auch komisch, nach so langer, intensiver Zeit. Eins glaube ich inzwischen zu wissen: dass wir uns nie trennen werden, wirklich eine neue Familie sind. Unser »Harems«-Labor, die ständige Arbeit an sich selbst, einer neuen Frau als Mensch, ist also auch für mich mit allen Widerständen ein Lebensprojekt geworden.

RAINER LANGHANS

Nach den wilden Jahren der Studentenrevolte wollte ich nicht mehr in meinem Körper bleiben. Wir haben in unserem Kampf mit der Gesellschaft wirklich alles getan und nichts gewonnen. Sie hassten uns dafür, dass wir ein schöneres Leben wollten. Ich wusste nicht mehr weiter. Nicht, dass ich Selbstmord begehen wollte, aber ich wurde todkrank – und nur die Spiritualität, die ich jetzt zu leben versuche, hat mich in diesem Körper bleiben lassen. Heute bin ich glücklicher denn je. Ich habe mich verändert, in einer Weise, die Hoffnung macht.

Ich habe mit der wunderschönen Frau Obermaier das Außerordentlichste an Glück und Befriedigung erlebt, was die Welt einem geben kann. Dafür bin ich unendlich dankbar, aber selbst diese erweiterte Beziehung hat mir nicht gereicht, mich nicht vollkommen erfüllt. Ich wollte mehr. Ja, ich ekelte mich sogar vor der Fortführung des ewig gleichen lustvollen diesseitigen Lebens. Das Ende meiner Liebe mit Uschi Obermaier war dennoch eine Qual für mich und ich brauchte lange, um mich von ihr und von der Welt zu lösen.

Das Thema Frauen sollte mich aber weiterhin intensiv beschäftigen. Im Männerbund, der die Studentenrevolte im Wesentlichen war, bin ich als Verräter abgestempelt und ausgestoßen worden: Einmal, weil ich den bewaffneten Kampf nicht mitmachen wollte, den die meisten damals zumindest andachten. Zum zweiten aber wegen meiner ›Frauenmacke‹. Ich wollte keinen Krieg, sondern den weiblichen Weg der Verinnerlichung. Ich verabschiedete mich von LSD und Haschisch, esse seitdem weder Fleisch, Fisch noch Eier. Immer wieder fastete ich und meditiere viel. Ich will Selbstverbesserung und Selbstveränderung, und in dieser Arbeit sind die Frauen mein zweitwichtigster Prüfstein. Der wichtigste ist der Meister. Die Lebensform dafür war und ist die Kommune.

Eigentlich leben wir in unserer Gesellschaft schon längst alle in Kommunen, das Prinzip der Monogamie löst sich auf, kaum jemand lebt noch in einer engen Ehe – nur wagt niemand, es auszusprechen. Ich bin mit den Frauen, mit denen ich mein Leben teile, also keine Ausnahme, ich sage es nur offen.

Nehmen wir das Internet als Beispiel, dort leben wir alle

bereits in erweiterten Beziehungen, indem wir dort Hunderte von Freunden oder verschiedene Existenzen haben können. Zentraler gesellschaftlicher Rohstoff ist das erste Mal in der menschlichen Geschichte Information, sie löst Kohle oder Öl, Eisen, Land oder Sklaven ab. Langfristig bedeutet das, dass wir alle geistigere Wesen, dass wir nicht mehr überwiegend materiell leben und die bisher überlebensnotwendigen Gemeinschaftsformen wie unter anderem die Ehe obsolet werden.

Nehmen wir das berühmteste Liebespaar der Welt, Romeo und Julia. Wie alle großen Lieben war auch diese in der realen Welt nicht möglich, sie mussten sterben. Um vollkommenes Glück zu finden, musst du aus dem Körper heraus. In der Ehe stirbt die Liebe. Wahre Liebe wird immer geistig und immateriell sein. Gibt man sich nicht mit einer kleinen Liebe zufrieden, dann zerbricht das Körpergefäß, weil der Geist und die Seele die große Freiheit brauchen. So ist es mir mit Frau Obermaier ergangen ...

Die Befreiung vom Überlebenskampf und damit von der Lieblosigkeit, dem ewigen Kämpfen, dem Fressen-und-Gefressenwerden, in denen wir über Jahrtausende hinweg unsere Beziehungen lebten, hat längst begonnen. Wir alle wollen unseren Durst nach Liebe stillen. Wir sind 1968 daran gescheitert, eine neue, liebende Welt sofort herzustellen, weil auch wir nach einem Jahr der Ekstase erschöpft waren. Seitdem geht es langsam und unsichtbar voran. Diese Morgenröte von damals ist heute eine Erinnerung an unsere Zukunft. Wenn ich mehr und mehr Liebe sehen kann, dann ändert sich die Welt. Ich kann dann ständig sehen, was uns damals so überraschend überfallen hatte. In unserer Kommune haben wir damals diesen Blick in die Zukunft voller Liebe schon tun können, ein Fenster in die Zukunft des Miteinander erstmals global und gleichzeitig öffnen können.

Der Äußerlichkeitswahn oder Materialismus des Turbokapitalismus verhindert warmherziges Miteinander. Er ist kalt und zerstörerisch. Wir waren 1968 die Ersten, die diese Erfahrung in rauschhafter, verrückter Form vorweggenommen haben.

Seit fast fünfunddreißig Jahren lebe ich nun mit vier, zeitweise fünf Frauen zusammen. Mit einer von ihnen, Anna Werner, die seit ein paar Jahren ihre alte Mutter betreut, ist der Kontakt seit einiger Zeit etwas lockerer. Christa ist 1978 als letzte dazu gekommen. Ebenso zog Gisela erst später ganz zu uns. Seit Anfang der siebziger Jahre bin ich mit Anna, Jutta und Brigitte zusammen. Wir leben räumlich dicht beieinander, aber jeder für sich allein. In Wirklichkeit führe ich eine Ehe mit mir selbst, die mit der Zeit immer besser wird.

Ich versuche, meinen Weg der Selbsterkenntnis konsequent weiter zu gehen, ungeachtet der äußeren Umstände. Pläne gibt es in meinem Leben nicht. Ich hatte bis vor kurzem noch nicht einmal eine Krankenversicherung. Konsum interessiert mich nicht: simple life and high thinking. Gibt es dafür eine Berufsbezeichnung bei uns? Ich versuche, intensiv im Hier und Jetzt zu leben.

Die wichtigste Gemeinsamkeit unserer Gruppe, unser Kitt, ist über all die Jahre der Vorrang der Suche gewesen. Im Gegenzug dafür verzichten wir auf materiellen Erfolg. Das führt zu einem prekären Leben, was vor allem bei den Frauen Ängste schürt und zu Konflikten mit ihren Familien führt.

Unser Lebensmodell ist weniger männlich, sondern eher weiblich. Es gibt in der gemeinsamen Arbeit an uns selbst keine Regeln. Und bei Auseinandersetzungen kann jeder auf den anderen projizieren, was er will oder was er muss. Die Gefühle, die dabei entstehen, werden nicht sanktioniert. Wir drohen nicht mit Trennungen, wie es in Zweierbeziehungen oft geschieht. Die Selbsterkenntnisschritte sind meist sehr anstrengend. Ich gehe immer weiter – bis auf den Grund der alten, oft negativen Muster, die in uns stecken.

Ein großer Konfliktpunkt bei den vier Frauen ist immer wieder die Eifersucht. Jetzt, im Alter, ist es weniger die Eifersucht auf den Körper der anderen, eher ein Ringen um Aufmerksamkeit. Sie fühlen sich noch immer schnell dem Mann unterlegen, setzen Piepsstimme und Duldungsgesicht auf: Rippe sucht Herrchen. Frauen sind noch immer, jedenfalls in meinen Augen, stark damit beschäftigt zu schauen, wie es dem Mann geht. Das ganze: »Wasmacht-er-jetzt, wo-ist-er-denn, warum-ruft-er-nicht-an, hat-er-eine-andere, Sex-and-the-city-Ding« eben. Je mehr sie auf ihn starren, umso weniger können sie sich selbst wahrnehmen.

Große Aufmerksamkeit richten sie darauf, wer sich wann und für wen interessiert oder warum gerade mal nicht. In ihren Körpern haben sie sich entsprechend als Konkurrentinnen kennengelernt. Daher können sie schlecht miteinander umgehen. Das macht uns allen in der Gruppe große Probleme – ich habe da absolut nichts zu melden. Frauen sind bei dieser Thematik kriegerischer, grausamer als jeder Mann. Doch wir begreifen die Kämpfe, die wir darüber austragen, als Schritte, um uns von negativen Dingen wie der Eifersucht zu befreien. Was ist diese Eifersucht? Ein Mangel an Selbstbewusstsein, an Selbstliebe.

Die Frauen erklären immer wieder, ihnen reiche es jetzt, sie hätten die Nase voll von unserem ganzen Quatsch. Sie hatten und haben Beziehungen mit anderen Männern und Frauen – wie ich auch. Aber sie sprechen nicht gern darüber, weil eine Frau das noch immer nicht so darf wie ein Mann. Doch das ganze Besitzdenken der Ehe, diese Exklusivitätsversprechen und Treueschwüre werden deutlich weniger bei uns. Es entspricht materiellem Besitzdenken: das ist meine Frau oder mein Mann. Niemand anderer darf uns besitzen. Bei uns hier im Harem kann jeder jederzeit kommen, jeder jeden zulassen. Ich biete allen immer wieder an: Schaut euch draußen um. Nur das Beste ist gut genug. Wenn ihr etwas Besseres als unsere Gruppe findet, dann sagt uns Bescheid, aber bitte bleibt um Gottes willen nicht an unserer Geschichte kleben. Sie haben sich umgetan und sind immer wiedergekommen. Wir sind uns doch sehr nah – über so lange Zeit. Eigentlich erstaunlich!

Nur der Begriff Harem, den die Außenwelt uns hartnäckig überstülpt, stört die Frauen verständlicherweise: ›Der Langhans und seine Frauen.‹ Ich lebe nun seit über fünfunddreißig Jahren ausschließlich unter Frauen. Nur im Außenleben begegne ich Männern. Merkwürdigerweise sorgen auch die vier Frauen nicht dafür, dass es bei uns mehr Männer gibt. Vielleicht liegt es daran, dass das angestammte Reich der Männer die Außenwelt ist und Frauen sich eher mit der inneren Welt befassen. Und dafür ist diese Gruppe der beste Ort.

Das spricht sich natürlich herum und zieht Frauen an: Wenn ein Mann, wie ich es ja nun einmal bin, sich immer wieder in ihre Welt traut und sie darin ernst nimmt.

Obwohl ich mich seit langem auf dem Weg fort von der Körperlichkeit befinde, kamen die Frauen immer wieder mit dem Wunsch nach Sexualität auf mich zu. Es scheint für Frauen faszinierend zu sein, einen ›Mönch‹ zu verführen. Aber ich mache nicht mehr Männchen für die Weibchen.

Es bedeutet lange Arbeit, das anzunehmen, denn Frauen definieren sich stärker als Männer über ihren Körper. Natürlich haben wir in wechselnden Besetzungen auch körperlich miteinander gearbeitet. Aber unsere Gruppe entfernt sich langsam vom Primat der Körpererfahrung. Logischerweise, denn wir sind ja auch alle älter geworden. Für die Frauen scheint Altern schwieriger zu sein, denn Alter heißt, dass sich der Körper allmählich von einem zurückzieht. Sie bemerken ihre Falten, die Einschränkungen ihrer Körperlichkeit - und vor allem bemerken sie, dass sie in unserer Gesellschaft unsichtbar werden. Hier ist Frau nur sichtbar, wenn sie gebärfähig ist. Also werden die Haare gefärbt, und sie versuchen, das Ausscheiden aus der Konkurrenzfähigkeit hinauszuzögern. Vergebliche Liebesmüh! Also doch Hinwendung zum Geist? Wie geht das? Dazu wenden sie sich an mich. Und da kann ich nicht nein sagen, denn das tue ich selbst, und wenn sie es auch tun, hilft es mir.

Das gilt auch für Sex. Ich musste jedes Mal lange überlegen, ob ich diese Hilfe auch über Sex leisten kann, ob und wie ich meine Enthaltsamkeit dabei weiterentwickeln kann. Das bringt mich in starken Konflikt mit meinem Meister, der mir strikte Enthaltsamkeit empfiehlt. Mache ich mir da was vor, wenn ich einen Weg durch die Sexualität hindurch suche? Mich wundert, dass mich das immer wieder so beschäftigt.

In Interviews kommen ständig die gleichen Fragen zur Sexualität in der Kommune und im Harem. Alle wollen hören, wir hatten oder hätten dort wilden Sex. Anders können sie sich das große Glück nicht vorstellen. Mir reichte das nie. Es gibt soviel mehr! Die feineren Erfahrungen körperloser Nähe sind ungleich lustvoller. Geistige Intimität erst ist Liebe, ist Wahrnehmung seiner selbst und dadurch auch des Anderen, der letztlich man selbst ist. Das ist für die meisten Menschen aber nicht vorstellbar.

Eigentlich ist das Geheimnis des Glücks kein Geheimnis. Jeder hat einen Körper und ist Seele. Und ehe wir nicht mit ihr Kontakt aufnehmen und damit erfahren, wer wir wirklich sind, solange sind wir unglücklich – und unfähig, einen anderen Menschen zu lieben. Mit jedem Kontakt zur eigenen Seele werden wir glücklicher. Am glücklichsten ist man wohl, wenn man ganz Seele ist.

Nie ohne einen Gutenachtkuss ins Bett

Helmut Arrabin (74), Fleischermeister, ist seit fünfzig
Jahren mit Anna Arrabin (74), Kauffrau, verheiratet.
Das Paar führte viele Jahrzehnte lang in Frankfurt
ein eigenes Fleischergeschäft und hat zwei Söhne.
Der Familienbetrieb wird heute vom ältesten Sohn und
seiner Frau weitergeführt. Helmut und Anna Arrabin
arbeiten jedoch noch regelmäßig mit.

HELMUT ARRABIN

Auch nach fünfzig Jahren Ehe gehen wir nie ohne einen
Gutenachtkuss ins Bett. Wenn wir uns mal streiten, klären
wir den Konflikt vor dem Einschlafen, sonst liege ich die
ganze Nacht wach. Am nächsten Tag möchte ich ja wieder
einen klaren Kopf haben.

Wir sind seit dem 23. August 1958 verheiratet, 2008
feiern wir unsere goldene Hochzeit. Ich war achtzehn, als
ich Anna kennenlernte. Eine Freundin, mit der wir heute
noch in Verbindung stehen, machte uns bekannt. Wir
wollten erst gar nichts voneinander wissen, trafen uns aber
vier Wochen später wieder, und dann funkte es doch noch.
Anfangs war es eher ein freundschaftliches Verhältnis, die
Liebe kam später. Wir gingen tanzen und waren zusammen auf dem Fußballplatz. Das machte Spaß, denn damals
gab es nicht so viele Frauen, die mit zum Fußball kamen.
Wir waren einander sympathisch, Annas Aussehen gefiel
mir und dass sie ebenso klein ist wie ich. Sie war meine
erste Freundin, meine erste Liebesbeziehung.

Wir verlobten uns und heirateten zwei Jahre später, da

war ich fünfundzwanzig. Ohne Trauschein konnte man damals noch nicht zusammen wohnen, das war undenkbar. Auch bei unserem ersten gemeinsamen Urlaub mussten wir in getrennten Zimmern schlafen. Wir machten eine Motorradtour ins Allgäu, nach Rothenburg ob der Tauber, Würzburg und zurück nach Frankfurt. Für diese Reise hatten wir lange gespart. Bei jedem unserer Treffen steckten wir jeweils fünfzig Pfennig ins Sparschwein, und wenn einer zu spät kam, waren noch mal fünf Groschen fällig. So dauerte es eine Weile, bis wir das Reisegeld zusammen hatten, denn unter der Woche konnten wir uns selten sehen. Anna wohnte etwa zwanzig Kilometer von Frankfurt entfernt bei ihrer Schwester, und ich musste jeden Tag bis sieben im Laden arbeiten. Deshalb blieben uns nur die Wochenenden.

Als ich bei meinem Schwiegervater um Annas Hand anhielt, ging er mit mir erst einmal in den Kuhstall und hielt mir einen Vortrag darüber, wie ich seine Tochter zu behandeln hätte. Man kann sich vorstellen, dass mein Verhältnis zu den Schwiegereltern in den ersten Jahren nicht so rosig war, aber später verstanden wir uns dann sehr gut.

Nachdem Anna und ich drei Jahre zusammen gelebt und uns aneinander gewöhnt hatten, schafften wir uns Kinder an. Ich fand schon immer, dass Kinder zu einer Ehe gehören. Wir haben zwei Söhne, einer ist mittlerweile siebenundvierzig, der andere vier Jahre jünger. Der ältere Sohn führt heute mit seiner Frau unser Fleischergeschäft.

Als ich achtundzwanzig war, starb mein Vater, und ich musste die Metzgerei übernehmen. Es war nicht leicht, plötzlich die Verantwortung für zwanzig Angestellte zu tragen. Ohne meine Frau hätte ich das nicht geschafft, und so eine Herausforderung schweißt zusammen. Schon vor unserer Hochzeit machte Anna, die gelernte Großhandelskauffrau ist, die Buchhaltung in unserem Laden, arbeitete aber zunächst noch bei der bäuerlichen Hauptgenossenschaft. Meine Mutter wollte erst nicht, dass sie bei uns im Laden mitarbeitet. Sie empfand meine Frau als Konkurrenz und fürchtete wohl, in die zweite Reihe gedrängt zu werden. Später verstanden sich die beiden aber sehr gut.

Meine Frau war immer die Seele des Geschäfts. Auch heute noch bestehen viele Kundinnen auf ihre Beratung, obwohl die Angestellten genauso gut Bescheid wissen. Durch die gemeinsame Arbeit waren wir Tag und Nacht zusammen. Tagsüber im Laden, abends zu Hause. Das fiel mir anfangs nicht leicht, ich gewöhnte mich aber daran. Trotzdem brauche ich manchmal ein wenig Zeit für mich, um abzuschalten. Ich muss auch mal allein ein Bier trinken gehen können, ohne dass es Ärger oder Vorhaltungen gibt. Wenn ich einmal im Jahr allein drei Wochen zur Kur nach Bad Wörishofen fahre, atme ich auf und bin froh, endlich mal für mich sein zu können. Doch dann rufe ich jeden Abend zu Hause an, weil ich meine Frau vermisse.

Es fällt mir nicht schwer, meiner Frau meine Liebe zu zeigen und über meine Gefühle zu sprechen. Ich liebe eigentlich alles an ihr. Wir verstehen uns blind, manchmal müssen wir uns nur ansehen, um zu wissen, was der andere denkt. Anna ist meine erste Ansprechpartnerin, meine beste Freundin. Wir reden viel miteinander, und auch Zuhören ist wichtig. Das musste ich erst lernen, ebenso wie immer ganz brav zu sein ...

Das einzige, was mich manchmal stört, ist ihr übertriebener Ordnungssinn. Ich habe es zwar auch gern ordentlich, aber bei mir darf auch mal etwas drei Tage liegen bleiben. Bei ihr nicht, immer hat sie sofort Besen und Putzlappen zur Hand.

In einer Ehe muss man nachgeben können, aber auch mal stur sein, wenn es nötig ist. Das Wichtigste ist, nie die Achtung vor dem anderen zu verlieren. Heutzutage schmeißen viele ja schon bei der ersten Unstimmigkeit alles hin. Das gäbe es bei mir nicht. Als Steinbock verfolge ich meinen Weg, Schritt für Schritt. Ich bin beharrlich, auch was die Liebe angeht. Treue muss sein. Vertrauen ebenfalls, und natürlich gehört Erotik dazu, auch im Alter. Bei uns kribbelt es immer noch, nicht bei der Arbeit, aber manchmal am Wochenende, wenn wir unsere Ruhe haben. Und wir lachen beide gern, das tut uns gut.

Anna Arrabin

Die Basis einer guten Ehe ist Treue. Treue und gegenseitiges Vertrauen stehen an erster Stelle. Man muss immer ein offenes Ohr für den Partner haben, darf nie gleichgültig sein. Helmut und ich sind seit fünfzig Jahren verheiratet, darauf kann man schon ein bisschen stolz sein, das gibt es nicht mehr oft. Ich kann nicht verstehen, dass man bei ersten Unstimmigkeiten gleich aufgibt, es muss in einer Beziehung doch eine Bindung geben. Die jungen Leute laufen viel zu schnell auseinander. Man muss alles ausdiskutieren, jeder hat mal eine andere Einstellung, das muss man gelten lassen.

Ich lernte meinen Mann 1950 kennen. Er war charmant, das gefiel mir. Aber seine Freunde sagten mir nicht zu, deshalb war ich zuerst etwas reserviert. Wir sahen uns dann immer wieder im Sportverein, und ich mochte ihn sehr. Unsere Jugendzeit war wunderschön. Die Sportkameraden gingen mit uns Mädchen ins Kino und begleiteten uns anschließend bis zur Haustür. Das waren wirkliche Kavaliere, sie hätten uns nie allein nach Hause gehen lassen. Danach gingen die Jungs noch ein Bier trinken.

Ich hatte mich schnell für Helmut entschieden und passte auf, dass er nicht noch andere Mädchen anschaut. Bei ihm hatte ich gleich ein gutes Gefühl, er war der Mann für's Leben. Zwar war meine Mutter von meiner Wahl auch überzeugt, aber mein Vater reagierte etwas skeptisch.

Das Verhältnis zu meinen Schwiegereltern war anfangs ebenfalls nicht leicht. Helmut war der einzige Sohn, und es war klar, dass er den familieneigenen Fleischerladen übernimmt. Für mich war es selbstverständlich, ihm zur Seite zu stehen, obwohl ich bereits einen anderen Beruf hatte. Ich war Großhandelskauffrau, nicht gerade mein Traumberuf, aber damals konnte man sich den Ausbildungsplatz nicht aussuchen. Am Verkaufen hatte ich schon immer Spaß, und ich freute mich darauf, mit meinem Mann in der Metzgerei zu arbeiten. Seine Mutter war jedoch sehr dominant und machte mir anfangs das Leben schwer. Aber ich war selbstbewusst genug, um mich zu wehren und meinen Platz einzufordern. Schließlich war ich nicht davon abhängig, dort zu arbeiten, ich hätte auch in meinen Beruf zurückkehren können. Ich ließ mich also nicht klein machen und bestand auf einer Klärung. Mein Schwiegervater sprach schließlich ein Machtwort und verlangte von seiner Frau, dass sie mir eine Chance gab. Er fürchtete, andernfalls seinen Sohn zu verlieren, denn er wusste, dass mein Mann absolut hinter mir stand. Es war mir wichtig zu spüren, dass Helmut und ich uns einig sind, das gab mir Sicherheit. Die Zusammenarbeit funktionierte bald schon sehr gut.

Das Geschäft stand bei uns immer an erster Stelle, wir steckten viel Kraft und Zeit in den Laden. Auch als unser erster Sohn kam, arbeitete ich weiter, das war ganz selbstverständlich für mich. Die Arbeit musste ja gemacht werden, das war unsere Lebensgrundlage. Anfangs arbeiteten wir auch Sonntags, erst später schufen wir uns mehr Freiräume.

Noch heute klingelt unser Wecker um zwanzig nach fünf. Wir haben die Metzgerei zwar inzwischen dem älteren Sohn und der Schwiegertochter übergeben, arbeiten aber beide noch mit, das hält uns jung. Einfach in den Tag hinein zu leben wäre nichts für mich. Allerdings muss ich nicht mehr vorneweg marschieren, da ist nun die nächste Generation dran. Es ist aber auch schön, nun weniger Druck zu haben. Wir haben zusammen etwas aufgebaut, das macht mich froh. Die Familie geht mir über alles, für sie bin ich immer da. Für meinen Mann stehe ich ein, ich würde immer für ihn kämpfen.

Ein Vorbild für mich war die harmonische Ehe meiner Eltern, sie gingen immer sehr liebevoll miteinander um, das prägte mich sicher auch. Da war ein großer Zusammenhalt. Bei ihnen standen wir drei Kinder immer an erster Stelle. Was sie vorlebten, färbte auf mich ab.

Mein Mann und ich haben viele gemeinsame Interessen. Früher sind wir viel gewandert, heute gehen wir noch oft ins Theater, und einmal in der Woche spielen wir mit Freunden Karten oder diskutieren über Bücher. Es käme uns nicht in den Sinn, dass einer von uns den ganzen Abend vor dem Fernseher sitzt, wir sprechen lieber miteinander. Ich bin auch sehr naturverbunden und arbeite gern im Garten. Einmal im Jahr verreise ich mit einer Freundin und mache eine Woche Urlaub ohne meinen Mann. Das ist gut, um einmal abzuschalten.

Von Helmut habe ich gelernt, ruhiger zu werden. Ich stand immer unter Volldampf, er hingegen arbeitete nach der Uhr und machte pünktlich Feierabend. Das konnte ich nicht gut.

Äußerlichkeiten sind uns nicht so wichtig. Nach der Arbeit machen wir uns frisch, aber ich schminke mich nicht noch für ihn oder dergleichen. Das habe ich nie gemacht, darauf hat mein Mann auch keinen Wert gelegt. Ich habe ihm auch so immer gefallen. Die Abende sind zu kurz, um noch Zeit zu verschwenden. Wir mussten uns nie voreinander verstellen und konnten immer wir selbst sein.

Es ist wunderbar, jeden Morgen neben dem Mann, den man liebt, aufzuwachen. Um miteinander glücklich zu sein, muss man selbst etwas tun, Rücksicht nehmen, über alles sprechen. Man muss dem anderen zeigen, dass man ihn gern hat. Das Schöne an der Liebe ist, dass man sich versteht, fröhlich ist, auch mal miteinander singen kann. Das ist herrlich.

Man muss für seine Beziehung kämpfen

Der Schauspieler Sky du Mont (61) heiratete im Jahr 2000 seine vierte Frau Mirja (32). Der in Buenos Aires geborene Sohn eines Deutschen und einer Engländerin hat ein Kind aus einer früheren Ehe und gemeinsam mit Mirja, die Psychologie studiert hat und heute als Model arbeitet, einen weiteren Sohn und eine Tochter. Das Paar lebt in Hamburg.

SKY DU MONT

Als ich erfuhr, wie viel jünger Mirja ist, warf ich ihre Visitenkarte erst mal ganz schnell weg. Wir hatten uns bei einer Preisverleihung in München kennengelernt. Sie war mit einem Bekannten dort, und wir unterhielten uns sehr gut. Ich kann Alter überhaupt nicht schätzen, es interessiert mich zu wenig. Am späten Abend sagte sie mir, sie hätte Geburtstag, es war ihr dreiundzwanzigster. Da fiel ich erst mal ins Koma. Ich war einundfünfzig und gab, obwohl Mirja mir sehr gefiel, einer solchen Verbindung nicht die geringste Chance. Ich hätte, bevor ich sie traf, sogar mein gesamtes Vermögen darauf verwettet, dass ich mich niemals in eine so viel jüngere Frau verlieben würde. Ich war fest überzeugt, dass so etwas nicht funktionieren kann, weil man in verschiedenen Welten und Zeiten lebt.

Die Visitenkarte holte ich dennoch wieder aus dem Papierkorb und schickte Mirja einen Blumenstrauß. Drei Monate lang telefonierten wir viel miteinander. Sie war es, die mich davon überzeugte, im Heute zu leben und nicht, wie ich es zuvor getan hatte, rein zukunftsorientiert. Ich bin Sternzeichen Stier, ich plane immer im Voraus und bin sehr gut organisiert. Eigentlich hätte ich Bankier werden sollen. In unserer Familie bin ich der Künstler, alle anderen sind im Geldgeschäft tätig, dabei bin ich der Einzige, der wirklich mit Geld umgehen kann.

Mirja begegnete mir zu einem Zeitpunkt, als ich schon ein halbes Jahr von meiner Exfrau getrennt, also frei war. Das ist meiner Meinung nach eher selten, denn Männer können nicht gut allein sein und wechseln häufig direkt von einer Beziehung in die nächste.

Entgegen aller anfänglichen Skepsis um uns herum geht das mit uns beiden bereits seit zehn Jahren nicht nur gut, sondern sehr gut. Das kann ich beurteilen, weil ich zuvor schon einige Beziehungen hatte. Es erstaunte mich, dass aus meinem Umfeld nur größte Vorbehalte kamen. Alle, auch meine Mutter, verurteilten uns. Meine Generation erwies sich als besonders intolerant, vor allem die Frauen machten böse Bemerkungen. Dahinter stand wohl die Angst, auch ihre Ehemänner könnten sie für eine Jüngere verlassen. Bei den Männern sah ich eher Neid – nicht auf die jüngere Frau, denn machen wir uns nichts vor, auch von ihnen haben viele eine junge Geliebte – sie beneideten mich wohl vor allem um meinen Mut, neu anzufangen, mich auf eine solche Beziehung einzulassen. Ich hatte eine zweite Chance bekommen, das ist sehr selten.

Wir haben früher unsere Elterngeneration als intolerant beschimpft, aber meine Generation ist es nicht weniger. Das scheint erst jetzt mit den Jüngeren besser zu werden, denn der Freundeskreis meiner Frau reagierte sehr positiv, dort nahmen mich alle mit offenen Armen auf. Ich hatte erst große Bedenken, denn ich hätte ja ihr Vater sein können. Wir gingen zusammen aus, und siehe da, es gab nie Probleme oder blöde Bemerkungen. Mit einigen von Mirjas Freunden sind wir heute noch eng verbunden.

Aus meinem Bekanntenkreis hingegen luden uns viele zunächst nicht mehr ein, erst mit der Zeit siegte dann die

Neugier. Ein bekannter Schauspieler mit junger schöner Frau, das ziert doch so manchen Anlass. Durch meinen Beruf habe ich eine gewisse Narrenfreiheit, die Leute verzeihen mir mehr als sie vielleicht einem Bankangestellten nachsehen würden. Aber ich habe auch kein Problem damit, wenn getuschelt und geguckt wird. Als wir kürzlich in Paris waren, erkannte mich natürlich kein Mensch, aber die Leute drehten sich nach meiner Frau um, weil sie so hübsch ist. Es war eindeutig, die Leute dachten, da kommt so ein Sugardaddy mit junger Geliebter. Die Gucci-Handtasche ließ ich sie extra selbst bezahlen, allerdings mit meiner Kreditkarte. Doch in der Regel ist es mir völlig egal, was andere denken, da stehe ich drüber.

Anfangs allerdings bereitete mir der Altersunterschied große Bauchschmerzen. Meine Frau war gleich sehr offen und sagte, sie liebe mich sehr, wolle aber eine Familie, also Kinder. Dieser Wunsch machte mir Angst, ich verbrachte im ersten Jahr unseres Zusammenseins zahllose Nächte sehr nachdenklich mit vielen Flaschen Rotwein auf dem Sofa. Der Gedanke schreckte mich, denn ich hatte gerade erst ein Scheidungsdrama hinter mir. Meine Exfrau hatte Deutschland verlassen und war zusammen mit meinem Sohn nach Frankreich gezogen. Das brachte mich fast um. Ich hatte furchtbare Angst, noch einmal ein Kind zu verlieren. Männer ziehen im Falle einer Trennung ja meist den Kürzeren. Deshalb war ich erst so zögerlich, noch einmal hätte ich das nicht ausgehalten. Doch Mirja konnte mich überzeugen, sie gab mir Sicherheit und Vertrauen. Ich glaube, es sind sowieso immer die Frauen, die die Dinge in die Hand nehmen. Dass unsere Ehe so gut funktioniert, ist jedenfalls meiner Frau zu verdanken.

Mirja trat in mein Leben und schenkte mir das, wonach ich ein Leben lang gesucht hatte: die Nähe und Wärme einer Familie. Ihre Eltern gehen bei uns ein und aus, und sie hat unzählige Onkel und Tanten, es ist wie in einem großen italienischen Clan. Da ist niemand geschieden, das beeindruckt mich sehr. In meiner Familie sind die meisten Ehen gescheitert, bis zurück zur Generation meines Ururgroßvaters.

Ich glaube, es ist die Sehnsucht eines jeden Menschen, eine Familie zu haben, zu wissen, dass, egal was passiert, jemand für dich da ist. Zum ersten Mal im Leben habe ich keine Verlustängste mehr und das ausgerechnet in einer Beziehung, die mir anfangs so hoffnungslos erschien. Heute verstehe ich auch zutiefst, wenn jemand sagt, dass er für seine Kinder sterben würde. Unsere Tochter ist sieben, ein Sohn, aus einer früheren Ehe, siebzehn und der kleine Sohn zwei. Die beiden Jüngeren erleben zu dürfen, ist das größte Glück, da platzt mein Herz förmlich vor Freude. Kinder stärken nicht unbedingt die Liebe, aber die Familie. Sie sind der Mörtel, der die Steine besser zusammen halten lässt, sie vertiefen die Bindung.

Um das Thema Sex wird meines Erachtens zu viel Theater gemacht. Die Franzosen haben einen guten Ausdruck dafür: »la petite mort – der kleine Tod«. Sex ist nach dem Höhepunkt schnell vorbei, einer dreht sich um oder raucht. Männer schlafen danach oft ein, Frauen sind dann unglücklich. Sex kann eine gewisse Leere hinterlassen. Wenn man so hört oder liest, was in diesem Bereich an Phantasien ausgelebt wird, ist mir das zum Teil äußerst fremd. Das Feuer der Körperlichkeit ist zwar etwas sehr Schönes, ich finde Sex auch toll, aber er wird allgemein überschätzt. Es sind andere Dinge, die meine Frau und mich zusammenschweißen. Wir können wirklich gut miteinander leben, denn wir haben die gleichen Interessen. Wir möchten zum Beispiel beide Tibet bereisen. Wir mögen die gleichen Filme, die gleiche Musik, es gibt viele Lieder, mit denen wir ähnliche Erinnerungen verbinden. Wir verbringen einfach gern Zeit miteinander. Ich finde es auch sehr schön, wenn wir im selben Haus, Raum oder

Hotel sind und jeder etwas für sich unternimmt. Zum Beispiel mag ich es, wenn meine Frau in der Nähe ist, während ich lese. Das ist für mich pure Harmonie.

Wir teilen vieles, das ist neu für mich. Wir lachen, weinen und streiten über die gleichen Dinge, das macht unsere Partnerschaft aus. Früher flogen oft die Fetzen, wir haben heftig gestritten, selbst einen Tag vor unserer Hochzeit. Aber wenn man sich nah ist, gibt es natürlich auch Reibungspunkte. Mittlerweile sind wir etwas ruhiger geworden, aber manchmal knallt es immer noch. Der Anlass dafür ist meist Mirjas Unordnung. Wir haben ein Kindermädchen und eine Putzfrau, trotzdem muss ich mich oft durch herumliegende Sachen wühlen. Da werde ich schnell zickig, und zwar richtig zickig. Meine Frau lässt sich natürlich nichts sagen, recht hat sie. Früher war ich sehr besitzergreifend, das bin ich heute nicht mehr. Ich bin zwar immer noch dominant, aber froh, eine Partnerin auf Augenhöhe zu haben. Ein schwaches kleines Mäuschen wäre nichts für mich. Obwohl ich soviel älter bin als meine Frau, lerne ich viel mehr von ihr als sie von mir. Ich glaube ohnehin, dass Frauen viel klüger sind als Männer. Sie machen alles mit dem Intellekt, Männer eher über Muskelkraft.

Ich habe kein Problem damit, über Gefühle oder Konflikte zu reden, ich bin da sehr direkt und klar. Trotzdem bin ich auch in meiner Beziehung zu Mirja nie sicher, ob sie wirklich alles ausspricht, was sie belastet, denn das habe ich in meiner vorherigen Ehe erlebt. Wir machten eine Paartherapie, was ich nur empfehlen kann, aber was da plötzlich an Unausgesprochenem an die Oberfläche kam, überraschte mich sehr. Auch wenn man heftig streitet, darf man nie an der Basis der Beziehung rühren. Daran scheitern viele Paare. Sie wechseln den Partner, wenn es nicht läuft, wie sie es sich vorstellen, und nehmen die gleichen Probleme mit in die nächste Beziehung.

Ich bin sehr gerne mit Mirja verheiratet. Es gibt keinen Ehevertrag, wir teilen alles, und ich habe größtes Vertrauen zu ihr. Ich übernehme mit allem, was ich habe, die Verantwortung.

Heute gelingt es mir besser als früher, andere so zu akzeptieren, wie sie sind. Mit dem Thema Toleranz tue ich mich dennoch hin und wieder schwer, zum Beispiel was die Berufswünsche meiner Frau betrifft. Sie möchte mit Tanz oder Schauspielerei Karriere machen, da rate ich kategorisch ab. Ich denke, diesbezüglich weiß ich aufgrund meiner Erfahrung einfach mehr. Ich versuche zwar, in dieser Sache geduldig zu sein, aber das haut überhaupt nicht hin.

Eines der wichtigsten Elemente einer Beziehung ist für mich Fairness. Und das bringt mich auf das Thema Treue. Wenn ich in Gedanken etwas möchte, was dem anderen weh täte, stelle ich mir vor, wie sehr mich das umgekehrt träfe. Da ich einen Seitensprung meiner Frau nicht ertragen würde, schließt sich Untreue auf meiner Seite aus. Das würde nicht funktionieren.

Eifersüchtig sind wir beide ein wenig. Wenn man jemanden seelisch und körperlich liebt, ist das bestimmt immer so. Man möchte den anderen nicht verlieren. Doch es käme mir nie in den Sinn, eine Schublade oder ihre Handtasche zu durchwühlen. Bei früheren Partnerinnen habe ich schon erlebt, dass Handy, Computer und Hosentaschen gecheckt wurden. Das finde ich ganz schrecklich. Ich habe nichts zu verbergen, aber jeder braucht auch seinen Bereich, seine Privatsphäre.

Ich zeige Mirja meine Liebe, indem ich für sie da bin, immer zuhöre. Es gibt bei uns viele kleine Gesten der Liebe. Wenn wir verreisen, stecken wir uns gegenseitig Briefchen in die Tasche und telefonieren mindestens fünfmal am Tag. Zur Zeit drehe ich in Belgien, und wir schicken uns sicher täglich zwanzig SMS mit Liebeserklärungen. Das halte ich aber nicht für etwas Besonderes. Das ist sicher bei vielen Paaren so.

Natürlich haben wir aufgrund unseres Altersunterschiedes mitunter auch verschiedene Interessen. Ich empfinde das jedoch meist als Bereicherung. Sie steht zum Beispiel auf »The Cure«. Ich dachte, ohne Sicherheitsnadel im Ohr und zerrissene Klamotten könne man da gar nicht aufkreuzen, und war überrascht über das völlig gemischte Publikum, vom Nadelstreifenanzug bis zum Punk war alles vertreten. Das war toll, es hat mir riesigen Spaß gemacht. Und auf der anderen Seite sind wir innerhalb meiner Familie oft zu formellen Anlässen eingeladen. Wir treffen dort ausschließlich auf krawattentragende Milliardäre oder auch Angehörige aus dem Adel. Ich bin daran gewöhnt, und selbst wenn es mich manchmal langweilt, kann ich damit umgehen. Meine Frau hingegen mag diese Feste gar nicht, aber sie begleitet mich trotzdem, um mir zu zeigen, dass sie mich liebt.

Heute kann ich es vielleicht noch mit einem Dreißigjährigen aufnehmen und sogar gewinnen, weil ich sehr fit bin. Aber ich bin Realist und kann rechnen. In zwanzig Jahren bin ich einundachtzig, meine Frau dreiundfünfzig. Sie ist dann zwar auch nicht mehr in der Blüte ihres Lebens, aber noch blühend, während ich ein alter Mann bin. Mein Vater wurde vierundneunzig und war bis zum Schluss sehr aktiv. Meine Mutter ist nun siebenundachtzig und ebenfalls noch äußerst unternehmungslustig. Von der Veranlagung sind die Chancen also gut. Mein Beruf hingegen kann, so schön er ist, auch sehr aufreibend sein, da merkt man die Jahre manchmal schon.

Mit dem Älterwerden hatte ich nie ein Problem, das kam erst, als ich Mirja kennenlernte. Freunde des gleichen Jahrgangs werden mit einem zusammen älter, da merkt man den Unterschied nicht. Das spürt man erst, wenn jemand neben einem lebt, der viel jünger ist.

Bei mir hat sich viel verändert, als ich sechzig wurde. Ich merke, dass die körperliche Kraft nachlässt. Ich glaube, die magische Sechs ist eine Grenze. Das sehe ich auch bei meinem Schwiegervater, der zwei Jahre jünger ist als ich. Auch er zieht nun Bilanz, fragt sich, wie viel Zeit ihm noch bleibt. Gewisse Dinge interessieren mich plötzlich nicht mehr, das ist neu. Es dauert nicht mehr lange, bis ich fünfundsiebzig bin, das macht mir etwas Angst. Auch wenn es sich vielleicht kitschig anhört, ich finde, man hat nicht das Recht, seinen Partner zu bremsen. Bei unserem Altersunterschied würde ich das aber zwangsläufig irgendwann tun, falls ich zum Beispiel ein Pflegefall würde. Meine Frau sagt, sie würde sich selbstverständlich um mich kümmern. Doch das lasse ich auf gar keinen Fall zu, ich sorge lieber vor.

Es ist ein großes Glück, jemandem zu begegnen, mit dem man den gleichen Weg gehen will. Und es ist ein noch größeres Glück, wenn das funktioniert.

MIRJA DU MONT

Schon als Zwölfjährige fand ich Sky du Mont toll. Damals sah ich ihn gemeinsam mit meiner Mutter in der Fernsehserie »Derrick«, und er gefiel uns beiden sehr. Natürlich hätte ich nicht im Traum daran gedacht, dass ich ihn einmal persönlich kennenlernen, und schon gar nicht, dass ich seine Frau werden würde. Ich traf Sky bei der Verleihung des Bayerischen Filmpreises vor etwa zehn Jahren. Ein Freund bat mich, ihn zu der Veranstaltung zu begleiten. Da Sky du Mont in dem Film, der ausgezeichnet wurde, mitspielte, wusste ich, dass ich ihn dort treffen würde. Ich war begeistert. Vorher gab es mit der ganzen Filmcrew einen Umtrunk in einem Hotel. Ich trug ein Kleid und hatte nur eine dünne Lederjacke mit, den Mantel hatte ich vergessen. Es war aber sehr kalt in München, und ich fragte in die Runde, ob ich mit einer Lederjacke zu diesem festlichen Anlass gehen könne. Sky sagte: »Was du anhast, interessiert sowieso keinen.«

Dieser doofe Spruch war also das erste, was ich von meinem späteren Mann zu hören bekam. Aber von diesem Moment an ließ er mich den ganzen Abend nicht mehr aus den Augen und tigerte immer hinter mir her. Er wollte viel wissen, fragte und fragte. Er war wirklich sehr engagiert, aber auch ich machte ihm schöne Augen. Es war Bauchkribbeln auf den ersten Blick.

Dass ich ihn um ein Autogramm für meine Mutter bat, fand er allerdings nicht sehr witzig, das war ihm deutlich anzusehen. Als er schließlich nach meiner Telefonnummer fragte, hielt ich das für ein Spiel und war überzeugt, dass er nicht anrufen würde. Doch schon am nächsten Morgen um acht meldete er sich. Drei Monate lang telefonierten wir sehr viel, denn ich studierte Psychologie in Hannover, und er wohnte in München.

Die fast dreißig Jahre Altersunterschied machten Sky schwer zu schaffen, er konnte sich nicht vorstellen, dass eine solche Beziehung eine Zukunft habe. Oft saß er grübelnd bei Rotwein im Wohnzimmer. Ich denke ganz anders, ich überlege nicht, was in zwanzig Jahren sein wird. In meinem Umfeld ist schon so viel passiert. Meine Freundin verunglückte mit achtzehn tödlich, und ich habe noch weitere Freunde in so jungen Jahren verloren. Seitdem lebe ich ganz bewusst im Hier und Jetzt. Das konnte ich auch meinem Mann nahebringen, und er lebt sehr gut damit.

Ich spürte von Anfang an, dass er der Richtige ist, sein Alter spielte für mich keine Rolle. Schwierig war es hingegen mit meinem Vater, er hielt überhaupt nichts von der Beziehung, weil er befürchtete, dass Sky nur seinen Spaß wolle und mich danach abservieren würde, wie man es von anderen Berühmtheiten ja auch kennt. Meine Mutter hingegen war eher neugierig und fragte mich nach ihm aus. Schließlich verabredeten wir uns mit meinen Eltern. Sky ging sehr offen auf sie zu und räumte alle Zweifel aus. Das war für mich sehr erleichternd. Mein Mann liebt meine Eltern sehr – sie sind heute seine besten Freunde.

Unsere Freundeskreise reagierten ziemlich unterschiedlich auf unsere Liebe. Meine Freunde nahmen Sky sehr herzlich auf. Sie fanden ihn cool und waren gleich per du mit ihm. Er wurde in alles einbezogen, wir gingen zusammen aus. In seinem Umfeld war das schwieriger. Die Männer waren eher auf unserer Seite, bewunderten, dass er sich traut, noch einmal von vorn anzufangen. Aber die älteren Ehefrauen gifteten anfangs ziemlich. Erst nach und nach gelang es mir, viele von ihnen für mich zu gewinnen.

Was mir an Sky gleich auffiel, war sein freundliches Lachen und seine strahlenden Augen. Mein Mann ist sehr spontan und schnell für alles zu begeistern. Wir sind uns sehr ähnlich und haben viele gemeinsame Interessen. Vor allem am Anfang unserer Beziehung redeten wir ganze Nächte lang, wir hatten uns so viel zu erzählen. Irgendwann fingen wir an, wenn wir wieder mal bis morgens um vier geredet hatten, uns gegenseitig Geld zu bieten. Derjenige, der als nächster etwas sagte, musste fünf Euro bezahlen. Damit wollten wir erreichen, dass wir wenigstens ein bisschen Schlaf bekamen.

Nach Konflikten muss ich meist den ersten Schritt auf Sky zugehen. Er ist ziemlich nachtragend. Ich lasse mir dann etwas Lustiges einfallen. Vor kurzem stellte ich ihm nach einem Streit eine Karte mit zwei vögelnden Schafen hin, dazu der Text: »Die haben sich dauernd in der Wolle.« Wir konnten gemeinsam drüber lachen, und dann ist das Eis schnell gebrochen. Besonders anfangs haben wir viel gestritten, da wurde es richtig laut. Wir sind beide Dickköpfe und können zickig sein, jeder will dann das letzte

Wort haben. Mein Vater ermahnte uns oft, nicht immer nachzuhaken und auch mal Ruhe zu geben.

Das Wichtigste ist, sich nie aus den Augen zu verlieren, sich seine Liebe immer wieder zu bestätigen und sie weiter auszubauen. Wir kuscheln viel miteinander, sind zärtlich, nehmen uns in den Arm. Ständig schreiben wir uns SMS mit Liebeserklärungen, sogar im Alltag, wenn wir beide in Hamburg sind. Wenn Sky zu Dreharbeiten unterwegs ist, fliege ich oft für ein paar Tage zu ihm. Sky würde nie eine Rolle irgendwo weit abseits annehmen, wo ich ihn nicht besuchen könnte. Wir vermissen uns viel zu sehr, als dass wir über längere Zeit getrennt sein könnten.

In unseren Jobs sind wir ständig von sehr attraktiven Menschen umgeben, und wir sind auch beide eifersüchtig. Das ist man, glaube ich, immer, wenn man jemanden wirklich liebt. Für mich käme eine offene Beziehung, in der beide machen können, was sie wollen, niemals in Frage. Das Vertrauen wird aber mit den Jahren immer größer. Ich würde meinem Mann nie hinterher spionieren. Treue spielt eine sehr große Rolle, sie ist das Wichtigste in einer Beziehung. Ich bin treu, und ich hoffe, mein Mann ist es auch.

Die Familie steht bei uns an erster Stelle. Unsere Kinder brachten uns einander noch näher. Sie sind ein Teil von uns und sehen uns auch sehr ähnlich. Etwas Schöneres gibt es nicht. Ich bin sehr gern Mutter, aber auch Ehefrau. Für uns ist es wichtig, auch Zeit allein miteinander zu verbringen. Einmal im Jahr machen wir drei Wochen Urlaub, ganz für uns, ohne die Kinder. Meist fahren wir dann auf die Malediven, wo wir ganz eng zusammen sein können. Meine Eltern kümmern sich in dieser Zeit ganz toll um unsere Kinder. Ohne diese Unterstützung wäre eine solche Zweisamkeit nicht möglich.

Ich finde, durch mich ist Sky jugendlicher geworden. Als ich ihn kennenlernte, war er nicht so locker. Am Anfang trug er immer Sakko, Strickjacken und Bundfaltenhosen. Jetzt ist er dagegen richtig fetzig unterwegs. Ich wurde wiederum durch ihn reifer und ruhiger. Unsere Temperamente sind sehr unterschiedlich. Ich rege mich schnell auf, mein Mann hingegen bewahrt immer einen kühlen Kopf und muss mich oft beruhigen. Wenn etwas schief läuft, kann er mir andere Perspektiven aufzeigen. Er weiß immer eine Lösung.

Meine Eltern waren stets der Meinung, vor meinem vierzigsten Geburtstag würde ich sicher nie heiraten, sie waren sogar überzeugt, dass ich keine Kinder bekommen würde. Ich war in meiner Jugend wirklich ziemlich wild, mit sechzehn hatte ich eine Gruftiephase. Als mein Mann und ich vor kurzem auf einem »The Cure«-Konzert waren, habe ich die alten Klamotten noch mal rausgeholt. Es war ein filmreifer Auftritt. Mein Mann kam in Hemd und umgehängtem Pulli, ich in vollem Gruftieoutfit, mit einem schwarzen Charlestonkleid von meiner Oma, umgekehrten Kreuzen und Zwölf-Loch-Doc-Martens.

Was unseren Altersunterschied betrifft, gibt es nur ein Problem. Mein Mann denkt immer wieder darüber nach, was in zwanzig Jahren sein wird, wenn er achtzig ist. Er will im Falle einer Pflegebedürftigkeit verfügen, dass er in ein Heim kommt. Er möchte sich nicht von mir pflegen lassen. Das finde ich ganz furchtbar, richtiggehend zum Durchdrehen. Wir sind doch nicht verheiratet, um nur die schönen Zeiten zu teilen. Selbst wenn er bei einem Notar etwas hinterlegt, werde ich mich darüber hinwegsetzen. Ich bin schließlich seine Frau und werde für ihn da sein. Mir könnte ja auch etwas passieren, und ich hoffe, dass mein Mann mich, wenn ich geistig nicht mehr auf der Höhe wäre oder im Rollstuhl säße, nicht einfach in ein Heim abschieben würde. Ich finde diese Idee völlig abwegig. Professionelle Hilfe würde ich nur holen, wenn er völlig verwirrt und dement wäre, so wie Harald Juhnke es war, und ich die Versorgung zu Hause nicht mehr allein bewältigen könnte. Sonst kommt Pflegeheim absolut nicht in Frage.

Ich glaube, dass viele Beziehungen scheitern, weil man es sich zu einfach macht, zu wenig kommuniziert. Tauchen Probleme auf, sucht man sich einen anderen, der besser passt, aber dann geht es nur von vorn los, man scheitert an den gleichen Problemen. Man muss für seine Beziehung kämpfen und daran arbeiten.

Ich bin sehr glücklich mit Sky. Genau so habe ich mir mein Leben vorgestellt. Er ist meine große Liebe.

Wenn man die Richtige trifft, bleibt man

Mamadou S. (39) ist ausgebildeter Lehrer und kam Ende der neunziger Jahre aus dem Senegal nach Deutschland, wo er als Erzieher arbeitet. Er und die Journalistin und Kommunikationstrainerin Sabine V. (46) sind seit drei Jahren ein Paar. Beide haben Kinder aus früheren Beziehungen. Sie leben in Hamburg.

MAMADOU S.

Plötzlich stand sie mitten auf der Tanzfläche und strahlte. Wir schauten uns an, sie kam auf mich zu, und wir redeten und lachten miteinander, als würden wir uns schon lange kennen. Gefunkt hat es allerdings nicht sofort. Sabine gefiel mir, aber ich hatte gerade eine gescheiterte Ehe hinter mir und war erst zurückhaltend und unsicher. Doch sie brachte mir etwas entgegen, das ich von anderen Partnerinnen nicht kannte – eine große Offenheit und Hilfsbereitschaft. Nach einigen Monaten wurde mir klar, dass sie die Frau sein könnte, die zu mir passt und mit der ich mein Leben teilen möchte.

Wir sind beide sehr unternehmungslustig, es gibt wenige Dinge, die wir ablehnen. Ihre Spontaneität mag ich sehr, wir ergänzen uns. Sabine kennt mich ziemlich gut. Sie ist ähnlich empfindsam wie ich und hat die Gabe, sich in andere Menschen einfühlen zu können. Das brauche ich.

Für mich ist sie etwas Besonderes, ein ganz außergewöhnlicher Mensch. Obwohl ich ein ziemlich zurückhaltendes Naturell habe und meine Gefühle nicht gern in

Worte fasse, weiß ich, dass ich mit ihr über alles sprechen kann. Dennoch zeige ich ihr meine Liebe eher mit Gesten.

Sabine war die erste Frau, die ich meinen Eltern vorstellte. Das war ein wichtiger Schritt und zeigte, wie ich zu ihr stehe. Es war schön, mit ihr in den Senegal zu reisen. Meine Familie mag und akzeptiert meine deutsche Freundin. Das ist dort nicht selbstverständlich, denn die Tradition verlangt es eigentlich, dass man verheiratet ist, wenn man zusammen lebt.

Eine Beziehung zu einer Europäerin ist natürlich ganz anders als eine Ehe im Senegal. Dort herrschen andere Regeln. Der Mann bestimmt, wo es lang geht. Dort müsste ich definitiv weniger im Haushalt helfen. Das übernehmen die senegalesischen Frauen generell selbst und würden, selbst wenn sie krank sind, nicht zulassen, dass der Mann mit anpackt. Frauen dürften abends auch nicht allein ausgehen. In Europa ist alles freier, das finde ich sehr bereichernd, musste mich aber auch daran gewöhnen.

Sabine ist in vielem lockerer als andere Frauen. Sie geht zum Beispiel mit meiner Unpünktlichkeit anders um. Das gab in früheren Beziehungen immer Ärger. Als Afrikaner war es mir völlig fremd, pünktlich sein zu müssen. Das war wirklich schwierig für mich. Ich habe es aber ein wenig gelernt.

Die Beziehung zu Sabine hat mich verändert. Ich bin heute offener, probiere mehr aus, lasse mich auf Neues ein. Von ihr kann ich einiges lernen, sie ist klug und hat eine Menge Lebenserfahrung. Sabine hat mir viele Türen geöffnet, zum Beispiel im Umgang mit Behörden. Sie hilft mir bei der Suche nach Arbeit, ermutigt und unterstützt mich, gibt mir Kraft. Das festigt unsere Beziehung. Ich bringe eher Harmonie in unsere Partnerschaft, auch wenn es zwischen uns manchmal kracht, etwa wenn sie zu hektisch ist und zu viel arbeitet, was oft passiert, weil sie nicht gut nein sagen kann.

Ich versuche immer, ihr beizustehen und sie wieder in ruhigere Bahnen zu lenken. Es ist schön, wenn man als Paar Geheimnisse hat, Dinge, die uns allein gehören. Wichtig ist uns beiden Toleranz und Respekt. Man muss den anderen so akzeptieren, wie er ist, wenn man ihn liebt. So spielt der Altersunterschied zwischen Sabine und mir keine Rolle für mich. Meine Ex-Frau war ebenfalls älter als ich und hat ebenfalls zwei Kinder aus einer früheren Beziehung. Ich habe eine Tochter hier in Hamburg, die bei ihrer Mutter lebt. Doch Sabine und ihre Söhne empfinde ich als meine Familie.

Inzwischen lebe ich seit zehn Jahren in Deutschland. Im Senegal habe ich als Lehrer gearbeitet, hier in Deutschland studierte ich zunächst Politikwissenschaft, doch leider ist es mir bisher nicht gelungen, einen guten Job zu finden. Zur Zeit arbeite ich als »Ein-Euro-Jobber« täglich sechs Stunden in einem Kindergarten. Das macht mir Spaß und ist besser als untätig zu sein, auch wenn ich natürlich lieber in meinem Beruf als Lehrer arbeiten würde.

Sabine trifft sich oft mit Freunden oder Freundinnen – und ich gebe zu, dass mich das manchmal eifersüchtig macht. Sie merkt das an meinem Verhalten, ich bin dann nicht so gut drauf. Treue ist wichtig, aber man kann sie nicht erzwingen. Vertrauen und Treue gehören zusammen, dann ist auch der Sex die schönste Sache der Welt.

Ich denke, wir werden irgendwann zeitweise im Senegal leben. Ich möchte nicht unbedingt ständig dort leben, sondern lieber noch viel mit Sabine reisen. Wenn man die Richtige trifft, bleibt man. Mit ihr bin ich glücklich, und ich kann mir vorstellen, dass wir gemeinsam alt werden.

SABINE V.

Meine Freundin hatte mich überredet, mit ihr in den Reg-
gae Club zu gehen. Dort fiel mir ein Mann auf, der auf
eine ganz bestimmte Weise den Kopf nach hinten warf
und lachte. Ich war sofort fasziniert, fühlte mich wie
fremdbestimmt und suchte seine Nähe. Wir kamen ins
Gespräch, tanzten und verloren uns seit diesem Moment
nicht mehr aus den Augen.

Diese Begegnung war für mich völlig unverhofft, denn
es passierte zu einem Zeitpunkt, als ich die Männerwelt
eigentlich für mich abgehakt hatte. Ich befand mich in
einer Umbruchphase, orientierte mich neu. Meine Festan-
stellung als Journalistin hatte ich gekündigt und ließ mich
als Trainerin für gewaltfreie Kommunikation ausbilden.
Alle Zeichen standen auf Neuanfang, auf Aufbruch und
Unabhängigkeit.

Ich dachte, dieser ganze Beziehungsschnickschnack sei
einfach zu anstrengend. Die Auffassung, dass eine Frau
nur mit einem Mann an der Seite komplett ist, teile ich
nicht. Im Gegenteil, mir war das damals absolut egal. Ich
hatte fünf Kilo mehr auf den Hüften, aber es störte mich
nicht. Ich fühlte mich wohl mit mir, wollte mein Leben
neu in die Hand nehmen. Das strahlte ich wohl auch aus;
ich war kraftgeladen, voller Energie. So lernte ich, ausgerechnet als ich entschlossen war, allein zu leben, Mamadou
kennen und lieben. Das Ganze lief rein intuitiv ab, ich
dachte gleich, er ist etwas Besonderes, ihn möchte ich näher kennenlernen.

Auch Mamadou war damals in einer Umbruchphase,
seine Ehe war gerade gescheitert. Deshalb war er nicht
gleich bereit, sich neu zu binden. Normalerweise hätte ich
mich, wenn jemand so unentschlossen ist, beleidigt zu-
rückgezogen. Ich war mir aber so sicher, dass er der Richtige ist, dass ich Verständnis und Geduld aufbringen

konnte. Er berührte mich zutiefst. Bei ihm fühle ich mich ganz und gar aufgehoben, das war etwas Neues für mich.

Wir ergänzen uns, wie Yin und Yang. Ich bin zum Beispiel sehr mitteilungsbedürftig, rede viel, bin schnell und neugierig, immer in Aktion. Mamadou ist genau das Gegenteil, er beobachtet lieber. Diese Gegensätze haben uns angezogen. Wichtig ist aber, dass wir ein sehr ähnliches Wertesystem haben. Wir sind beide nicht auf Konsum, Geld und Erfolg ausgerichtet, sondern wollen selbstbestimmt leben. Das verbindet uns. Man muss Freiheit geben können ebenso wie die Freiheit des anderen auszuhalten.

Beide möchten wir später in der Natur leben, vermutlich im Senegal, in Mamadous Heimat. Ich empfinde mich ein bisschen als Späthippie – in den 1970er Jahren lebte ich in einem Dorf und kannte diese Lebensform nicht. In Mamadou habe ich jemanden gefunden, der das auch möchte. Er ist im Sommer 1968 geboren, im »summer of love«, ich 1961. Die sieben Jahre Altersunterschied spielen für uns keine Rolle.

Wir haben beide schon gewisse Erfahrungen, was Beziehungen angeht. Ich weiß mittlerweile, was geht und was nicht, reflektiere mein Verhalten besser und kenne meine Unzulänglichkeiten.

Dass Mamadou mir gut tut, eine große Ruhe auf mich ausstrahlt, spürte ich sofort. Mit dem richtigen Partner werden die eigenen Stärken gefördert, es kommt zum Vorschein, was in einem steckt. Ich kann vieles nun besser bewältigen.

Wir passen gut zueinander, und mein größter Wunsch ist es, diesen Weg gemeinsam mit Mamadou weiterzugehen. Bei uns ist alles in Bewegung, wir jonglieren, täglich werden die Würfel neu gemischt. Unser Alltag ist geprägt von Herausforderungen, Routine kann da nicht aufkommen. Trotzdem stellen wir uns zunehmend besser aufeinander ein, weil wir uns besser kennen. Ich kann mich Mamadou jederzeit anvertrauen, zum Beispiel bei Existenzängsten, die bei Freiberuflern ja häufig auftauchen. Mamadou schafft es immer, mich zu beruhigen. Er gibt mir Kraft und motiviert mich.

Obwohl er anfänglich so zurückhaltend war, was unsere Beziehung anging, ist er jetzt wirklich ganz an meiner Seite. Er brauchte eben etwas Zeit, um sich zu entscheiden, und ich bin froh, dass ich ihm den Raum zur Annäherung ließ. Wir vergewissern uns immer wieder, wo wir stehen, was wir möchten, wie es uns geht. Mir ist es wichtig, das auch in Worte zu fassen, aber erstaunlicherweise habe durch ihn auch gelernt, manches ohne Worte zu verstehen und zu akzeptieren. Daran musste ich mich erst gewöhnen. Anfangs fragte ich mich immer, was sich wohl hinter seinem Pharaonengesicht abspielt. Eine solche Ausgeglichenheit kannte ich nicht. Er ist in allem viel sicherer, weil er seinen Weg kennt, nicht so vieles in Frage stellt wie ich.

Seit zehn Jahren lebt Mamadou in Deutschland, und wir haben auch seine Familie im Senegal schon zusammen besucht. Ich war sehr aufgeregt vor dem Treffen, grundlos, wie sich herausstellte, denn ich fühlte mich sehr schnell dort wohl. Seine Eltern und seine Geschwister empfinde ich als Familie. Es gibt Fotos von dieser ersten Begegnung, darauf sieht man deutlich, wie schnell zwischen uns große Nähe entstand.

Diese Beziehung zum Senegal ist eine große Bereicherung für mein Leben. Nicht weil ich Sehnsucht nach Exotik verspürte, sondern weil ich in Mamadou einfach den Menschen traf, der zu mir passt, den ich liebe. Unterschiedliche Kulturen spielen da keine Rolle. Als ich sechzehn war, bin ich mit meiner Mutter schon einmal in den Senegal gereist. Wir besuchten ein Lepradorf, wo mir ein paar Kinder in einer Begrüßungszeremonie eine Haarsträhne abschnitten. Heute denke ich manchmal, dass sie eine Art Voodoo gemacht haben, damit ich wiederkomme.

Dass Mamadou und ich unterschiedlicher Hautfarbe sind, bekommen wir in unserem Umfeld nicht zu spüren. Es interessiert mich auch nicht. Aber wenn es um Integration geht, haben es Menschen aus Afrika bei uns noch schwerer als Türken oder Osteuropäer. Das ärgert mich. Seine Erfahrung als Lehrer ist hier nicht gefragt, im Gegenteil, er muss sich mit Gelegenheitsjobs durchbringen. Ich war so naiv zu glauben, Hamburg sei eine kosmopolitische Stadt. Doch hier wird wirkliche Integration eher verhindert als gefördert. Das hängt meines Erachtens überwiegend damit zusammen, dass die Menschen sich mehr auf das Fremde konzentrieren als auf das Verbindende. Und das macht mich traurig.

Hin und wieder gibt es aufgrund der unterschiedlichen Kulturen auch bei uns Missverständnisse. Meistens liegen sie in der Sprache und in der unterschiedlichen Definition der Worte. Doch auch damit wissen wir inzwischen umzugehen.

Wir lassen uns unsere Freiheiten. Ich habe meinen alten kleinen Freundeskreis, und auch Mamadou hat zwei enge Freunde, mit denen wir uns gemeinsam oder allein treffen.

Heute fällt es mir viel leichter, den anderen so zu nehmen, wie er ist. Nicht ein Anderer ist für mein Glück zuständig, sondern ich selbst trage die Verantwortung. Das war ein Lernprozess, an dem ich immer noch arbeite. In früheren Beziehungen war ich weniger gelassen, kritisierte am Partner herum, wollte ihn ändern, fühlte mich umgekehrt aber auch zu wenig angenommen. Kompromisse macht man in einer Beziehung immer, aber inzwischen habe ich die Erkenntnis, dass jeder anders ist und sein kann. Für mich bedeutet Partnerschaft Gemeinschaft, gegenseitige Unterstützung und Gleichberechtigung.

Eifersucht kenne ich natürlich schon, denn ich möchte nicht, dass sich jemand zwischen uns stellt. Anfangs hatten wir häufiger Streit, weil Mamadou noch Kontakt zu seiner Ex-Frau hatte. Das war für mich schwierig, beunruhigt mich heute aber nicht mehr. Ich musste damals einfach viele Fragen stellen, es gab Klärungsbedarf.

Treue ist für mich eine Definitionssache. Für mich bedeutet Treue, wenn der Partner jeden Tag zurückkommt. Was in der Zwischenzeit passiert, darüber mache ich mir keine Gedanken. Man muss freiwillig da sein, Taten sprechen lassen.

Mein Traum ist es, mit Mamadou im Senegal in einem Haus am Meer zu leben, mit Hühnern, Schafen und einer Schildkröte. Die Liebe zu ihm macht mich stärker und glücklicher.

Es geht uns gut miteinander

Hans R. (68) arbeitete als Flugzeugbauingenieur und ist seit zehn Jahren pensioniert. Im Jahr 2000 musste sich Hans einer Herztransplantation unterziehen. Seine Frau Eva R. (71), arbeitete bei einer Fluggesellschaft und ist heute als freiberufliche Stadtführerin tätig. Die beiden sind seit vierzig Jahren ein Paar. Sie haben zwei Söhne und leben in Bremen.

HANS R.

Eigentlich haben wir uns über eine Anzeige kennengelernt, wenn auch keine Heiratsanzeige. Ich wollte von Aachen nach Bremen ziehen. Eva wiederum hatte sich gerade scheiden lassen und räumte die Wohnung aus. Ich wollte ihre Wohnung und ein paar Sachen aus ihrem Hausstand übernehmen. Dann entschied sich meine damalige Freundin, mit der ich viele Jahre liiert war und die ich heiraten wollte, überraschend, doch nicht mit mir nach Bremen zu kommen. Ich musste Eva absagen, denn für mich allein war die Wohnung zu groß. Wir waren einander sympathisch und hielten Kontakt. Unsere erste Verabredung war allerdings eine Pleite. Ich hatte Theaterkarten besorgt und wartete am Flughafen – sie arbeitete damals für ein Luftfahrtunternehmen – mit Blumen und in feinem Anzug auf sie. Doch wegen Nebel konnte sie erst eine Maschine später nehmen. Ich stand also ziemlich blöd da rum, und aus dem Theaterbesuch wurde nichts. Trotzdem machten wir uns dann einen schönen Abend.

Es dauerte einige Monate, bis wir zusammen kamen.

Eva wollte sich nach ihrer Scheidung nicht gleich wieder binden. Unsere Hochzeit wurde jedoch schließlich dadurch beschleunigt, dass unser erster Sohn Henning unterwegs war, unser Sohn Christian wurde vier Jahre später geboren. Eva war einunddreißig, ich achtundzwanzig, als wir 1967 heirateten.

Wir mochten uns von Anfang an gern, und daraus wurde nach und nach Liebe. Eva und ich sind ein Spitzenteam, wir mögen die gleichen Dinge und haben meist ähnliche Ideen. Streit gibt es nur über Kleinigkeiten, zum Beispiel bei Computerproblemen. Ich erkläre ihr also dreimal, wie etwas funktioniert. Aber sie hört einfach nicht richtig zu und macht es dann wieder falsch. Das ärgert mich, darüber kann ich mich furchtbar aufregen. Und dann ist sie wiederum beleidigt. Aber zum Glück sind wir beide versöhnlich und können schon bald wieder darüber lachen.

Ich mag alles an ihr. Ihr Aussehen, ihre Art, mit Menschen umzugehen, ihre Offenheit, und ich schätze ihre Meinung sehr. Wenn ich im Büro am Computer sitze und sie telefonieren höre, finde ich einfach alles gut, was sie sagt. Eva ist allerdings der Meinung, ich wolle immer witzig sein und ginge anderen damit auf den Keks.

Noch heute mache ich ihr Komplimente, sage ihr, dass sie gut aussieht, dass sie mir gefällt. Und sie kocht gut, das macht uns beide glücklich. Über Gefühle spreche ich nicht häufig. Aber ich glaube, dass sie es spüren würde, wenn etwas zwischen uns stünde und ich ihr aus dem Weg ginge. Wir unternehmen alles zusammen, auch wenn sie ihre Freundinnen trifft, bin ich meist dabei. Eifersucht kennen wir nicht, weil es keinen Grund dazu gibt. Ich war nie auf Abenteuer aus. Natürlich trifft man immer wieder mal jemanden, der einem sehr gefällt, aber das wäre nie eine Versuchung für mich. Ich brauche niemand anderen. Eva und mich verbindet Liebe und Freundschaft, das ist optimal.

Im Jahr 1998 ging es mir sehr schlecht, ich hatte Herzrhythmusstörungen, und es stellte sich heraus, dass nur eine Herztransplantation helfen könne. Ich musste meinen Beruf aufgeben und wog nur noch dreiundsechzig Kilo. Ich hatte keine Schmerzen, aber ich war absolut nicht mehr belastbar. Es fiel mir schon schwer, die Treppe in den ersten Stock hinauf zu steigen. Ich war durch und durch kraftlos und schwach. In einer solchen Situation eine gute Partnerin an der Seite zu haben, ist unendlich wichtig. Ich war sehr auf meine Frau angewiesen. Das konnte ich nur aushalten und zulassen, weil wir uns so gut verstehen. Auch für sie war es eine große Belastung, und ich motivierte sie immer wieder in dieser Zeit, nicht immer bei mir zu Hause zu sitzen, sondern auch mal in die Stadt zu gehen und sich etwas abzulenken. Diese schwere Zeit festigte unsere Ehe sicher noch mehr.

Zwei Jahre warteten wir auf das Spenderherz. In der Zeit rettete mich achtzehn Mal der implantierte Defibrillator, wenn ich wegzusacken drohte. Ich wäre sonst gestorben. Im Mai 2000 war es dann endlich soweit, abends kam der Anruf vom Herzzentrum, ein Spenderherz war gefunden, ich musste sofort los. Nachts um drei bekam meine Frau die Nachricht, dass die Operation gut verlaufen sei. Was Eva in diesen Jahren geleistet hat, vergesse ich nie. Wir zünden auch für die Spenderfamilie, die ich leider nicht kenne, immer wieder Kerzen in einer Kirche an. Ihnen verdanke ich vieles.

2004, vier Jahre nach der Transplantation, gab es Probleme mit dem neuen Herzen, und ich verbrachte wieder fünf Wochen im Krankenhaus. Jetzt geht es mir zwar besser, aber ich bin auf der Liste für eine weitere Operation und warte auf eine zweite Organspende. Jederzeit kann der Anruf des Herzzentrums kommen, dann möchte ich bereit sein, deshalb reise ich im Moment kaum. Nur vor kurzem haben wir einmal eine Ausnahme gemacht und fuhren eine Woche nach Malta, um ehemalige Flugschüler von mir zu besuchen. Nach vielen Jahren konnte ich endlich mal wieder in einem Cockpit sitzen. Das habe ich sehr genossen.

In unserem gemeinsamen Leben gab es schon einige Situationen, in denen meine Frau und ich aufeinander angewiesen waren, denn während meiner Berufstätigkeit lebten wir auch einige Zeit im Ausland. In den siebziger und achtziger Jahren erst in San Diego in Kalifornien, dann in Phoenix, Arizona. Für Eva war es selbstverständlich, mich mit den Kindern zu begleiten, sie organisierte jedes Mal den kompletten Umzug. Sie war es, die dort viele soziale Kontakte knüpfte. Es waren spannende Jahre, wir sahen viel, lernten Neues kennen. So konnte sich keine Routine einschleichen.

Eine Partnerschaft verändert einen natürlich immer, man lernt voneinander, erzieht sich gegenseitig. Ich glaube allerdings, von Eva deutlich mehr gelernt zu haben, zum Beispiel, mit Menschen umzugehen. Mit uns beiden läuft es richtig gut, auch mit unseren Kindern und Enkeln. Es gab nie Probleme. Ich bin eigentlich richtig zufrieden. Wir gehen zusammen durchs Leben und ich betrachte es als großes Glück, eine Frau wie Eva getroffen zu haben. Sie ist ein cooles Mädchen.

Eva R.

Es ist zauberhaft zu hören, wie rosig Hans unser Kennenlernen immer schildert. Für mich war es damals gar nicht leicht, ich war wirklich verwundet und sehr, sehr zögerlich. Ich hatte gerade die Scheidung hinter mir und war nicht bereit für eine neue Liebe. Hans drängte mich aber nicht, er war ruhig, zuverlässig, ehrlich und standhaft – Eigenschaften, die mein erster Mann nicht hatte. Mir gefiel seine Art, aber ich brauchte Zeit. Nach und nach wuchs unsere Liebe, und ich konnte wieder vertrauen. Bei Hans hatte ich das Gefühl, gut aufgehoben zu sein. In den vierzig gemeinsamen Jahren sind wir zusammengewachsen, obwohl wir ziemlich verschieden sind. Wir haben auch ausgesprochen unterschiedliche Hintergründe. Ich wuchs sehr behütet und verwöhnt auf, Abitur zu machen und zu studieren war in meiner Familie selbstverständlich. Bei Hans war das anders, er ging zur Volksschule, merkte in der Lehre schnell, dass ihm das nicht reicht, und machte auf dem zweiten Bildungsweg sein Abitur, um bessere Möglichkeiten zu haben. Diese Zielstrebigkeit war auch unseren zwei Söhnen immer ein Vorbild.

Unsere Partnerschaft ist durch ein großes Zusammengehörigkeitsgefühl geprägt. Als Hans das Angebot bekam, für ein paar Jahre in den USA zu arbeiten, war für mich ganz klar, dass ich ihn begleite. Ein längerer Auslandsaufenthalt ist auch für eine gefestigte Beziehung eine riesige Herausforderung, eine wacklige Partnerschaft kann daran sicher leicht zerbrechen. Wir sahen jedoch beide etwas sehr Positives darin und wollten das Beste daraus machen. Nicht einen Moment lang dachte ich, dass ich nur meinem Mann zuliebe Deutschland verließe und etwas aufgäbe. Ich freute mich sehr darauf und engagierte mich ebenso sehr wie Hans. Während ihn eine berufliche Herausforderung erwartete, musste ich mich um den ganzen Familienalltag kümmern. Später arbeitete ich dort im Phoenix Art Museum und hatte somit auch meine eigene Aufgabe. Die englische Sprache war für mich kein Problem, ich bin kontaktfreudig und schloss schnell Freundschaften. Noch heute haben wir sehr enge Freunde in den USA, mit denen wir häufig telefonieren. Diese Zeiten waren eine große Bereicherung, und ich würde auch heute noch sofort nach Istanbul oder Bangkok gehen, um dort für eine Weile zu leben. Neues kennenzulernen hat mich immer gereizt, ich reise sehr gern, auch wenn das heute durch die Erkrankung meines Mannes kaum noch möglich ist.

Als Ende der neunziger Jahre für Hans die Herztransplantation bevorstand, versuchten wir, absolut ehrlich zueinander zu sein und sprachen viel über unsere Ängste. Ich wollte keinesfalls, dass er an seinen Sorgen erstickt. Wir hatten beide entsetzliche Befürchtungen und das zu Recht. Es ist ein äußerst riskanter Eingriff, wir wollten das nicht verharmlosen, aber dennoch fest an die Chance glauben. Viele Patienten haben nach einer Transplantation auch psychische Probleme, weil sie nun mit einem fremden Organ leben müssen. Das war bei Hans nie der Fall, dazu ist er viel zu pragmatisch. Als Techniker sah er einfach, dass es notwendig war, die »Pumpe« auszuwechseln.

Ich war minutiös auf die Operation vorbereitet, hatte alles darüber gelesen, was ich bekommen konnte, war restlos informiert. Als endlich das passende Spenderherz gefunden war, verhielt ich mich deshalb sehr ruhig und gefasst. Erst als ich am Tag nach der Operation anrief, um mich nach ihm zu erkundigen und am Telefon seine Stimme hörte, die einfach nur «Hallo!« sagte, brach ich heulend zusammen. Der ganze Druck und die Angst der vergangenen Monate kamen in diesem Moment durch. Vorher musste ich ja stark sein, stark für uns beide, obwohl ich oft fix und fertig war vor Angst. Sechs Wochen nach der Herztransplantation wurde ich sehr krank, wahrscheinlich aufgrund des Stresses. Doch schließlich wurde mein Mann mit dem neuen Herzen wieder selbstständiger und autarker, ich konnte auch mal entspannen und musste nicht immer gleich aufspringen.

Dennoch war die Zeit nach der Transplantation alles andere als leicht. Das Infektionsrisiko nach einem solchen Eingriff ist sehr hoch, und mein Mann reagierte darauf mit extremer Überängstlichkeit, die sich beinahe zu einem

Hygienewahn auswuchs, von dem ich mich manchmal überfordert fühlte. Bei allem Möglichen hieß es: »Das kann meinen Tod bedeuten!« Bei jemand anderem würde ich das nicht ertragen, aber da ich den Hintergrund kenne, versuche ich, konstruktiv damit umzugehen, dass Hans auch heute noch niemandem die Hand gibt, weil er eine Ansteckung fürchtet.

Wir haben viel durchgemacht. Diese extreme Zeit prägte und festigte unsere Ehe noch mehr. Nur ich kann genau nachempfinden, was es für ihn bedeutet, dass er heute einen Turm besteigen kann. So etwas verbindet. Uns ist bewusst, dass wir großes Glück hatten, und genießen nun jeden Tag voller Dankbarkeit. Es hat mich stärker gemacht, und ich habe viel nachgedacht.

Kabbeleien gibt es bei uns trotzdem häufiger, aber nie wegen etwas Ernsthaftem. Hans kann sehr aufbrausend, jähzornig und ungerecht werden. Er bereut es zwar sofort, aber gesagt ist gesagt. Sein harscher Ton verletzt mich sehr, ich sage mir aber immer wieder, es lohnt nicht, sich aufzuregen. Er sieht die Dinge eher schwarzweiß, ich bin hingegen diplomatischer und toleranter.

Wir sind tatsächlich wie ein altes Ehepaar, er berichtigt mich ständig, das kann sehr nervig sein. Was mich sehr stört ist, dass er mir keine Fehler zugesteht, er mag es absolut nicht, wenn ich etwas falsch mache. Das empfinde ich als sehr ungerecht. Meine Freundinnen kennen das schon gut und fühlen mit mir, wenn er wieder seine überzogenen Ansprüche stellt. Mit anderen Menschen kann er sehr geduldig sein, mit mir ist er es jedoch nicht. Dabei geht es nur um solche Albernheiten, dass etwa die Spülmaschine falsch eingeräumt ist. Nur weil ich ihn sehr mag, kann ich darüber hinweg sehen.

Wir wissen beide, dass wir uns absolut aufeinander verlassen können. Deshalb sind wir auch nicht eifersüchtig. Für Untreue wurde ich einerseits viel zu bieder erzogen, aber ich wollte auch nie einen anderen Mann. Als wir uns kennenlernten waren wir nicht mehr so jung, wir hatten beide schon Erfahrungen mit der Liebe gemacht und wussten, was uns wichtig ist. Ich schätze Beständigkeit und Zuverlässigkeit. Meine Liebe zeige ich ihm, indem ich versuche, geduldig und gelassen zu bleiben, auch wenn ich es hin und wieder schwer mit ihm habe.

Es gibt einen Countrysong von Don Williams, den wir beide sehr mögen:

»You're my bread when I'm hungry
You're my shelter from troubled winds
You're my anchor in life's ocean
But most of all, you're my best friend «

Manchmal fahren wir einfach mit dem Wagen durch die Landschaft, hören dieses Lied immer wieder und müssen beide weinen, weil es so schön ist. Es geht uns gut miteinander.

Wir bleiben doch Individuen!

Udo Walz (64), Star-Coiffeur, ist mittlerweile Inhaber von neun Friseursalons im In- und Ausland. Seine stilvollen Kreationen und die Freundschaft, die er zu vielen seiner prominenten Kunden pflegt, brachten ihn selbst ins Rampenlicht. Seit dreizehn Jahren führt er eine Beziehung mit Carsten Thamm (38), der zugleich Geschäftsführer des Unternehmens Udo Walz ist. Im Sommer 2008 gab sich das Paar das Ja-Wort.

UDO WALZ

Carsten ist ein enorm wichtiger Mensch für mich. Er ist viel mehr als mein Liebhaber, er ist meine Familie, mein Zuhause. Unsere Basis ist, wie bei vielen schwulen Beziehungen, schwer zu benennen. Theoretisch könnte jeder von uns täglich »sex in the city« mit anderen Männern haben, da gibt es bekanntlich vielfältige Möglichkeiten. Doch genau wie in heterosexuellen Beziehungen ist bei uns beiden gegenseitiges Vertrauen sehr wichtig. Treue spielt in unserer Liebe eine große Rolle, sonst könnten wir ja gleich eine Wohngemeinschaft mit weiteren Männern gründen. Sollte einer von uns fremdgehen, würden wir uns sicherlich gegenseitig die Koffer vor die Tür stellen. Allerdings bin ich, im Gegensatz zu Carsten, nicht eifersüchtig. Wenn ich es wage, einem hübschen Kellner im Restaurant auch nur nachzuschauen, macht er gleich spitze Bemerkungen, über meinen »Hang zum Personal«. Dabei würde ich Carsten nie betrügen, denn täte ich es ein einziges Mal, könnte es mir immer wieder passieren.

Durch meine Treue zu Carsten schütze ich mich in gewisser Weise auch vor mir selbst, da bin ich durchaus egoistisch.

Ich bin seit einigen Jahren Diabetiker, und da ist die Sexualität eher ruhig gestellt. Ich glaube ohnehin, dass die meisten Paare maßlos übertreiben, was ihre sexuellen Aktivitäten in einer langjährigen Beziehung betrifft. Mir fällt es schwer zu glauben, dass es da noch hoch hergeht im Bett. Seien wir doch endlich ehrlich. Mit der Zeit lässt in einer Beziehung alles nach, auch der Sex. Ich hätte zum Beispiel gern getrennte Schlafzimmer. Nicht nur, weil ich früher aufwache als mein Freund und gern fernsehen würde. Ich glaube auch, dass getrennte Schlafzimmer die Lust auf Sex aktivieren. Jedes Paar muss schließlich um die Lebendigkeit seiner Sexualität kämpfen. Doch Carsten ist partout gegen getrennte Schlafzimmer. Es bleibt also alles beim alten.

Jetzt heiraten wir, nach dreizehn Jahren Beziehung. Das Wort Hochzeit bei Schwulen finde ich furchtbar. Ich bezeichne es lieber als Legitimierung unserer Lebensgemeinschaft. Viele Jahre war ich gegen die Ehe, und nun bin ich der erste prominente schwule Mann, der in Deutschland heiratet. Ich staune noch immer über die Anteilnahme und vielen Gratulationen anlässlich unserer Hochzeit. Die Reaktionen sind durchweg positiv. Von der Kundin im Salon bis zum Bauarbeiter auf der Straße habe ich noch kein negatives Wort gehört. Die Haltung uns Schwulen gegenüber wird allgemein liberaler, nicht nur in Großstädten, sondern endlich auch in kleineren Gemeinden.

Als Diabetiker muss ich damit rechnen, dass es gesundheitlich schnell mit mir bergab gehen kann. Ich möchte gern mein Feld bestellen, darum heirate ich. Mein zukünftiger Mann würde ohne Eheschließung bei meinem Ableben vieles nicht bekommen, was ihm durch die Heirat nun zusteht. Da zu meinen Stiefgeschwistern kaum Kontakt besteht, möchte ich auch nicht, dass sie mein Vermögen erben. Selbst bei einer Trennung bekäme Carsten mein Vermögen zugesprochen. Ich bin da großzügig, weil ich mir meiner Entscheidung sicher bin. Durch die Ehe sind solche Unsicherheiten beseitigt, auch wenn das Ja-Wort keinen Einfluss auf meine Gefühle zu ihm haben wird.

Eigentlich bin ich ein Luder, denn ich hätte Carsten auch adoptieren können. Aber scheiden lassen kann ich mich immer, eine Adoption hingegen ist unwiderruflich. Auch haben wir entschieden, dass jeder seinen Familiennamen behält.

Die Liebe zu Carsten begleitet mich nun schon seit so vielen Jahren, in denen wir zusammen leben und arbeiten. Eigentlich ist das schrecklich. Vierundzwanzig Stunden Nähe, wer hält denn das aus? Ich erlebe zum ersten Mal so ein »Partnerschaftsgesamtpaket«, dabei hasse ich bei anderen Paaren diese ewige Wir-Form: *Wir* gehen auf den Markt, *wir* kaufen Tomaten, *wir* entscheiden über die neue Waschmaschine. Furchtbar. Wir bleiben doch Individuen! Carsten und ich schaffen uns Freiräume und haben beide unseren eigenen Freundeskreis. Es ist wunderbar, dass wir, obwohl unser Beruf und das Privatleben Hand in Hand gehen, uns immer noch überraschen können. Ich liebe Carstens Geschenke!

Wir nehmen uns Zeit für unsere Liebe, das ist wichtig. Ich scheine einer der wenigen Menschen zu sein, die stressfrei leben. Natürlich liege ich nicht den ganzen Tag im Liegestuhl, und in den letzten vierzig Jahren kann ich nicht so viel falsch gemacht haben, denn wir sind mit dem Unternehmen Udo Walz sehr erfolgreich. Neun Salons habe ich mittlerweile, zwei davon in Spanien und einen auf einem Kreuzfahrtschiff. Ich arbeite viel und bin dabei glücklich. Seit einigen Jahren unterstützt mich Carsten in der Geschäftsführung, das ist herrlich. Er hat sein Büro im dritten Stock, und ich arbeite unten im Laden. Natürlich gibt es in der Zusammenarbeit auch Streitpunkte, aber das ist doch normal. Ich stelle zum Beispiel manchmal Personal ein, das Carsten furchtbar findet. Andererseits regt es mich auf, wenn er in der Firma Entscheidungen fällt und mich nicht mit einbezieht. Es macht mich sprachlos, wenn er am Abend verkündet, alles sei schon erledigt. Dann sage ich ihm: »Guck mal bitte, was an der Fassade steht – Udo Walz.« Und er antwortet: »Bald steht da vielleicht Thamm.« Darüber können wir uns dann beide amüsieren.

Mit mir ist es auch schwer zu streiten. Ich empfinde Auseinandersetzungen als verlorene Zeit, und mit einem gewissen Alter muss die Intelligenz vor die Hitzköpfigkeit treten. Deshalb habe ich mich in einer unserer wenigen Krisen vor ein paar Jahren auch bei ihm entschuldigt. Sie war aus einem Streit heraus entstanden, bei dem ich wirklich böse zu ihm gewesen bin. Es war fünf vor zwölf, Alarmstufe rot. Es fällt mir sehr schwer, mich bei jemandem zu entschuldigen, aber ich habe es getan, um ihn nicht zu verlieren. Dabei hat auch ein gewisser Egoismus eine Rolle gespielt, denn ich wollte nicht in unserer großen Wohnung plötzlich einsam und verlassen dasitzen. Ich kann sehr schlecht allein sein. Immer muss sich jemand in meiner Nähe aufhalten, denn durch den Diabetes besteht immer das Risiko, dass mir etwas zustößt. Gott sei Dank hat Carsten damals meine Entschuldigung angenommen. Es soll aber nicht der Eindruck entstehen, dass ich ihn als Krankenpfleger an meiner Seite missbrauche, er hat sein eigenes Leben.

Carsten wirkt auf mich irre sexy. Ich finde, er ist eine Mischung aus Brad Pitt und Justin Timberlake. Es begeistert mich, wenn andere ihn schön finden. Ästhetik spielt für mich in der Beziehung eine große Rolle.

Für mich war es Liebe auf den ersten Blick, als mein

damaliger Untermieter ihn am Heiligabend vor dreizehn Jahren zu meiner Party, dem »Ball der einsamen Herzen«, mitbrachte. Noch heute streiten wir zwei uns über die genauen Details unseres Kennenlernens. Meine Version der Story ist folgende: Carsten kam ohne Geschenk zu meiner jährlichen Single-Weihnachtsparty und hatte sich, entgegen den Regeln, auch nicht fein gemacht. Alle trugen ihre schönsten Kleider und Anzüge, aber er kam in Pulli und Jeans. Als ich ihn fragte: »Wo ist mein Geschenk?« antwortete er frech: »Das bin ich.« Da war es um mich geschehen. Wir ließen den Abend in einer Bar ausklingen, ich sah ihn die ganze Zeit über an und war begeistert. Wir konnten uns gar nicht voneinander trennen. Als wir vor seiner Haustür standen, bot er mir an, mich bis zu meiner Wohnung, die nur eine Straße entfernt war, zu begleiten. Drei bis vier Mal ging das hin und her, bis jeder brav in seinem eigenen Bett lag. Seine Einladung auf einen Kaffee habe ich in dieser Nacht noch dankend abgelehnt, da war ich spießig, aber vor dem Einschlafen rief ich ihn noch mal an, um mich zu vergewissern, ob er auch gut nach Hause gekommen sei.

So begann unser Kennenlernen eher zögernd und vorsichtig. Carsten war zum damaligen Zeitpunkt noch in einer festen Beziehung, und wir mussten uns zunächst heimlich treffen. Als er kurze Zeit später für zwei Wochen nach Ibiza fuhr, übermannte ihn nach drei Tagen die Sehnsucht, und er kam zurück nach Berlin, um bei mir zur Probe zu wohnen. Er beendete seine alte Beziehung dann rasch und zog ganz bei mir ein.

Das Geheimnis unseres Glücks ist es, die Eigenständigkeit des Partners zuzulassen. Wir müssen nicht alles und jedes miteinander teilen. Wir finden es beide prickelnd, getrennt auszugehen. Ich bummle zum Beispiel gern allein am Sonntag über die Berliner Flohmärkte. Auch gemeinsame Urlaube planen wir nie. Carsten reist zwar gern, aber ihn auch in den Ferien vierundzwanzig Stunden um mich zu haben, das wäre einfach zuviel des Guten. Was wir teilen, ist die Leidenschaft für schöne Möbel, die wir für unsere gemeinsame Wohnung aussuchen. Das artet oft in einen regelrechten Einrichtungswettstreit aus. Uns verbinden die schönen Dinge des Lebens.

Selbstverständlich gibt es auch manches an ihm, das mich stört, seine übertriebene Eifersucht zum Beispiel. Sein Wunsch, immer alles wissen zu wollen, nervt mich, ebenso wie seine Pingeligkeit. Wenn er mir im Fahrstuhl die Fusseln vom Revers klopft und mir anschließend vorwirft, ich trüge noch die Hose vom Vortag, macht er mich wütend. Manchmal gibt er meine Kleidung einfach in die Reinigung, das macht mich rasend. Doch trotz aller Fehler ist er ein perfekter Mann, ein enormes Organisationstalent, und ich bin mir hundertprozentig sicher: Unsere Ehe hält forever!

CARSTEN THAMM

Ich fand Udo schon immer toll und habe lange Zeit meine Haare in seinem Salon schneiden lassen. Wir waren uns schon vor unserem eigentlichen Kennenlernen ein paar Mal auf der Straße begegnet. Vor dreizehn Jahren lebte ein Freund von mir zur Untermiete bei Udo Walz. So wurde ich zu jener Weihnachtsparty eingeladen, ohne blassen Schimmer, wie formell es dort zuging. Ich stand also in Jeans und Pulli und ohne Geschenk vor Udo, während alle anderen Gäste sich in Schale geworfen hatten und ihn mit Geschenken überhäuften.

Wir hielten danach über lange Zeit den Kontakt. Als ich in den Urlaub fuhr, telefonierten wir täglich fast acht Stunden miteinander, so hohe Rechnungen hatte ich seitdem zum Glück nie wieder. In dieser ersten Verliebtheitsphase erzählt man sich immer mehr als später, wenn man sich in den Klauen des Alltagstrotts befindet. Schließlich schlug ich ihm ein Wochenende gemeinsames Probewohnen in Berlin vor, um zu sehen, ob das mit uns beiden funktioniert. Nach diesem Wochenende fuhr ich zu meinem damaligen Freund und machte noch am selben Abend mit ihm Schluss. Ich hatte mich in Udo verliebt. Von einem Tag auf den anderen zog ich dann zu ihm.

Ich liebe Udo, so wie er ist, mit all seinen Macken und den guten Seiten. Er fasziniert mich mit seiner wahnsinnigen Offenheit gegenüber den Menschen und seinem großartigen Humor. Er ist höflich, hilfsbereit und hat immer ein offenes Ohr. Udo ist ein Mensch, den man einfach lieben muss. Auf ihn kann ich mich hundertprozentig verlassen. Wenn Not am Mann wäre oder ich mit einer Lebenssituation nicht klarkäme, wäre Udo immer mein erster Ansprechpartner.

Die sechsundzwanzig Jahre Altersunterschied zwischen uns spielen für mich keine Rolle. Meine Partner waren immer ein ähnlicher Typ Mann, und alle hatten gemeinsam, dass sie stets älter als meine Eltern waren. Gleichaltrige Männer haben mich nie interessiert. Jung und alt bereichern sich gegenseitig. Meine Jugend und die meiner Freunde geben Udo mit Sicherheit einen enormen Spirit, den andere Männer seines Alters nicht mehr haben. Wir sind ein Haufen Kreative, darunter viele Musiker, Schauspieler, Modedesigner, Künstler. Udo behält durch uns den Bezug zu aktuellen Themen. Im Gegenzug haben mich meine älteren Freunde sehr geprägt. Früher habe ich in bestimmten Situationen ziemlich rebellisch reagiert. Heute nehme ich vieles gelassener, lasse die Dinge erst einmal auf mich zukommen, das schützt mich. Mit einem jungen Mann an meiner Seite würde ich nicht einen Gedanken an die Zukunft verschwenden, das ändert sich durch ältere und verantwortungsbewusste Partner wie

Udo. Durch ihn lerne ich bewusst, »das Feld zu bestellen«, wie er es nennt. Selbstverständlich machen mir Udos Gedanken zu Themen wie Finanzen, die Nachfolgeregelung im Unternehmen, Erbschaft auch ein wenig Angst. In meinem Alter ist die Konfrontation mit diesen Angelegenheiten neu und ungewohnt, auch wenn ich natürlich weiß, dass seine Erkrankung im Hintergrund lauert, das lässt sich nicht mehr leugnen. Doch darüber, was wäre, wenn Udo etwas zustieße, denke ich so wenig wie möglich nach.

Die Idee zu unserer Hochzeit kam von Udo. Mir war Ehe nie wichtig, auch wenn ich Hochzeitsfeste toll finde. Udo wollte seine Halbbrüder und seine Schwester nicht in seine Erbschaft einbeziehen, deshalb lassen wir unsere Lebensgemeinschaft eintragen. Ich empfinde das als großen Vertrauensbeweis und bin sehr dankbar dafür. Es ist meine erste Ehe, und wenn wir es schaffen, dass sie tatsächlich hält, bin ich glücklich.

In den vergangenen dreizehn Jahren haben wir uns beide ein gemeinsames Fundament geschaffen. Udo weiß, nicht zuletzt durch seine Krankheit, dass ich auch in schwierigen Zeiten zu ihm halte. Solche Widrigkeiten können völlig unabhängig vom Alter auftauchen, schließlich könnte doch genauso jederzeit der Fall eintreten, dass ich ab morgen seine Hilfe benötige. Ich weiß, dass Udo dann auch an meiner Seite wäre. Dass ich mich auf ihn verlassen kann, ist die Basis unserer Beziehung.

Unsere berufliche Zusammenarbeit und unsere Liebe sind die Säulen unseres Glücks. Trotzdem habe ich uns zu Beginn unserer Partnerschaft ein Jahr Probezeit gewährt, denn mir ist bewusst, dass eine so intensive Konstellation auch viel zerstören kann. Bevor ich im Unternehmen Udo Walz die Geschäftsführung, Presse-und Marketingarbeit übernahm, war ich als Innenarchitekt selbstständig. Heute manage ich im Hintergrund die Firma, halte Udo den

Rücken frei, wenn er im Laden steht und Kunden die Haare schneidet. Nur ganz, ganz selten gibt es zwischen uns Krach über eine von mir allein gefällte geschäftliche Entscheidung. Wir haben den Grundsatz, so etwas niemals vor der Kundschaft auszutragen. Bis heute überrascht es mich, dass unsere Zusammenarbeit so gut klappt. Zu Beginn gab es zwischen uns mehr Reibereien, weil mir die betriebsinternen Abläufe und die Branche nicht bekannt waren. Ich hatte Angst, in meiner neuen Rolle als Geschäftsführer die Akzeptanz der Mitarbeiter nicht gewinnen zu können. Bis dahin hatten mich ja alle »nur« als Freund von Udo gekannt, und einige Kollegen haben sich durch meinen Eintritt in die Firma sicherlich bedroht oder an die Seite gedrängt gefühlt. Im Nachhinein muss ich jedoch sagen, dass wir als Team gut zusammen gewachsen sind. Mittlerweile übe ich den Job wirklich gern aus. Morgens bin ich der erste in der Firma und abends der letzte, der geht.

Für das Unternehmen Walz ist Udos Prominenz eine wichtige Voraussetzung, doch privat brauche ich das nicht. Das ist ein Nebeneffekt, damit muss ich leben. Ich lasse ihm gern den Vortritt in der Öffentlichkeit, er hat in vierzig Jahren so viel geleistet, warum sollte ich auf den Gedanken kommen, mich plötzlich in den Vordergrund zu drängen? Als sich nach Bekanntgabe unserer Hochzeitspläne plötzlich Menschen auf der Straße nach mir umdrehten, hatte ich nur ein Ziel: Schnell aus deren Blickfeld zu verschwinden.

Mein Freundeskreis besteht aus Männern und Frauen meiner Generation, mit ihnen gehe ich gern zum Essen und Tanzen aus, auch ohne Udo. Eine Stunde würde Udo mit Sicherheit auch in einer Technodisko aushalten, aber das »Durchsumpfen« bis in die frühen Morgenstunden ist einfach nichts mehr für ihn.

Wir haben dafür andere Gemeinsamkeiten, gehen gern

am Sonntagvormittag zum Brunch oder auf den Floh-markt. Letzteres tun wir allerdings getrennt, denn Udos Bekanntheit treibt die Preise in die Höhe. Wir sehen gern gemeinsam fern oder suchen im Internet nach Häusern und Wohnungen.

Leider haben wir unterschiedliche Sehnsüchte, was das Reisen angeht. Ich bin neugierig, will noch so vieles auf der Welt sehen, Udo hingegen kennt beinahe alle faszinie-renden Orte. Da nützt es auch nichts, wenn ich ihm fer-tige Schlössertouren durch Schottland buche und zu Weihnachten schenke. Immerzu spricht Udo von so einer Tour, und am Ende lässt er sich beruflich so einbinden, dass er Berlin gar nicht verlassen kann. Das bedauere ich.

Etwas Routine schleicht sich manchmal auch in unsere Liebe ein. Wir gehen morgens zusammen in die Firma und abends wieder gemeinsam hinaus. Deshalb richten wir es so ein, dass sich unsere Wege dann nach Feierabend tren-nen, ansonsten wäre vieles zu berechenbar. Ich genieße meine Yogakurse und das Zusammensein mit Freunden, er liest viel und geht seinen Interessen nach. Am nächsten Tag ist die Neugier über den getrennt verlebten Abend dann beidseitig.

Sex reduziert sich automatisch in einer langjährigen Beziehung und wird auch schwieriger, da Udo an Diabetes erkrankt ist. Ich habe auch nicht mehr das Bedürfnis, je-den Abend im Bett die wilde Sau raus zu lassen. Ich habe da schon so viel erlebt, und mal ehrlich, letztendlich ist es auch immer wieder das Gleiche. Wilder Sex wird durch tiefe Zuneigung und die Möglichkeit, sich anlehnen zu können, ersetzt, das ist oftmals viel wichtiger.

Treue hat für Udo und mich einen gleich großen Stel-lenwert, wir kennen beide unsere Grenzen und wissen sehr genau, wie weit der Partner geht. Dennoch bin ich außerordentlich eifersüchtig, es gelingt mir einfach nicht, dieses negative Gefühl abzustellen. Ich habe es ernsthaft versucht. Der Kellner, der Udo schöne Augen macht, ist nicht mein Problem. Die Ursache für meine Eifersucht ist eine andere. Es ist weniger meine auf Udo bezogene Verlustangst als vielmehr meine tiefe Sorge, eines Tages plötzlich ohne Partner da zu stehen. Ich hasse es, allein zu sein, das ist ein Alptraum für mich. Ich versuche oft, das zu thematisieren, doch ich spüre bei Udo eine Bremse, er lenkt sofort ab, sobald ich darauf zu sprechen komme. Er weiß genau, wie verletzbar ich bei diesem Thema bin, und spielt damit. Vielleicht muss ich noch lernen loszulassen.

Im sprichwörtlichen siebten Jahr unserer Beziehung gab es eine Krise, die viel mit meiner Eifersucht zu tun hatte. Udo stellte mir plötzlich jemanden vor. Im Nachhinein bin ich mir nicht sicher, ob er richtig verliebt in ihn war, aber damals war es furchtbar für mich. Ich sah meine einzige Chance zur Rettung unserer Beziehung darin, Udo ein Ultimatum zu stellen, und gab ihm drei Tage Bedenkzeit, um sich zu verdeutlichen, ob er lediglich einer Wunschvorstellung nachjagte. Es war tatsächlich so, und wir fanden wieder zu einander. Doch die Erfahrung, dass man in der Liebe aus heiterem Himmel vom Blitz getroffen werden kann, bereitet mir heute noch Angst.

Mit Sicherheit wissen wir beide tief im Inneren, was wir aneinander haben. Wir kennen uns viel besser, als wir zugeben. Bei Abenden, die wir gemeinsam in Gesellschaft verbringen, gibt es immer wieder Situationen, in denen wir beide gleichzeitig lachen und an das Gleiche denken. Diese Nähe ist das Geheimnis unseres Glücks.

Wir haben die Liebe wieder wach geküsst

Rajko Kranjec (39), IT-Kaufmann, heiratete nach zwanzigjähriger Beziehung im Sommer 2008 seine Lebensgefährtin Claudia Neidl (40). Das Paar hat zwei Töchter im Teenageralter, die beide an einem chromosomalen Defekt leiden.

Rajko Kranjec

Es war auf dem Faschingsfest des Abendgymnasiums, wo wir auf dem zweiten Bildungsweg unser Abitur nachholten, als ich Claudia auf eine Tasse Kaffee einlud. Der Kaffee war lauwarm und bitter, Claudia hingegen klasse. Ich hatte sie natürlich schon länger bemerkt, denn sie war auffallend hübsch, aber ich hatte auf eine Beziehung damals noch keine Lust. Ich war lange Zeit der Typ Mann, der leicht und unbeschwert durch das Leben ging, ein Kindskopf gewissermaßen. Ich mag Frauen wie Claudia, die kein Blatt vor den Mund nehmen und eine starke Persönlichkeit besitzen, so lernten wir uns nach und nach kennen, und unser gegenseitiges Interesse nahm zu.

Gleich zu Beginn unserer Freundschaft nahm ich die Gelegenheit wahr, für drei Monate nach Spanien zu gehen und in kurzer Zeit viel Geld zu verdienen. Ich flog einfach ab und meldete mich in den Wochen meines Auslandsaufenthaltes nicht bei Claudia, sondern lebte nur exzessiv. Ich sah damals in Deutschland keine Zukunft für mich und wollte in die Vereinigten Staaten auswandern, Claudia spielte in meinen Plänen keine Rolle. Mitten in den Reisevorbereitungen rief sie an. Bei ihrem ersten Anruf legte ich einfach auf, als ihre Nummer auf dem Display erschien. Beim zweiten Anruf ging ich dran und fing mir einen riesigen Anschiss von ihr ein. Sie drohte, sich in den nächsten Flieger zu setzen und mich persönlich wieder nach Deutschland zu holen, wenn ich mich nicht sofort auf den Weg zu ihr zurück machen würde. Wir diskutierten die ganze Nacht lang miteinander, und am nächsten Morgen saß ich im Flugzeug, auf dem Weg zurück nach good old Germany. Ich wusste, das war mehr als nur eine Affäre für mich, wenn Claudia so etwas gelang. Mit meiner Rückkehr nach Frankfurt begann die Ernsthaftigkeit unserer Beziehung. Es war also keine Liebe auf den ersten Blick, an die ich sowieso nicht glaube. Doch ich glaube an die große Liebe, denn das ist Claudia für mich.

Sie ist einzigartig in ihrer Standhaftigkeit und ihrer absoluten Ehrlichkeit. Sie lässt mir Freiräume, nimmt Rücksicht auf meinen Beruf, besitzt eine große Kompromissfähigkeit und kann mich bremsen, wenn ich mit dem Kopf durch die Wand will. Nur Claudia gibt mir diese enorme Stärke.

Früher gab es oft Stress zwischen uns, dann wurde Claudia sehr laut, richtig energisch. Vernünftige Gespräche waren in diesen Krisen kaum möglich. Anlass für die Auseinandersetzungen war zum Beispiel meine Unfähigkeit, anderen Frauen Grenzen aufzuzeigen, denn durch meine kommunikative Art kam es vor, dass sich Frauen, denen ich begegnete, dubiose Hoffnungen machten. Claudia war eifersüchtig, obwohl ich ihr nie einen Grund lieferte. Ich flirte zwar gern, aber ich bin ihr seid zwanzig Jahren treu.

Ob die Anspannung zunahm, als wir von der Behinderung unserer beiden Töchter erfuhren, kann ich heute nicht mehr sagen. Claudia musste sicher zurückstecken und sich weitaus mehr um die Entwicklung der Mädchen kümmern als die Mütter gesunder Kinder. Und durch meine berufliche Selbstständigkeit und häufige Abwesenheit konnte ich Claudia nicht immer die Unterstützung bieten, die sie gebraucht hätte. Andererseits brauchten wir mein Einkommen für die vielen Extratherapien zur besseren Entwicklung der Kinder. Unsere Töchter werden aufgrund ihrer Behinderungen zwar kein normales Leben führen können, aber Claudia und ich haben sie nie sozial ausgegrenzt. Beinahe hundert Prozent der Themen, die ich mit unserer großen Tochter bespreche, versteht sie. Bei der Kleinen ist das schon schwieriger, da kann ich nicht immer genau sagen, wie viel sie tatsächlich mitbekommt. Ich habe den Traum, unsere große Tochter einmal für vierundzwanzig Stunden so zu erleben, als hätte sie sich normal entwickelt. Was für ein Kind wohl aus ihr geworden wäre? Ich wollte immer Nachwuchs haben, am liebsten eine ganze Fußballmannschaft. Doch ein drittes Kind kommt für Claudia und mich heute nicht mehr in Frage, denn die Angst, dass wieder etwas nicht in Ordnung wäre, ist zu groß.

Zum großen Knall, nach einer endlosen Phase von Streitigkeiten kam es Anfang 2005 zwischen uns beiden. Ich hatte in der Firma mittlerweile Angestellte, eine enorme finanzielle Herausforderung, und in einer banalen Situation flippte Claudia völlig aus. Sie warf mir vor, dass sie sich nicht auf mich verlassen könne, stets alles allein regeln müsse. Ich war zerrissen zwischen einem fünfzehnstündigen Arbeitstag und ihren Ansprüchen. Um den Druck der Erwartungshaltung von allen Seiten loszuwerden, stieg ich aus der Beziehung aus. Zeit für mich blieb schon lange nicht mehr, ich wollte nur noch weg. Ich brauchte eine Pause von Claudias harter, direkter Art. Heute denke ich, dass ich mir damals selbst enorm viel Druck gemacht habe. Diese Trennung geschah im Affekt, das Fass war einfach voll. Ich schnappte mir meine große Tochter und fuhr mit ihr in den Urlaub, weil ich einfach die Zeit brauchte, um intensiv über Claudia und mich nachzudenken.

In den ersten Tagen nach der Trennung war mir Claudia völlig wurscht, nicht aber unsere beiden Mädchen. Ich bin kein Mann, der in einer Beziehungskrise die Kinder vernachlässigt. Claudia und ich teilten während dieser zweijährigen Trennungsphase die Verantwortlichkeiten fair auf.

Ich hatte die Vorstellung, dass ich mich als Single viel wohler fühlen würde, als es tatsächlich der Fall war. Bis auf unregelmäßige Besuche in meiner kleinen Stammkneipe, zog ich mich völlig zurück, war nur im Büro oder zu Hause. Richtig schlimm wurde es für mich, als Claudia nach einigen Monaten einen anderen Mann kennenlernte. Ich bin ausgeflippt, sie hat mir so gefehlt, das war schrecklich. Sie mit einem anderen zu sehen, hat mich richtig verletzt. Es fällt mir schwer, offen mit meinen Gefühlen umzugehen. Sitze ich aber allein vor dem Fernseher, kann ich bei einer Romantikschmonzette Tränen vergießen. Die Liebe macht mich angreifbar. Es kostete mich Überwindung, Claudia in dieser schwierigen Situation wieder meine starken Gefühle und Zuneigung zu zeigen, und ich überließ schließlich ihr die Entscheidung in Bezug auf unsere Zukunft als Paar und als Familie.

Am Ende sind wir beide jedoch gestärkt aus dieser Krise hervorgegangen und haben aus ihr gelernt. Heute sind wir als Paar krisenfester, stehen nicht mehr so unter Strom, kämpfen weniger miteinander. Wir sind beide ruhiger und gelassener geworden. Für uns ist heute vieles leichter, seit die Kinder im Internat gut betreut und gefördert werden. Einmal pro Jahr werden wir jetzt für vierzehn Tage gemeinsam verreisen und uns nur Zeit für uns zwei nehmen. Wir wollen die zweite Chance unserer Liebe nicht wieder verspielen.

Meine Frau hat sich in der Trennungsphase verändert. Für die Pflege der Mädchen wollte sie in all den Jahren nie

Hilfe annehmen, weder ein Au-pair noch andere Unterstützung, und das ging irgendwann einfach über ihre Kräfte. Unsere Liebe hat den harten Alltag überlebt, mit Kompromissbereitschaft, Kampfgeist, Ehrlichkeit, viel Vertrauen und Zuversicht. Wir schaffen es mit Sicherheit, gemeinsam alt zu werden.

Jetzt ist alles stimmig zwischen uns, und im Sommer wollen wir heiraten. Mit der Hochzeit wollen wir allen demonstrieren, seht her, wir haben es geschafft. Es ist eine Bestätigung für unser Miteinander und läutet eine neue Ära ein, nachdem wir zwanzig Jahre lang um unsere Liebe gekämpft haben.

CLAUDIA NEIDL

In den ersten Monaten unserer Bekanntschaft konnte ich Rajko nicht besonders leiden. Vieles an seinem Verhalten fand ich kindisch, er lebte einfach in den Tag hinein. »Hier bin ich, mal sehen, was das Leben mir so bringt«, schien seine Devise zu sein. Das ließ mich anfangs zögern, überhaupt eine Beziehung mit ihm einzugehen. Zukunftsplanung war ihm nicht wichtig. Ich hingegen weiß genau, wohin ich will, und setze für meine Ziele alle Hebel in Bewegung. Andererseits war Rajko lebenslustig, beinahe lebensgierig, das hat mir imponiert, und so kamen wir uns näher.

Gleich zu Beginn unserer Freundschaft zog er für drei Monate nach Spanien. Als er zurück nach Deutschland kam, war ich mir sicher, dass er der perfekte Mann für mich ist. Wir zogen relativ zügig in Frankfurt zusammen, und beim Abschluss unseres Abiturs waren wir schon ein Paar.

Kinder hatten zuvor in meiner Lebensplanung nie eine Rolle gespielt. Nach dem Abitur wollte ich eigentlich

Medizin studieren und für »Ärzte ohne Grenzen« arbeiten, doch dieser Traum erfüllte sich leider nicht. Rajko hatte sich immer Kinder gewünscht, und da alle meine Freundinnen auch Kinder wollten, konnte es so schlecht nicht sein, folgerte ich. Aber als mein Frauenarzt mir sechs Jahre nach dem Beginn unserer Beziehung zur ersten Schwangerschaft gratulierte, war mein Gefühl: So, Claudia, jetzt ist dein Leben vorbei. Ich verspürte plötzlich Angst vor der lebenslangen Verantwortung.

Mit der Geburt unserer Töchter änderte sich unsere Beziehung tatsächlich, wenn auch anders, als erwartet. Bei beiden Töchtern erfuhren wir im Alter von fünf Monaten, dass sie nie gesund sein würden. Chromosomaler Defekt lautete die Diagnose, beide haben ein kleines Häkchen zuviel an einem Chromosom. Eine hundertprozentige Erklärung können uns die Ärzte bis heute nicht geben, denn die Krankheit ist noch so unbekannt, dass sie nicht einmal einen Namen hat. Das war eine große Prüfung für unsere Beziehung. Doch ein Schock war die Diagnose für mich damals nicht, denn ich hatte noch vor dem Kinderarzt bemerkt, dass etwas im Verhalten der Kleinen nicht stimmte. Das war reiner Mutterinstinkt. »Ihr Kind wird nie laufen, normal essen können, stellen sie sich auf Sondennahrung ein«, so lautete die Prognose des Kinderarztes für die weitere Entwicklung. Zum Glück ist nichts davon eingetroffen. Ich habe an meine eigenen Kräfte geglaubt, wollte die Diagnose der Ärzte nicht hinnehmen und ging mit den Mädchen zur Schwimm-, Ergo- und Logotherapeutin. Die Jüngere sitzt im Rollstuhl, die Große läuft, seit sie zwei Jahre alt ist. Sie isst allein, kann sich selbstständig anziehen und macht vieles, was auch andere vierzehnjährige Mädchen gern unternehmen. Verständigen tut sie sich mit Handzeichen.

Als die Kinder noch klein waren, blieb kaum Zeit und Raum für unsere Beziehung, sie rückte immer mehr in den

Hintergrund. Obwohl ich in dieser Phase keine Erwartungen an Rajko stellte, unterstütze er mich, wo er nur konnte. Ich investierte alle Kraft in die Mädchen, und zusätzlich war ich noch berufstätig. Zukunftsplanung, wie sie für andere Familien selbstverständlich ist, gab es für uns nicht, dennoch wollten wir soviel Normalität wie möglich leben. Obwohl die Kinder auffielen, nahmen wir sie mit in Restaurants, auch heute gehe ich mit der Älteren gern shoppen und Kaffee trinken.

Mein Mann und ich waren trotz unserer schwierigen Familiensituation nach außen immer stark, aber natürlich hatte ich auch meine kleinen Zusammenbrüche. Rajko hat meine Verzweiflung nicht immer mitbekommen, er stand ja selbst in seinem Job unter großer Anspannung. Ich wollte ihn schonen, ihm keine Sorgen bereiten und die Familie zusammenhalten. Wären wir gleich zu Beginn unserer Beziehung mit der Schwangerschaft und der Krankheit der Kinder konfrontiert worden, ich bin mir sicher, wir wären gescheitert und hätten nicht die Stärke besessen, dem Druck standzuhalten. So waren wir als Paar bereits gefestigt, als wir uns dieser Aufgabe stellen mussten. Ich bin stolz, dass wir so viele Hindernisse gemeistert haben.

Wir haben großes Vertrauen und Respekt füreinander, lassen uns Freiräume. Seit zwei Jahren bin ich nicht mehr berufstätig, nehme mir Zeit für meine Hobbys, Reiten, Lesen und Freundinnen treffen. Ich brauche diese Auszeiten. Eigene Interessen in einer Partnerschaft zu leben ist wichtig, und Rajko fehlt die innere Ruhe, um mit mir ins Theater zu gehen, das mache ich dann lieber allein oder mit einer Freundin.

Ich kenne Rajko inzwischen in- und auswendig und weiß, wann es anfängt, zwischen uns zu brodeln. Grundsätzlich bin ich die Temperamentvollere von uns beiden, bei mir fliegen auch schon mal Teller durch die Küche. Mit zunehmendem Alter und nach vielen Auseinandersetzungen kehrte jedoch eine gewisse Ruhe und Gelassenheit ein.

Seit einigen Monaten sind die Mädchen nun in einem Internat. Meine Dünnhäutigkeit und mein zunehmend desolater Gesundheitszustand waren Anlass für uns, einen guten Internatsplatz für sie zu suchen. Sie fehlen mir, und ich fühle mich ein wenig um unseren Familienalltag betrogen. Für Eltern gibt es sicherlich niemals den richtigen Zeitpunkt, sich von den Kindern zu trennen, das war bei uns nicht anders, aber wir stritten uns immer häufiger, denn ich erwartete von Rajko nun doppelten Einsatz, sowohl im Büro als auch für die Familie, wenn ich mal wieder wegen Erschöpfung ausfiel. Bei den geringsten Kleinigkeiten gingen wir beide an die Decke. Ich war in dieser Zeit sehr eifersüchtig, das hatte mit Verlustängsten und zu wenig Selbstwertgefühl zu tun. Für Sexualität und Zärtlichkeit blieb kaum noch Raum, und tagsüber wurde ich von den Kindern aufgesogen. Rajko fühlte sich bestimmt häufig ungeliebt. Für mich wurde mein Beruf als Fitnesstrainerin zum Strohhalm. Oft gab es bei mir den Punkt, an dem ich dachte, ohne Rajko wäre alles einfacher, ohne ihn käme ich besser mit der Kraftanstrengung im Alltag klar. Aber ich habe nie gewagt, den Schlussstrich unter unsere Beziehung zu ziehen, ich hoffte, es sei eine Ausnahmesituation, die sich auch wieder entspannt. Ich bin im Elternhaus zur Disziplin erzogen worden, sonst hätte ich die letzten fünfzehn Jahre bestimmt nicht durchgestanden. Meine Haltung lautete damals, du zerbrichst an dieser Anspannung, oder du krempelst die Ärmel hoch und machst das Beste aus der Situation. Ich habe mich für den zweiten Weg entschieden.

2005 war Rajkos Grenze erreicht, er wollte die Trennung. Er konnte die privaten und beruflichen Belastungen nicht mehr auffangen und zog die Notbremse. Wir zerrieben uns im Alltag wegen Nichtigkeiten, wie das Herausbringen des Mülleimers oder die nicht ausgeräumte Spülmaschine. Wir haben einander nicht mehr geachtet, nicht mehr gefühlt. Kommunikation fand, wenn überhaupt, nur noch schreiend statt. Als Rajko mir ganz nüchtern mitteilte, es sei Schluss, so ginge es nicht weiter, war das der absolute Schock für mich. Nun hatte ich auch noch das Gefühl, an der Beziehungsfront versagt zu haben. Ich sah mich mit zwei behinderten Töchtern und einem Job vor einem unbezwingbaren Berg von Problemen. Wie sollte ich das alles allein schaffen? Komischerweise ging alles viel einfacher, als gedacht. Rajko und ich versuchten uns in dieser zweijährigen Trennungsphase wenig zu sehen. Nachdem ich das Ende der Beziehung nicht mehr als Vertrauensbruch empfand, funktionierten unsere Absprachen und die Kommunikation über die Kinder sehr gut. Für Rajko war es hart zu verkraften, dass ich in dieser Zeit einen neuen Partner hatte. Irgendwann begannen Rajko und ich dennoch wieder, uns zum Essen zu verabreden, wir arbeiteten beide an uns und ließen die erneute Annäherung erst mal auf uns zukommen. Abends saßen wir mit einem Glas Rotwein auf dem Balkon oder machten einen Spaziergang in unserem Viertel. Ich bleibe in Krisen heute ruhiger, und Rajko macht bei Problemen nicht gleich einen Rückzieher. Das haben wir gelernt.

Heute ist er an meiner Seite, ich kann mich voll auf ihn verlassen. Nach dem Umzug der Mädchen ins Internat hatte ich Angst vor dem Zusammenleben mit Rajko, mir war nicht klar, wie viel wir uns nach dem Auszug der beiden Kinder noch zu sagen hätten.

Nach unserem Neustart hat sich viel bei uns geändert, das war aber auch eine Bedingung meinerseits. Weiterzumachen, als wäre nichts gewesen, das hätte auf keinen Fall funktioniert. Die zweijährige Trennung hat mir sogar eine neue Sicherheit gegeben. Ich weiß, ich schaffe alles im

Leben, egal wie schlimm es wird. Es gibt keine Situation, die ich nicht meistern kann. Der gegenseitige Respekt ist zurück, ebenso die Erotik. Wir haben die Liebe wieder wach geküsst und das negative Denken aus unseren Köpfen verbannt. Ich bin spontaner, nicht mehr eifersüchtig und nehme nicht mehr alles so ernst. Den anderen mit seinen Eigenarten sein zu lassen, wie er ist, scheint unser Erfolgsrezept zu sein.

Jetzt läuft es so wunderbar mit uns beiden, dass wir Heiratspläne schmieden. Rajko hat mir schon damals, nach nur zwei Monaten Beziehung, einen Antrag gemacht, den habe ich abgelehnt. Der zweite Antrag kam, als unsere Mädchen auf der Welt waren und ging im Alltag irgendwie unter. Ein Jahr vor meinem vierzigsten Geburtstag nahm ich mir vor, bis vierzig unter der Haube zu sein. Für diesen Sommer haben wir endlich ein großes Fest, mit einem freien Theologen, Musik aus der Zeit unseres Kennenlernens und einem Eheversprechen geplant. Unsere Beziehung hat sich durch die bevorstehende Hochzeit noch einmal intensiviert. Die Kinder und ich werden Rajkos Namen annehmen. So war die Reise unserer Liebe in den letzten zwanzig Jahren richtig aufregend.

Zugeständnisse gehören
zu einer guten Partnerschaft

Johann Lafer (51), seit 1985 Deutschlands beliebtester Fernsehkoch, unterhält gemeinsam mit seiner Frau Silvia Buchholz-Lafer (50) die Sternerestaurants »Le Val d'Or« und »Stromburg«. Das Unternehmer-Paar ist seit 1990 verheiratet und hat zwei Kinder im Alter von sieben und dreizehn Jahren.

JOHANN LAFER

Unsere Beziehung ist so spannend, weil Silvia und ich die gleichen Ziele verfolgen. Wir wollen beide den Tag vernünftig gestalten, ausreichend Zeit für unsere Kinder haben und unser Leben gefühlvoll meistern. Die Hauptrolle in unserem Alltag spielt neben der Familie eindeutig der Beruf.

Wir lernten uns 1983 kennen, ich war auf der Suche nach einer neuen Wirkungsstätte als Koch. Unser erster telefonischer Kontakt war außergewöhnlich, schon da war die Stimmung deutlich gefühlvoller als sonst mit potentiellen Arbeitgebern beim Vorstellungsgespräch. Das Gourmetrestaurant, das Silvia drei Jahre zuvor in einer ehemaligen Weinstube eröffnet hatte, bot mir das Umfeld, die Größe und den Kundenstamm, um meine Fähigkeiten optimal zu entfalten. Dass ich hier später auch ein privates Zuhause finden würde, zeichnete sich zu Beginn unserer Zusammenarbeit natürlich nicht ab. Zunächst mussten wir die richtige Aufgabenverteilung lernen. Im Laufe der Zeit verstanden wir, dass wir nicht alles gemeinsam umsetzen und bestimmen können. Silvia ist zuständig für die Geschäftsführung der beiden Restaurants und des Hotels, ich setze meine Philosophie zum Thema Kochen in der Küche um. So gibt es heute, trotz der großen Zahl von Mitarbeitern, nur wenig Diskrepanzen zwischen uns, und alles läuft glatt. Unser Feintuning in den Absprachen ist in den Jahren immer besser geworden. Wir haben Regeln aufgestellt, die für uns beide zu einer wichtigen Grundlage geworden sind: gegenseitige Akzeptanz der Kompetenzen, funktionierende Kommunikation und niemals Auseinandersetzungen vor den Mitarbeitern austragen. Diese Absprachen sind wichtig in einer Ehe, in der Beruf und Privatleben Hand in Hand gehen. Es funktioniert bestens, und wir nehmen beide nur wenig Ärger mit nach Hause.

Für den Erfolg braucht man erfolgreich denkende Menschen. Silvia hat einen enormen Anteil daran. Ihr Können, ihr Ehrgeiz und unsere vertrauensvolle Zusammenarbeit spielen dabei eine große Rolle. Ich kann mich hundertprozentig auf ihr Urteil verlassen. Wenn sie mir sagt, dass der Gast wirklich zufrieden war, weiß ich genau, dass sie mich nicht nur lobt, weil sie ihre Ruhe haben will. Silvia ist meinen Kochkünsten gegenüber sehr ehrlich. Wir lieben es, Gastgeber zu sein, sind bereit, zu dienen und alles zu geben, damit der Gast sich wohl fühlt. Unser Leben ist zwar turbulent und anstrengend, aber wir haben es genau so gewollt. Alles ist durch unsere gemeinsame Arbeit gewachsen.

Silvia ist mein Beruf mit seinen unattraktiven Arbeitszeiten zum Glück nicht fremd. Fast würde ich behaupten, dass meine Ehe durch meine Arbeit als »Fernsehkoch« und die damit einhergehende Popularität besser geworden ist. Silvia ist mir gegenüber immer offen und ehrlich. Sie bietet mir einen wichtigen Rückhalt, denn im Fernsehumfeld werden alle mit dem steigenden Erfolg immer euphorischer und der eigentlichen Leistung gegenüber oft unkritisch. Applaus und Zustimmung können dazu führen, dass man die Verhältnismäßigkeit verliert und in alle möglichen Sphären abtreibt. Mit meiner Frau habe ich jemanden an meiner Seite, der mich immer im richtigen Moment auf den Boden der Tatsachen zurückholt.

Jeder denkt vielleicht nach ein paar Ehejahren, es geht in der Partnerschaft nicht mehr so weiter, wie man es sich wünscht. Da muss man stark bleiben und darf das Geschaffene nicht leichtfertig zerstören oder aufs Spiel setzen. Ich stelle mir regelmäßig die Frage, bin ich glücklich? Bin ich zufrieden mit meinem Leben? Niemand kann sich eine Beziehung schön reden, wenn es nicht mehr schön miteinander ist und man nicht gern nach Hause kommt. Probleme oder ein Nebenschauplatz mit einer Geliebten können zu einem Schwelbrand führen, und das ist immer tödlich für die Liebe. Standhaftigkeit bei der Vielzahl der Angebote weiblicher Fans funktioniert nur, wenn man in sich ruht und mit seiner Beziehung zufrieden ist. Silvia und ich flirten ganz gern mal mit anderen, das macht doch einen Teil der Lebensfreude aus, man muss nur wissen, wo man aufhört.

Wir haben lange überlegt, ob wir beide heiraten sollen, nicht weil ich Silvia nicht heiraten wollte, aber ich sah keine Notwendigkeit. Wir lebten bereits seit sieben Jahren zusammen, unser Verhältnis hat sich im Alltag bestens bewährt, warum also eine Hochzeit? Doch 1988 habe ich das Gourmetrestaurant, inklusive aller Verbindlichkeiten, ihren Eltern abgekauft, das war mir wichtig. Ich wollte bei den Schwiegereltern nie den Eindruck erwecken, ich wolle mich ins gemachte Nest setzen. Dann machte ich meiner heutigen Frau einen Antrag, und wir hatten zusammen mit der ganzen Familie ein sehr schönes Fest. Das Bekenntnis zu Silvia, in aller Konsequenz, war gut und richtig, aber an meinen Gefühlen zu ihr hat sich dadurch nichts geändert.

Natürlich hatten wir in unserer achtzehnjährigen Ehe auch Krisen. Ich hatte mich durch den schnellen Erfolg zeitweise ein wenig von der Realität entfernt, und meine Abgehobenheit belastete auch die Beziehung. In schweren Zeiten muss man miteinander reden, es hilft keinem, den Problemen auszuweichen. Meinungsverschiedenheiten sind wichtig, alles andere wäre langweilig. Wenn bis zur goldenen Hochzeit alles glatt läuft, kann man als Paar die Wirklichkeit doch gar nicht mehr einschätzen. Brächte mir meine Frau täglich das Frühstück ans Bett, würde ich wohl irgendwann nörgeln und nach noch etwas Besserem verlangen. Jeder hat die Tendenz, in Beziehungen mit der Zeit fordernder oder nachlässiger zu werden. Eine Frau muss der Familie auch mal die Klamotten vor die Füße werfen, damit man ihren Einsatz wieder zu schätzen weiß.

Ich bin im Sternzeichen Waage geboren. Wenn ich morgens aufstehe, habe ich das Ziel, einen harmonischen Tag zu verleben, möglichst ohne Ausschläge nach oben oder unten. Ich tue alles, um diese Harmonie zu erhalten. Ich rüge die Mitarbeiter nach einer richtig miesen Leistung nicht so sehr, wie es vielleicht nötig wäre, weil ich mir selbst den Tag nicht versauen will. Meiner Frau und mir will ich das Umfeld so gestalten, dass wir am Ende unseres Lebens sagen können, es hat Spaß gemacht.

Trotz meines ganzen Erfolges kenne ich auch Zeiten, in denen mir die Lebensfreude abhanden gekommen ist. Im Dezember letzten Jahres stand ich kurz vor einem Burnout. Doch kaum jemand aus meinem Umfeld glaubte mir. Wenn ich sagte: »Ich kann nicht mehr, ich will nicht mehr, ich fühle mich total erschöpft«, hieß es, »stell dich nicht so an, so schlimm ist es doch nicht, genieße deine Popularität«. Doch ich empfand keine Freude mehr an meinem Beruf und am Erfolg. Erst nachdem ich mit regelmäßigem Fitnesstraining begann und meine mentale Haltung veränderte, gelang es mir, aus diesem Loch herauszuklettern. Jetzt will ich in meiner Beziehung zu Silvia nur noch schöne Tage erleben, uns immer wieder Gutes tun. Im

Alltagstrott funktioniert man sonst schnell nur noch wie eine Maschine. Ich reagiere sehr sensibel auf Druck und gebe ihn dann leider schnell an Silvia weiter. Es heißt ja oft, der Lafer mache alles für Geld, aber mir nimmt ja auch keiner die Verbindlichkeiten gegenüber der Bank ab. Nachdem wir vor dreizehn Jahren die Stromburg gekauft hatten, um sie zu Hotel und Restaurant umzubauen, war die finanzielle Last manchmal unerträglich. Ich machte dafür meine Frau verantwortlich, die sich sehr für das Projekt eingesetzt hatte. Die Anspannung, ob wir jemals alles würden zurückzahlen können, beeinträchtigte mein Wohlbefinden sehr. Daher war es wie ein Wahn für mich, mich von diesen Verpflichtungen zu befreien. Ich wollte endlich wieder souverän mit meiner Frau und den Kindern umgehen können. Heute muss ich bei Silvia Abbitte leisten, denn alles ist ja gut gegangen.

Ich zeige öffentlich wenig Gefühl und gelte eher als konservativ und zurückhaltend. Doch meine Frau spürt meine Wertschätzung, Zuneigung und Wärme. Ich kann ja schlecht mit ihr vierzig bis fünfzig Jahre meines Lebens verbringen und nicht über meine Empfindungen sprechen. Vor einigen Jahren haben wir uns beide von einem Therapeuten beraten lassen, um einen offeneren Umgang miteinander zu erreichen. Durch die Beziehung zu Silvia habe ich gelernt, konsequenter und klarer in der Umsetzung meiner Pläne zu werden. Sie hat mich die Kommunikation mit den Gästen gelehrt und wie ich als Gastgeber eine gute Atmosphäre erzeuge. Auch in Bezug auf unsere Kinder hat sie mir klargemacht, dass ich mich mit ihnen richtig beschäftigen muss und nicht, wie Männer es oft tun, nur so nebenbei. Die Kinder sind für mich das Größte, genießen unsere ganze Liebe.

Wenn ich Silvia eine Freude bereiten möchte, tue ich das selten mit materiellen Dingen, das interessiert sie wenig. Mit vielen Kleinigkeiten, zum Beispiel wenn ich mittags die Kinder von der Schule abhole oder zur Abwechslung das Bad mal ordentlich verlasse, mache ich ihr eine weitaus größere Freude.

Meine Frau überrascht mich nach all den Jahren noch immer gern. Ich wurde in diesem Jahr als Laudator zum Deutschen Fernsehpreis eingeladen, dachte jedoch keine Sekunde daran, was ich zur Preisverleihung anziehen würde. Silvia entdeckte auf einer Modenschau einen Schneider, ließ ihn, als Überraschung, zum Maßnehmen kommen und schenkte mir den Anzug für die Rede, darüber habe ich mich sehr gefreut.

Nachdem Silvia und ich eine intensive berufliche Aufbauphase hatten, genießen wir nun sehr erfolgreiche schöne Jahre miteinander. Jetzt ist es unsere wichtigste Aufgabe, den Kindern durch eine gute Ausbildung die Voraussetzungen zu geben, dass sie ihr Leben später selbst gut meistern.

Ich habe das große Glück, in meiner Frau die Partnerin gefunden zu haben, die ich brauchte: die Risiken und Engagement mit mir teilt. Klar, manchmal nervt sie mich auch, zum Beispiel wenn ich das Gefühl habe, dass sie zu lange für eine bestimmte Entscheidung braucht. Ich bin dann ungeduldig und vergesse oft, dass sie sich auch noch um so viele andere Dinge kümmern muss.

Obwohl wir so intensiv zusammenarbeiten, sind wir zum Glück nicht vierundzwanzig Stunden, sieben Tage die Woche zusammen, da würde die Partnerschaft wohl doch abstumpfen. Was ich in einem Monat erlebe, erleben andere nicht in fünf Jahren: all die Engagements, Auftritte, Fernsehaufzeichnungen und die Kontakte zu Prominenten. Hätte ich weiter nur in unserem Restaurant in Guldental gekocht und Silvia serviert, wäre das auf Dauer sicher schwierig mit der Partnerschaft geworden, so genießen wir beide die Abwechslung. Ich will das Unternehmen so führen, dass ich mit siebzig nicht zitternd am

Herd stehen muss, hoffend, dass eines der beiden Kinder unsere Firma übernimmt. In unserem Lebensabend wollen wir einen Teil des Jahres in der Steiermark verbringen. Von der Region bin ich in meiner Kindheit geprägt worden, dorthin will ich im Alter mit meiner Frau zurückkehren. Vielleicht aber auch auf eine Insel in Asien ...

Silvia Buchholz-Lafer

1983 suchte ich für mein kleines französisches Gourmetrestaurant »Le Val d'Or« in Guldental einen neuen Koch. Ich wollte jemand ganz Besonderen, schließlich besaß mein Restaurant nach nur einem Jahr bereits einen Stern, und die ersten guten Artikel waren über uns erschienen. Um drei Ecken bekam ich Kontakt zu Johann Lafer. Er stellte schon bei unserem ersten Telefonat hohe Forderungen, dann flog er ein und wollte sich das Haus erst einmal anschauen. Ich fuhr zum Frankfurter Flughafen, um ihn abzuholen. Als Erkennungszeichen nannte er mir nur seine schwarzen Augen und ich ihm meine roten Haare. Trotzdem erkannten wir uns gleich auf der Rolltreppe.

Johann nahm die Stelle in meinem Restaurant an, wollte mir in der Anfangsphase aber gleich das Heft aus der Hand nehmen, was ich als Inhaberin natürlich nicht zuließ. Im ersten halben Jahr der Zusammenarbeit, als wir noch kein Paar waren, spürte ich in seiner Nähe eine große Sympathie, aber durchaus auch Unmut über seine Anmaßung. Um die Spannungen in einem offenen Gespräch zu bereinigen, gingen wir miteinander essen. Bei diesem Treffen funkte es.

Ich mag Menschen, die einen großen Idealismus im Berufsleben an den Tag legen. Johann ist spontan und dennoch in seiner Arbeit äußerst präzise, beides gefiel mir. In unserem Restaurant in Guldental, das nur 30–35 Sitzplätze hat, fand er die idealen Arbeitsbedingungen. Neben seinem Handwerk und den guten Produkten konnten hier endlich sein Talent und seine Kochkunst erstrahlen.

Wir arbeiteten Tag und Nacht, er in der Küche, ich im Service und nachts oft im Büro. Bis unsere Kinder geboren wurden, habe ich von der Außenwelt kaum noch etwas mitbekommen. Unser wichtigstes Ziel war es, den Laden ganz nach vorn zu bringen. Kämen wir aus unterschiedlichen beruflichen Branchen, wäre ein solcher Arbeitseinsatz gar nicht möglich gewesen, kein anderer Partner würde dafür Verständnis aufbringen. Bei Johann und mir ist neben Vertrauen und Verständnis füreinander der Beruf aber die Basis unserer Beziehung. Die Geburt unserer Tochter und unseres Sohnes haben unseren Alltag natürlich entscheidend verändert. Johann und ich haben uns immer Kinder gewünscht und waren glücklich, als sie da waren.

Pausen von den Kindern brauche ich nicht, jede freie Minute gehört ihnen und der Familie. Sie machen unser Leben vollkommener. Da wir auch an Wochenenden und Feiertagen im Einsatz sind, hat der lange Jahresurlaub mit der ganzen Familie für uns eine sehr große Bedeutung.

Unseren gemeinsamen Alltag empfinde ich nicht als Routine, auch wenn er mir nicht viel Spielraum lässt. Um sechs Uhr morgens stehe ich auf, hole die Brötchen, anschließend gibt es ein gemeinsames Familienfrühstück, dann folgen Bürozeit in der Stromburg, am frühen Nachmittag dann, Kochen und Mittagessen mit den Kindern, Hausaufgabenkontrolle, und abends bin ich wieder im Einsatz im Restaurant. Johann und ich verstehen uns in der knappen verbleibenden Zeit oft ohne Worte, das setzt ein tiefes Verständnis füreinander voraus. Gibt es dennoch Missverständnisse zwischen uns, muss ich reden, ansonsten platze ich.

Johann lief früher bei Problemen lange schweigend herum, heute hat er gelernt, auch mal zu poltern und die

Dinge auszusprechen, die ihn belasten. Für mich ist das sehr wichtig, damit ich weiß, woran ich bin. Zuzuhören und hinter seinen Worten mögliche Ängste, Sorgen, Zweifel zu erkennen bedeutet mir sehr viel. Jeder von uns hat doch Phasen, in denen er die Hilfe des Partners braucht. Ich war zum Beispiel eine Zeitlang völlig ausgebrannt. Die Geburt unserer ältesten Tochter fiel zusammen mit der Eröffnung der Stromburg. Dem waren monatelange Umbaumaßnahmen vorausgegangen. Wir hatten enorme finanzielle Verpflichtungen, Johann hatte Existenzängste und gab diesen Druck an mich weiter. Ich fühlte mich schuldig, weil ich die Idee zu dem Großprojekt des Restaurant- und Hotelbetriebs auf der Stromburg vorangetrieben hatte. Mir wurde das alles zuviel, ich brauchte eine völlige Auszeit vom Job, Abstand von Johann und den Anforderungen, die permanent an mich gestellt wurden. Ich ging in eine Klinik, holte mir Hilfe, tankte Kraft und erholte mich. Zum Glück ist alles gut gegangen, die Stromburg ist heute eine Erfolgsstory.

Kleine Liebeszettelchen schreibe ich ihm nicht mehr, und das Basteln von Adventskalendern unterlasse ich auch, denn mein Mann hat vieles, nur keinen Sinn für Romantik. Er ist unternehmungslustig, spontan, und es macht ihm Freude, Kleidung für mich einzukaufen, denn ich bin eher ein Shoppingmuffel. Zugeständnisse gehören für mich zu einer guten Partnerschaft. So begleite ich ihn ab und zu auf seinen Hubschrauberflügen oder ins Fußballstadion, auch wenn das nicht unbedingt meine Interessen sind und ich seit der Geburt meiner Kinder sogar ein wenig Angst vor dem Fliegen habe. Wenn ich dann dabei bin, macht mir aber Freude, Johann in seiner ohnehin knapp bemessenen Freizeit glücklich zu sehen.

Ohne Johann unternehme ich kaum etwas, weil die Zeit dafür nicht reicht. Gern würde ich wieder mehr tanzen oder musizieren, aber die beruflichen Verpflichtungen lassen ein regelmäßiges Training leider nicht zu. Zwei Aufgaben nehme ich dennoch mit großer Freude wahr, zum einen bin ich Gründungspräsidentin unseres örtlichen Rotary-Clubs und deutsche Delegierte im Verwaltungsrat der Hotelvereinigung Relais & Châteaux. Hier begegne ich Menschen einmal nicht auf Ebene Gast und Gastgeber. Mein Engagement ist manchmal ein Streitpunkt zwischen uns, es stört Johann wohl, dass ich diese Zeit nicht in unser Unternehmen investiere. Ich vermute aber auch, dass ich möglichst keine anderen »Götter« neben meinem Johann haben soll.

Über offene Zahnpastatuben gibt es bei uns nie Streit, darüber gehe ich mit einem Lächeln hinweg. Johann hat aber einen gewissen Hang zum Messie-Syndrom, seine Lager stehen mit unzähligen Küchenutensilien voll, und über seine Schuhe muss ich mit Stelzen steigen. Aber kleine Macken hat doch jeder von uns, das ist doch sympathisch. Johann aktiviert zum Beispiel mindestens drei Leute in seinem Umfeld, wenn es etwas zu erledigen gibt. Wir werfen uns dann alle für ihn ins Zeug, und am Ende erledigt er es selbst. Deshalb warte ich nun erst einmal ab, bevor wir alle gleichzeitig handeln.

1990 heirateten wir, und was damals auf unserer Hochzeitseinladung stand, gilt für uns noch heute: Es genügt nicht, einander liebend anzuschauen, man muss auch in die gleiche Richtung blicken. (Antoine de Saint-Exupéry). So regt man sich nicht über Kleinigkeiten auf, sondern kämpft mit viel Liebe, Toleranz und Verständnis für ein großes Ganzes im Privatleben wie auch im Beruf. Eigentlich will Johann immer gefragt und gebeten werden, doch als es um die Hochzeit ging, musste er Farbe bekennen und bei meinen Eltern um meine Hand anhalten.

Eines unserer Glücksgeheimnisse ist der Mangel an Routine. Es wird nie langweilig, mit Johann entdecke ich die Welt jeden Tag neu.

Die Stasi stahl unsere Liebe,
mein kleines Stückchen Freiheit

*Regina Albrecht (59), Ingenieurin, lernte in den späten
sechziger Jahren in Ost-Berlin den West-Berliner
Studenten Eckhard kennen. Jahrelang war das Paar durch
den Eisernen Vorhang getrennt, bis Regina Albrecht aus
Liebe und mit Hilfe ihres späteren Mannes 1971
Republikflucht beging. Eckard Albrecht (65), Richter a. D.,
und Regina Albrecht sind seit 36 Jahren verheiratet
und haben drei Söhne.*

REGINA ALBRECHT

Ich lernte Eckard im Sommer 1967 kennen. Er war mit
seiner Mutter, die bei uns an einem Klassentreffen teilneh-
men wollte, aus dem Westen angereist. Unsere Väter waren in Ost-Berlin gemeinsam zur Schule gegangen, die
Familien kannten sich. In seinem sauberen weißen Hemd
hielt ich ihn für ein bisschen spießig. Ich war damals siebzehn und schwärmte eher für die Beatles und den Schauspieler Thomas Fritsch. Eckard jedoch war alles andere als
ein Beatlestyp. Ich hatte noch nie zuvor einen so adrett
gekleideten jungen Mann kennengelernt. Es war also
keine Liebe auf den ersten Blick, aber ich mochte seine
interessante Art, Dinge in Worte zu packen.

Da viele der ehemaligen Klassenkameraden meines
Vaters inzwischen im Westen lebten, wurde das Treffen als
Konfirmandenbegegnung in der Kirche getarnt. Die Teil-
nehmer der Begegnung saßen in meinen Augen viel zu
brav und bieder an der verstaubten Kaffeetafel, und ich
langweilte mich. Bei dieser ersten Begegnung hielt ich

Eckard für einen Angeber, denn er holte Dias von seinem Austauschjahr in den USA aus der Tasche und ließ uns, weil es keinen Projektor gab, die Bilder durch eine spezielle Lupe betrachten. Gleichzeitig war ich neidisch, dass er im Westen Reisefreiheit genoss und wir im Osten so begrenzt lebten. Mir war schon damals klar, dass der Staat, in dem ich lebte, mir solche Erlebnisse versperren würde. Das empfand ich als zutiefst ungerecht.

Ich absolvierte auf dem Klassentreffen den Anstandskaffee und ging mit Hilfe einer kleinen Notlüge nach nur einer Stunde, denn ich wollte mit meiner Freundin zum Tanzen.

Ich muss wohl Eindruck auf Eckard gemacht haben, denn er verabredete mit meinem Vater eine Führung durch den Ostteil der geteilten Stadt, um mich wiederzusehen. Ich sollte nämlich Stadtführerin sein. Zunächst war alles ganz harmlos, wir trafen uns zum Kaffee. Unsere Gespräche waren interessant, drehten sich um die Situation an der Freien Universität in West-Berlin, wo Eckard damals Jura studierte. Es übte einen enormen Reiz auf mich aus, dass Eckard schon so viel mehr erlebt hatte, als meine gleichaltrigen Freunde aus Ost-Berlin. Bei unserem vierten Wiedersehen gingen wir tanzen, und Eckard überraschte mich mit seinen Qualitäten auf dem Parkett. Bei diesem Mal funkte es. Er roch so angenehm, nicht nach Zigarettenrauch, das gefiel mir. Gedanken darüber, ob unsere Liaison für ihn oder mich Gefahren bergen könnte, machten wir uns nicht. Wir trafen uns jetzt in zweiwöchigem Rhythmus in Ost-Berlin, unternahmen viel gemeinsam, machten Ausflüge zum Müggelsee. Für Eckard war die Anreise mit erheblichem Aufwand und, wegen des Zwangsumtauschs, auch mit Kosten verbunden. Jedes Mal um Mitternacht musste er pünktlich wieder an der Grenze sein. Sylvester 1967 durfte er – im Zimmer meines Bruders – zum ersten Mal bei uns übernachten. Wir beide waren aber nie allein, meine Mutter passte auf wie ein Luchs. Wir tanzten in einer Bar Unter den Linden und feierten in meinen achtzehnten Geburtstag, der am 31. Dezember ist, hinein, und ich wünschte mir, dass diese Nacht niemals enden würde.

Langsam schlichen sich aber die ersten Fragen und Zweifel ein. Konnte sich unsere Liebe unter diesen Umständen weiterentwickeln? Welche Zukunft haben wir überhaupt? Es gab erste Hinweise, etwa geöffnete Briefe, dass wir bereits von der Staatssicherheit kontrolliert wurden. Wir waren also bei unseren Treffen niemals unbeobachtet. Wenn wir die Komische Oper besuchten, durch Ost-Berlin streiften, notierte die Stasi detailliert jede unserer Bewegungen. Sie hörten sogar unser Telefon ab. Glücklicherweise kannte mein Vater eine bestimmte Radiofrequenz, mit der man den Lauscher stören könnte.

An einem Donnerstagmorgen, ich war in meinem Magdeburger Studentenwohnheim gerade beim Zähneputzen, holte mich die Stasi ab. Von einer Minute auf die andere änderte sich mein Leben, nur, weil ich mich in einen Westdeutschen verliebt hatte.

Ich hatte große Angst, dass die Stasi mir unsere Liebe, mein kleines Stückchen Freiheit stahl. Bei meiner Verhaftung verspürte ich diesen Verlust geradezu physisch. Das Verhör im Untersuchungsgefängnis der Staatssicherheit war schlimm. Wie sollte ich mich verhalten? Ich wusste nur, dass ich mit keinem Wort den Wunsch, die DDR zu verlassen, zugeben durfte. Also tat ich ein wenig, als sei ich ein leichtlebiges Mädchen, das eben einen Freund im Westen hatte, aber genauso gern mit Männern aus Magdeburg zum Tanzen ausging. Ich wurde gezwungen, eine schriftliche Erklärung abzugeben, dass ich jeglichen Kontakt zu Eckard mit sofortiger Wirkung abbrechen würde. Ich fühlte mich wie abgestorben. Für Eckard galt nun ein Einreiseverbot für die gesamte DDR. Wie lange es dauern würde, wusste keiner von uns. Ich durfte meinerseits nicht einmal mehr in das befreundete sozialistische Ausland reisen. Von da an wurde ich ständig von der Staatssicherheit überwacht. Ich war mir sicher, dass ich Eckard nie wieder sehen würde. Noch in derselben Nacht schrieb ich einen Eilbrief an Eckard und schilderte ihm die Vorkommnisse.

Doch Eckard war clever und wagemutig genug zu wissen, dass man ihn in den nächsten vierundzwanzig Stunden noch nicht an der Grenze festhalten würde. In einem verschlüsselten Telefonat verabredeten wir uns an einem nur uns bekannten Treffpunkt in Ost-Berlin. So konnten wir, wenn auch unter größtem Zeitdruck, noch einmal miteinander sprechen, bevor er wieder über die Grenze musste. Er beschwor mich, besonnen und geduldig zu sein. Ohne ihn hätte ich diese Zeit nicht durchgestanden. Er war zwar nur sechs Jahre älter als ich, aber im Vergleich zu ihm war ich noch ein Kind.

Seit dem Verhör fühlte ich mich wie in einem dunklen Keller ohne Sonnenstrahlen. Drei Jahre lang haben wir uns weder geschrieben noch getroffen, damit die Stasi keinen weiteren Verdacht schöpft. Zur Tarnung knüpfte ich sogar in Magdeburg eine Beziehung zu einem jungen Mann an. Es war nicht leicht, aber heute denke ich, dass es gut war, weitere Erfahrungen mit anderen Männern zu sammeln. Doch Eckard konnte ich in der ganzen Zeit nicht vergessen. Zwei Jahre nach dem Verhör schwand meine Hoffnung auf ein Wiedersehen mit ihm.

Nach drei Jahren erhielt ich mit einem Brief von Eckard wieder das erste Lebenszeichen von ihm. Im Umschlag lag eine getrocknete rote Rose. Ich beendete sofort meine Beziehung mit jenem Magdeburger Studenten. Denn ich spürte, wenn ein paar Zeilen bei mir solches Herzklopfen hervorriefen, konnte nur der Verfasser der Richtige sein.

Meine Eltern hatten mir zum Abschluss meines Studiums eine Gruppenreise mit Jugendtourist nach Ungarn zum Plattensee geschenkt. Endlich konnte ich hier nach langer Trennung meinen Freund wiedersehen, aber es war wirklich keine entspannte Fahrt. In der Reisegruppe hätte sich ein Mitglied der Staatssicherheit befinden können, um mich weiterhin auszuspionieren. Als Vorsichtsmaßnahme passierten Eckard und ich an verschiedenen Tagen die Grenze und wohnten auch nicht im selben Hotel. Einen Tag vor dem mit Eckard vereinbarten Termin ging ich zum vereinbarten Treffpunkt, um mich zu orientieren. Zu meiner Überraschung war Eckard ebenfalls schon da, denn er hatte dasselbe vorgehabt. Blitz und Donner, Sonnenschein und Sturm wüteten in meinem Herzen, als ich ihn vor mir sah. Wir machten auf dem Absatz kehrt und rannten direkt durch die Lobby auf sein Zimmer. Uns war alles egal, mögliche Schwangerschaften oder die Staatssicherheit, es war ein Tsunami der Gefühle. Fernab der anderen DDR-Touristen und der Coupon-Restaurants aßen wir in kleinen Pinten, mitten in den ungarischen Weinbergen, nur dort konnten wir unbeobachtet verliebt sein. Jahre später, als ich meinen autobiographischen Roman »Nur noch 180 Meter: Liebe im Schatten der Mauer« schrieb, verwendete ich Eckards liebevolle Sammlung der Eintrittskarten, Restaurantrechnungen, Hotelprospekte und Fahrscheine von dieser Reise für meine Recherche.

Das Ende des Urlaubs war schrecklich. Ich wusste, ich musste zurück in die DDR. Eckard wollte unsere Trennung nicht mehr hinnehmen und erzählte mir von seiner Kontaktaufnahme zu einem Fluchthelfer. Er hatte davon gehört, dass es Möglichkeiten gab, durch Fluchttunnel unter der Mauer von Ost- nach West-Berlin zu gelangen. Das wurde unsere Hoffnung.

Doch zunächst einmal saß ich nach den Ferien als Ingenieurin bei den Berliner Wasserwerken und versuchte unauffällig meinem Alltag nachzugehen und einen klaren Kopf zu behalten. Es fiel mir schwer, mit den vier Frauen, mit denen ich mein Büro teilte, nicht ins Plaudern zu geraten oder mich anderweitig verdächtig zu machen. Eckards Schwester wurde meine einzige Informantin für alle Details der Flucht, die Eckard inzwischen plante. Selbst mit meinen Eltern sprach ich nicht darüber, doch sie spürten, was ich plante. Ihnen war klar, dass ich eines Tages plötzlich weg sein würde. Niemand hätte mich jetzt mehr bremsen können. Kurz vor Weihnachten 1970 spitzte sich die Lage zu, die Informationen lauteten immer, bald sei es soweit, aber was hieß bald? Endlich erhielt ich die Nachricht, dass ich mich für den 25. Februar 1971 startbereit halten sollte. Ich nahm ein paar Tage Urlaub und räumte mit meinem Vater verdächtige Westliteratur aus meinen Bücherschränken, um keinen zusätzlichen Zorn zu wecken, wenn die Stasi die Wohnung, nach meiner Flucht, auf den Kopf stellen würde. Meine Kalender und Eckards Briefe verbrannte ich, einige mir besonders wichtige Erinnerungsstücke vergrub ich in Mutters Keksdosen.

Die letzten Stunden vor der Flucht saß ich mit meiner Tante und meinem Vater in unserer Berliner Wohnung, wissend, dass meine Flucht ihnen später große Unannehmlichkeiten bereiten würde. Ich saß wie auf heißen Kohlen, und wir sprachen kein Wort. Meine Tante raschelte mit dem Papier der damals so kostbaren Karina-Schokolade, und wir sahen die Berliner Abendschau im Fernsehen. Plötzlich erstarrten wir vor Schreck. FLUCHT-TUNNEL ENTDECKT, lautete die Meldung. Vor Schreck aßen wir die gesamte Schokolade auf, und ich begann furchtbar zu heulen. Mein Vater flüsterte mir auf dem Balkon in scharfem Ton zu: «Du gehst heute Abend nicht mehr aus dem Haus.» Ich hatte solche Angst, dass man bei unserem Fluchthelfer eine Liste mit den Namen der Flüchtlinge finden würde und es nur eine Frage der Zeit wäre, bis die Stasi alle potentiellen Republikflüchtlinge aus ihren Wohnungen holte. Diese Nacht war der blanke Horror, ich fühlte mich so nackt, dem Staat und der Gefahr ungeschützt ausgeliefert. Doch nichts passierte, weder am nächsten Morgen noch am Tag darauf. Mein späterer Mann hatte klugerweise dafür gesorgt, dass mein Name nicht bekannt werden konnte.

Am Nachmittag kam Eckards Schwester nach Ost-Berlin und zeigte mir auf dem abhörsicheren Dach unseres Hauses die Artikel in der Westpresse über den Tunnelbau. Das Fluchtgeld, insgesamt fünftausend Mark, das sich Eckard und seine Schwester innerhalb von vierundzwanzig Stunden bei der Verwandtschaft geborgt hatten, war futsch. Am Montag ging ich ganz normal wieder zur Arbeit, und das Warten begann von vorn.

Ein paar Monate später stand Eckard ohne Ankündigung zur Abendbrotzeit vor unserer Wohnungstür. Er kam mir fast vor wie ein Geist. Es war so unwirklich, ihn leibhaftig vor mir zu sehen. Ich zerrte ihn auf den Dachboden und spürte, während wir uns umarmten, mehr Angst als Freude, denn meine Eltern hatten der Stasi gegenüber schriftlich versichern müssen, ihn nie wieder zu empfangen. Zwischen unseren hastigen Küssen flüsterte mir Eckard zu, dass der zweite Fluchtversuch bereits eingefädelt sei. Bis zu seiner Umsetzung könne jedoch bis zu einem Jahr vergehen.

Diesmal sollte ich eine Reise nach Rumänien buchen. Ich wusste zu diesem Zeitpunkt nicht, dass ich im umgebauten Tank eines Autos über die Grenze geschleust werden sollte. Meine Kleidung, der Treffpunkt mit dem Fluchthelfer und das Codewort waren genau vorgegeben. Da ich keine passende Kleidung trug, schwitzte ich mich bei fast zweiundvierzig Grad im rumänischen Kontinentalklima beinahe zu Tode. Jeden Tag lief ich wieder und wieder zu dem vereinbarten Treffpunkt. Ängstlich und unter Hochspannung, musste ich mir neue Ausreden ausdenken, um der Reisegruppe Alleingänge plausibel machen zu können. Dabei war ich immer in Sorge, in der Gruppe könnten Stasimitarbeiter sein. Der 13. Juli 1971, der letzte Tag der Reise, rückte näher, und ich war mit meinen Nerven langsam am Ende. Kurz vor Mitternacht ging unser Flug zurück nach Ostberlin, und ich wartete noch immer auf den Fluchthelfer, den ich trotz meiner Versuche nicht angetroffen hatte. Als er endlich vor mir stand, spulten wir eilig den vereinbarten Text herunter, ich folgte ihm in die Straßenbahn, legte mich schließlich auf den Boden eines beigefarbenen Sportwagens und verließ darin die Stadt. Ich war so froh, dass endlich etwas passierte und ich bald bei dem Mann sein würde, den ich liebte. Es dämmerte schon, als der Fluchthelfer mich unweit der rumänisch-jugoslawischen Grenze in dem umgebauten Tank des Autos versteckte. Ich durfte noch einen Schluck Wasser trinken und bekam die Anweisung, keinen Mucks von mir zu geben. Während der gesamten Fahrt löste ich im Kopf leichte Rechenaufgaben, um meine Angst unter Kontrolle zu bekommen. Es war entsetzlich in dem engen Verlies und roch widerwärtig nach Benzin. Als wir schließlich am Grenzübergang waren, nahm ich aus meinem Versteck jeden Schritt, jeden Atemzug der Grenzsoldaten und das Abklopfen des Wagens wahr. Es war mein Glück, dass sie keinen Hund im Einsatz hatten, der mich sofort gerochen hätte. Fünfzig Kilometer hinter der Grenze nahmen wir uns eine kleine Pension für die Nacht. Die Gemeindeämter in der Bundesrepublik stellten damals für Republikflüchtlinge Pässe zur Verfügung. In meinem Pass, den der Fluchthelfer besorgt hatte, fehlte noch ein gültiger Stempel. Deshalb musste ich vor dem letzten Grenzübergang nach Österreich wieder in den engen Tank kriechen. Auf dieser letzten Etappe hatte ich vor Angst eine regelrechte Bewusstseinsstörung, einen richtigen Black-out.

Als ich völlig erschöpft endlich aus dem Wagen stieg,

taumelte ich und fühlte den Boden unter meinen Füßen nicht mehr. Erst als sich der Fahrer des Fluchthelfers über mich beugte, wurde mir langsam klar, dass ich es geschafft hatte. Ich hielt mich an ihm fest, bis ich meine eigenen Kräfte wieder spürte.

Trotz der neu gewonnenen Freiheit übermannte mich erst einmal eine große Traurigkeit. Unsere Liebe und die Hoffnung auf ein neues Leben schienen in Anbetracht des hohen Preises, den ich bezahlen musste, zu verblassen. Schließlich hatte ich meine geliebten Eltern und meinen kleinen Bruder in der DDR zurücklassen müssen, um mein Glück mit Eckard genießen zu können. Wiedersehen konnte ich meine Familie nur aus nur 180 Meter Entfernung an der Bernauer Straße in Berlin. Es war entsetzlich, ein einziges Tränenmeer. Über die Mauer hinweg konnten wir uns zwar zuwinken, aber es war so demütigend und traurig zugleich. Angesichts dieser Umstände wäre mir ein abgehörtes Telefonat oder ein kontrollierter Brief sogar lieber gewesen. Mein Mann half mir in der ersten Zeit sehr, indem er großes Verständnis für mein Heimweh aufbrachte.

Ich musste Eckard gegenüber nie Dankbarkeit für seine Hilfe zu meiner Flucht zollen. Es war mir wichtig, dass ich jeden Pfennig der Schulden, die er für meine Flucht gemacht hatte, selbst nach vielen Überstunden in meinem neuen Job nach nur anderthalb Jahren zurückgezahlt habe. Das war meine Bedingung. Ich wollte Eckard nicht heiraten, bevor alles beglichen war. Eine gekaufte Braut zu sein, das hätte mein Stolz nicht zugelassen.

Ich fing bei null an, trug gebrauchte Kleidung aus dem Altkleidersack oder von Eckards Schwester und richtete mein Zimmer mit Möbeln vom Sperrmüll ein. Eine schnelle Hochzeit mit Eckard kam für mich nicht in Frage, schließlich kannten wir uns noch gar nicht richtig. Bis dato hatten wir eine Urlaubs- und Wochenendliebe gelebt, woher sollten wir wissen, ob wir zwei im Alltag harmonierten? Ich wollte arbeiten, nicht zu früh Kinder bekommen und erst mal meine Schulden abbezahlen, auch wenn für meinen späteren Schwiegervater mein Verhalten ein absolutes Novum war. So eine selbstbewusste Frau hatte er offenbar noch nicht kennengelernt.

Wir haben uns damals der Situation ganz bewusst gestellt. Hätte unser Zusammenleben nicht funktioniert, hätte der andere nicht bleiben müssen.

Zum Glück war das Gegenteil der Fall. Nach drei Monaten war uns beiden klar, es ist die große Liebe. Wir heirateten in der altehrwürdigen Stiftskirche in Bad Gandersheim im Harz. Mit einer Sonderregelung konnten meine Großmutter und sogar meine Mutter dabei sein. Es wurde ein wunderschönes Hochzeitsfest mit einer Kutsche und allem Brimborium, das mir mein Schwiegervater finanzierte, als wäre ich seine eigene Tochter. Zum Dank habe ich ihm, in seiner Abwesenheit, später die ganze Wohnung renoviert. Nach dem rauschenden Fest ging die Hochzeitsreise nach Venedig.

Unsere Liebe hat sechsunddreißig Jahre Ehealltag überdauert, indem wir einander durch gute und schlechte Tage getragen haben. Sicherlich hatten wir einen schwierigeren Start als die meisten anderen Paare. Dennoch wurde auch uns das spätere Eheglück nicht geschenkt, auch wir mussten, wie alle Paare, an unserer Beziehung arbeiten. Gegenseitige Rücksichtnahme und die Freiräume, die wir dem anderen lassen, sind die Garanten unseres Glücks. Im Urlaub hat jeder von uns zum Beispiel vierundzwanzig Stunden, den kompletten Tag, frei vom Partner und den Kindern. Jeder kann wirklich machen was er will, inklusive der Option, über Nacht weg zu bleiben. Doch wir sind immer glücklich, wenn wir wieder beisammen sind und uns von unseren Erlebnissen berichten können.

Eckard und ich haben aufziehende Gewitterwolken in unserer Ehe immer schnell gespürt und analysiert. Oft waren es Konflikte beruflicher Art. Arbeitsplätze in verschiedenen Städten können zum Liebeskiller werden, so ist unsere Erfahrung, denn man braucht den gemeinsamen Alltag. Wenn man am Wochenende nur das Schön-Wetter-Gesicht des Partners sieht, trägt dies keine Beziehung.

Eckard und ich haben uns immer wieder gegenseitig aufgerichtet, wenn der andere mal schwächelte. Oft sind es Kleinigkeiten, wie ein gemeinsames Wanderwochenende oder eine Campingtour, die immer wieder frischen Wind in unsere Ehe bringen.

Es gibt nur eines, woran unsere Liebe hundertprozentig gescheitert wäre: Hätte ich Eckard die Bedingung gestellt, dass er in die DDR, zu mir ziehen müsse. Wir wollten unser Leben mit allen Entfaltungsmöglichkeiten genießen. Dass mir das, mit und durch Eckard gelungen ist, ist das große Geschenk meines Lebens. Dafür bin ich ihm unendlich dankbar.

ECKARD ALBRECHT

Wir saßen einander nur kurze Zeit gegenüber, damals, bei dem Klassentreffen unserer Eltern in Ost-Berlin, doch ich fand Regina so interessant, spontan und ehrlich, dass mir schnell klar war: Ich wollte sie unbedingt wiedersehen. Ihre Augen und ihr Wesen faszinierten mich. Da sie die Feier schon sehr bald verließ, hielt ich mich nach ihrem Abgang an ihren Vater. Ich schlug ihm vor, dass seine Tochter mir, dem West-Berliner Studenten, vielleicht den Ostteil der Stadt zeigen könne. Regina war gerade siebzehn Jahre alt und ich ein dreiundzwanzigjähriger Jurastudent an der Freien Universität Berlin, genau in der heißen Phase von 1967/68. Als Sohn einer Arztfamilie vom

Lande war ich damals ein wenig erschrocken über den Freiheitsdrang und die politische Willkür der Berliner Studenten in der Zeit. Noch heute sehe ich Fritz Teufel vor mir in einem Talar, wie er seine »Rede an das Volk« hielt und »keine Gewalt gegen Personen, sondern gegen Sachen« predigte.

Auch was Frauen angeht, war ich eher ein Spätentwickler. Wir begannen uns zwar regelmäßig in Ostberlin zu treffen, aber es blieb zunächst alles ganz harmlos. Wir verabredeten uns am Übergang Friedrichstraße und verbrachten die zeitlich begrenzten Tage im Schwimmbad, mit Waldspaziergängen, beim Tanzen oder im Museum. Immer in das graue, triste Ostberlin zu fahren, um Regina sehen zu können, und um Mitternacht, gerade wenn es am Schönsten wurde, die Stadt wieder verlassen zu müssen, war eine ziemliche Belastung. Dazu kam der Zwangsumtausch an der Grenze, für einen Studenten viel Geld und all das für eine Liebe, die schön und ungewiss zugleich war, denn unter den gegebenen Umständen hatten wir zwei eigentlich keine Zukunft.

Dass wir jeder aus einem anderen Teil Deutschlands kamen, war für uns, wenn wir über Politik diskutierten, aber durchaus auch bereichernd. Mit Reginas Verhaftung durch die Stasi wurde aus unserem lockeren Liebesgeturtel eine politische Liebe. Noch heute empfinde ich Wut und Verzweiflung über die Einmischung des Staates in die Intimsphäre von Familien und Paaren. Um keinen Preis der Welt, nicht einmal für Regina, hätte ich in diesem Staat leben wollen, mit diesem Alltag voller Schikane. Die Stasi fing unsere Briefe ab und hörte die Telefonate ab, Fremde hatten Einblick in unsere Gedanken und Gefühle. Nach ihrer Verhaftung und dem Verhör im Stasi-Untersuchungsgefängnis in Magdeburg wurde Regina wieder freigelassen, ihr aber jeglicher Kontakt mit mir untersagt. Doch obwohl wir aufgeflogen waren, konnte ich am selben Tag noch einreisen. Es war völlig irre und eigentlich wahnsinnig, aber damals gab es noch keine Computer, die Bürokratie funktionierte nicht so zügig, als dass mein Name innerhalb von vierundzwanzig Stunden in den Fahndungsbüchern aufgetaucht wäre. Diese Begegnung, die unter größter Anspannung in Ost-Berlin stattfand, sollte unser letztes persönliches Treffen für lange Zeit bleiben.

Drei Jahre lang hörte ich nur sporadisch etwas über ihre in West-Berlin wohnende Großmutter von ihr. Drei Jahre sind für einen jungen Menschen eine lange Zeit, zumal ich nach dem vierten Semester Berlin verließ, um mein Jurastudium in Göttingen zu beenden.

Natürlich gab es in dieser Zeit andere weibliche Verlockungen für mich. In Göttingen hatte ich eine Freundin, und ich pflegte auch noch eine Brieffreundschaft mit einer Japanerin. Sie lud mich nach Tokio ein, bezahlte mein Flugticket und wollte sich dort gleich mit mir verloben. Doch ich zog die Notbremse, denn zum einen fühlte ich mich für die Ehe noch zu jung, und andererseits ging mir Regina nicht aus dem Kopf, auch wenn unsere Liebe so irreal war: Sie lebte in Deutschland und war dennoch unerreichbar für mich. Vergessen konnte ich sie nicht, doch eine gemeinsame Zukunft schien auch nicht greifbar. Ich musste mir etwas überlegen, es musste endlich eine Lösung her.

1970 riskierte ich es wieder, ihr zu schreiben. In diesem heimlich nach Ost-Berlin gebrachten Brief teilte ich ihr mit, dass ich mit meinen Gefühlen ihr gegenüber klar Schiff machen müsste, denn in diesem Schwebezustand konnte es so nicht weitergehen mit uns.

Mittlerweile durfte sie auch wieder reisen, auf ihrer ersten Auslandsfahrt nach Prag wurde sie allerdings noch von der Staatssicherheit beobachtet. Im Sommer 1970 wollten wir uns in Ungarn treffen. Freunde nahmen mich in ihrem

VW-Käfer von Göttingen bis Balatonfüred mit. Ich checkte einen Tag eher, als es mit Regina vereinbart war, im Hotel ein. Plötzlich hielt mir jemand von hinten die Augen zu. Es war meine Regina. Bei diesem Wiedersehen brachen die Gefühle und die große Zuneigung zwischen uns wieder auf, es war sofort um uns geschehen. Nach langen Diskussionen und viel gemeinsamem Spaß in diesem Urlaub war mir klar, dass Regina die Frau meines Lebens ist. Da sie aus dem Osten heraus nicht handeln konnte, war klar, dass ich etwas tun musste. »Ich hole dich da raus, egal wie«, war mein Versprechen bei unserem Abschied in Ungarn. Doch der Kalte Krieg war zu Beginn der siebziger Jahre auf seinem Höhepunkt und die Umsetzung meines Plans alles andere als leicht. Außerdem hätte ein Scheitern ihrer Flucht ein hohes berufliches und privates Risiko für sie und ihre gesamte Familie bedeutet. Vor ihr lag eine Karriere als Ingenieurin in der Wasserwirtschaft. Sie hatte sich in die noch junge Computertechnik eingearbeitet und eine gute Stelle in Ost-Berlin angenommen. Doch ich stand bei Regina im Wort, andere Frauen spielten ab dem Zeitpunkt keine Rolle mehr in meinem Leben. Und ich setzte alles daran, Regina in den Westen zu holen.

Zunächst führte mich mein Weg zu der bekannten Rechtsanwaltskanzlei »Vogel und Stange« in West-Berlin. Ich beschrieb einem Anwalt unsere Situation und erkundigte mich nach legalen Wegen zur Familienzusammenführung. Der Anwalt lachte und meinte, hätte ich mich in eine Schuhverkäuferin verliebt, wäre die Sache sehr viel einfacher. Diese hätte, im Gegensatz zu meiner Freundin, den Staat nicht durch das Ingenieursstudium schon etwas gekostet. Der Anwalt schätzte die offizielle Wartezeit bis zur Zusammenführung auf circa acht Jahre – eine Ewigkeit! So lange konnte und wollte ich nicht warten. Ich musste einen anderen Weg finden.

Die Mitglieder einer befreundeten Studentenverbindung verschafften mir Kontakt zu einem Mittelsmann, der meine Telefonnummer über ein Postfach an einen vertrauenswürdigen Fluchthelfer weiterreichte. Der schlug mir vor, ein halbes Jahr abzutauchen und am Bau eines Tunnels von Ost- nach West-Berlin aktiv mitzuarbeiten, damit wäre die Flucht meiner Freundin kostenlos. Vielleicht fehlte mir der Mut, aber ich lehnte ab. Der Preis für Reginas Flucht lag, bei höherem Risiko entdeckt zu werden, bei fünftausend Mark gegen Vorkasse und mit geringerem Risiko bei zehntausend Mark, zahlbar bei ihrer Übergabe im Westen. Nur meine Schwester, eine Medizinstudentin in West-Berlin, und meinen Bruder habe ich in die Fluchtpläne eingeweiht. Meine Schwester überbrachte alle Nachrichten für Regina zur Vorbereitung der Flucht. Wir hinterließen dabei niemals etwas Schriftliches, damit der Stasi Reginas Name nicht bekannt würde. Unter einem Vorwand trieb ich gemeinsam mit meinen Geschwistern das Fluchtgeld bei der Verwandtschaft auf, denn als Student war ich nicht kreditwürdig. Meine Eltern und die Tante, bei der ich in Göttingen lebte, wollte ich nicht in den Fluchtplan einweihen, denn der Kreis der Mitwisser musste möglichst klein gehalten werden.

Ich legte sogar mein Studium für ein Semester auf Eis, um Regina in den Westen holen zu können. Viele meiner Kommilitonen lebten Anfang der siebziger Jahre anders als ich. Es war die Zeit der freien Liebe und der Proteste. Kaum einer hätte sich wie ich, mit Regina unter der Elisabethbrücke in Budapest, verlobt.

Am 25. Februar 1971 war ich sicher, Regina im Westen Berlins endlich in die Arme schließen zu können. Alles war bis ins letzte Detail geplant. Ich saß in der West-Berliner Wohnung meiner Großmutter, schaute mit ihr die Abendnachrichten und erstarrte, als es hieß, ein Fluchttunnel zwischen Ost- und West-Berlin sei entdeckt worden. Meine Großmutter sagte kein Wort, aber sie musste etwas geahnt haben. Ich hatte große Angst, dass Regina und ihrer Familie nun etwas passieren und ich ihr gegenüber mein Wort nicht halten könnte. Doch unsere Vorsichtsmaßnahmen erwiesen sich als Gold wert, da ihr Name nirgends auftauchte, schöpfte die Stasi keinen Verdacht. Mein Kampfgeist wurde nun erst recht geweckt, aufgeben kam nicht in Frage. Ich begann also, nach anderen Möglichkeiten zur Flucht aus der DDR zu suchen.

Beim zweiten Fluchtversuch sollte Regina eine Reise nach Rumänien buchen, dort eine Kontaktperson treffen und im Tank eines umgebauten Fluchtfahrzeuges über die Grenze geschmuggelt werden. Sonnenbrille und Jeans waren die Erkennungszeichen des Helfers am vereinbarten Treffpunkt. Vor Ort mussten genaue Stichworte fallen. *Kennen sie die Pension Eckard?* sollte seine Anrede lauten, und Regina antwortete darauf mit exakt abgesprochenen Sätzen. Jetzt, so kurz vor dem Ziel, galt es für alle, bloß nicht die Nerven zu verlieren. Für mich war das Schlimmste, tatenlos zu Hause sitzen zu müssen. Drei schlaflose Nächte wartete ich auf das befreiende Klingeln des Telefons, die Nachricht, dass die Flucht gelungen sei. Ich ging sofort zu meinem Vater, erklärte ihm alles und bat um viertausend Mark in bar, denn bei Reginas Übergabe in München war eine Anzahlung auf die Fluchtkosten von insgesamt zwölftausend Mark fällig.

Als wir uns am Nachmittag des nächsten Tages endlich in München in die Arme schlossen, war ich mir sicher, dass wir zwei zusammen bleiben würden. Nun lag es allein an uns, was wir in den kommenden Jahren aus unserem Leben machen würden.

Die vier Jahre vor Reginas Flucht waren eine lange Probezeit für die Standhaftigkeit unserer Liebe gewesen, hatten uns zusammengeschweißt. Durch diese Prüfung haben wir ein ganz anderes Fundament als viele andere Paare. Regina fand sofort einen Job als Ingenieurin in einem Büro für Tiefbau in Göttingen und finanzierte uns beide mit ihrem Einkommen. Doch sie litt unter starkem Heimweh, die Sehnsucht nach ihren Eltern und ihrem jüngeren Bruder war groß. Nach Abschluss der Ostverträge mit der DDR durfte sie jedoch ab Ende 1973 wieder in den Osten Berlins reisen und ihre Familie regelmäßig besuchen. Aus Angst, man würde sie dort festhalten, erkundigte ich mich beim Gesamtdeutschen Institut in Bonn, ob sie auch wirklich jederzeit problemlos wieder ausreisen dürfte.

Natürlich war unsere Ehe nicht immer Friede, Freude, Eierkuchen. Davor ist keine Partnerschaft gefeit. Auch wir mussten mit den Eigenheiten des Partners klarkommen, mussten versuchen, uns nicht ständig gegenseitig ändern zu wollen und bei Krisen nicht gleich wegzulaufen. Ich war die letzten fünfzehn Jahre meiner Berufstätigkeit in Magdeburg tätig, und Regina vermutete, ich hätte dort eine Affäre. Als Regina zu meiner Verabschiedungsfeier nach Magdeburg kam, brach ausgerechnet die Dame, mit der sie mir ein Verhältnis unterstellte, während der Feier in Tränen aus und wollte sich als Erinnerung an unsere Zusammenarbeit das Foto aus meinem Dienstausweis ausschneiden. Reginas Sorge war natürlich unbegründet, und heute können wir beide über diese Episode schmunzeln, denn unsere Ehe war nie ernsthaft gefährdet.

Seit Beginn unserer Partnerschaft setzen wir uns immer wieder zusammen, ziehen Bilanz, was gut und was weniger gut zwischen uns funktioniert. Es hat die letzten siebenunddreißig Jahre gut geklappt, weil wir uns lieben und absolutes Vertrauen zueinander haben. Ein Glücksgeheimnis ist sicherlich, dass wir uns gegenseitig durch dieses Leben tragen und bei Schwierigkeiten nicht gleich aufgeben. Wir achten in unserer Ehe auf Langfristigkeit, bleiben auch an schlechten Tagen gelassen, denn wir wissen, es kommen bessere Zeiten. Mein erstes Gefühl zu Regina hat sich im Laufe der Jahre bestätigt. Es erfüllt mich mit Dankbarkeit, dass ich das Glück hatte, sie getroffen zu haben. Dauerhaftigkeit in der Liebe scheint heute kein Ziel mehr im Zusammenleben von Paaren zu sein, ich sehe das anders. In meinem Elternhaus mit fünf Geschwistern habe ich eine intakte Familie erlebt, dadurch habe ich gutes Sozialverhalten erlernt und es in unserer Familie ebenfalls anwenden können.

An meiner Frau habe ich in all den Jahren unserer Ehe zu lieben gelernt, dass sie auch in seelisch belastenden Situationen für mich Verständnis aufbringt. Ich mag ihre Zuverlässigkeit, ihre praktische und zupackende Art. Regina pflegt einen liebevollen Umgang mit unseren Kindern und Enkeln, und tritt anderen Menschen gegenüber sehr gewandt auf. Ich bin, meinem Wesen und meinem Auftreten nach, eher stoffelig, manchmal sogar etwas stur, ganz das Gegenteil von ihr. Es erstaunt mich noch immer, dass eine so wunderbare Frau wie Regina sich in mich verliebt hat.

Wir sind nicht nur Ehepartner,
sondern auch die besten Freunde

*Als sich Benny (26), Jurastudent, und Nathalie G. (24),
BWL-Studentin, in einem Sommercamp in Israel kennenlernten, waren sie erst 18 bzw. 16 Jahre als. Seit acht Jahren
sind sie inzwischen ein Paar. Nach einer zweijährigen
Verlobungszeit haben sie 2008 geheiratet.*

BENNY G.

Bei unserer ersten Begegnung, während einer dreiwöchi-
gen Israelrundreise, hätte ich nie gedacht, dass Nathalie
einmal die Frau sein würde, die ich acht Jahre später heiratete. Soweit denkt kein Achtzehnjähriger.

Sie war im Sommer 2000 erst sechzehn. Sie näher kennenzulernen war für mich als Betreuer schwierig. In den
Feriencamps sind nähere Kontakte zwischen den Reise-
teilnehmern und Begleitern nicht gern gesehen. Wir hatten von Beginn an einen guten Draht zueinander, ihre
Attraktivität, besonders ihr strahlendes Lächeln, fiel mir
auf.

Nach der Reise hielten wir E-Mail Kontakt, bis wir uns
zufällig auf einer Party wieder trafen. Die Sehnsucht nach
größerer Nähe war beidseitig. Trotzdem war es für mich
keine Liebe auf den ersten Blick. Sie wuchs erst im Laufe
der kommenden Wochen ganz langsam durch das bessere
Kennenlernen. Wir besuchten uns in unseren Heimat-
städten Köln und Frankfurt. Sechs Monate später wurden
Nathalie und ich ein Paar. Alles konnte sich wunderbar
und im richtigen Tempo entwickeln.

Zwei Jahre hatten wir eine Fernbeziehung, pendelten

am Wochenende hin und her. Damals waren wir als Paar wenig allein. Wir lebten beide noch bei unseren Eltern und wollten am Samstag und Sonntag auch noch unsere Freunde treffen.

Erst nach dem Abitur zog Nathalie zu mir nach Hessen. Für uns war klar, dass wir in Deutschland leben und studieren wollten. Mir war es wichtig, solche bedeutenden Dinge gemeinsam zu entscheiden. Als Nathalie mit dem Studienplatz in der Tasche nach Frankfurt kam, sind wir in eine gemeinsame Wohnung gezogen. Durch den Alltag, die vielen Entscheidungen in punkto Einrichtung und Wohngegend, rückt man als junges Paar noch näher zusammen. Das alles gab mir die Sicherheit, dass wir beiden hundertprozentig zueinander passen. Genauso habe ich es mir immer gewünscht. Wir haben mit dem Umzug einfach die nächste Stufe unserer Liebe erklommen. Zu Nathalie empfinde ich ein so großes Vertrauen, wie zu kaum einem anderen Menschen. Es war von Beginn an zwischen uns vorhanden. Noch heute entdecke ich an ihr immer wieder Neues, das mich begeistert und anzieht. Das gefällt mir, es wäre doch traurig, wenn sie mich nicht mehr überraschen könnte.

Natürlich ist auch bei uns nicht jeden Tag nur Sonnenschein, aber wir streiten uns nur über Alltägliches, Kleinigkeiten, wie meine angebliche Unordnung oder Ungeduld. Nathalie ist in meinen Augen hingegen zu perfektionistisch.

In unserer Anfangszeit habe ich Nathalie oft kleine liebevolle Briefchen geschrieben. Das hat, zugegeben, nachgelassen. Doch in acht Jahren Partnerschaft sind wir noch nie an dem Punkt angelangt, dass wir festzustellen hätten, unsere Beziehung ergäbe keinen Sinn mehr. Noch nie verspürten wir den Wunsch uns zu trennen. Im Gegenteil, es ist ein traumhaftes Gefühl, von meiner Frau geliebt zu werden. In ihr habe ich einen Ansprechpartner und eine

Vertrauensperson. Sie kennt mich so gut wie sonst niemand und weiß auch in schwierigen Situationen mit mir umzugehen. Das ist mir sehr wichtig.

Meine Frau ist für mich einzigartig. Sie ist sensibel, feinfühlig und liebevoll. Bei ihr muss ich nicht viele Worte verlieren. Wir können einander gut zuhören, auf die Probleme oder Ängste des anderen gut eingehen. Nathalie ist ein besonderer Mensch, und schon die Vorstellung, ihr könnte, Gott behüte, etwas zustoßen, macht mich verletzbar. Treue hat für mich einen hohen Stellenwert, auf dieses Vertrauen baut doch vieles im Miteinander auf. Ohne geht es nicht. Ein massiver Vertrauensmissbrauch, wie Fremdgehen, wäre der Anlass für eine Krise. Zwar bin ich nicht extrem eifersüchtig, aber ich habe schon ein Auge auf Nathalie. Gerade zu Beginn unserer Beziehung, durch die Distanz, war ich ein wenig unruhig, wenn sie mit ihren Freundinnen allein ausging. Doch damals war unser Vertrauensverhältnis auch noch nicht so groß wie heute. Seit wir zusammen leben ist diese innere Unruhe nicht mehr so schlimm.

Wir unternehmen viel gemeinsam und reisen gern. Die Welt sehen, solange wir noch keine Kinder haben, das wollen wir nutzen. Urlaube mit Nathalie sind herrlich für mich. Leider haben wir momentan zu wenig Zeit für solche Auszeiten. Ich befinde mich im Staatsexamen, sie in einer Prüfungsphase ihres Wirtschaftstudiums. Meine Frau unterstützt mich rücksichtsvoll in meinem Studium und meiner Karriereplanung. Dafür bin ich ihr dankbar. Andererseits greife ich ihr ebenfalls unter die Arme. Mit unseren Uni-Abschlüssen in der Tasche wollen wir beide natürlich erst mal intensiv in den Beruf einsteigen, bevor wir an Familienplanung denken. Dafür haben wir immer noch Zeit.

Wir können uns auch vorstellen, für einen bestimmten Zeitraum gemeinsam beruflich ins Ausland zu gehen, doch im Moment gefällt es uns beiden gut in Frankfurt, wir haben unsere Freunde hier, meine Familie, der ich mich eng verbunden fühle. Ich bin gern in ein privates Netzwerk eingebunden, das brauche ich, um glücklich zu sein.

Gemeinsames Auftanken, Kinoabende, eine Städtereise, sich Zeit zu nehmen, ist nach stressigen Prüfungszeiten wichtig und hält unsere Liebe frisch. Ein richtiges Glücksgeheimnis haben wir zwei für unsere Liebe nicht, es sind doch viele Menschen da draußen so glücklich wie wir, oder nicht? Den Spaß, wenn wir zusammen sind, die vielen gemeinsamen Interessen und Freunde, die Tatsache, dass wir uns heute gut kennen, es miteinander aushalten. Das ist die Basis unserer Liebe, vielleicht ist das auch unser Glücksgeheimnis.

Zum Zeitpunkt unserer Verlobung, im Jahr 2006, waren wir bereits seit sechs Jahren zusammen. Warum und worauf sollten wir also noch warten? Wir wollten heiraten, denn uns war klar, wir bleiben ein Paar. Mit der Hochzeit wollten wir zunächst bis zum Ende unseres Studiums warten, vielleicht sogar, bis wir uns beide beruflich etabliert hätten. Aber warum nicht gleich?, fragten wir uns immer wieder. Was würde eine Wartezeit an unserer Liebe ändern? Nichts. Ich fühlte mich weder zu jung für eine ernsthafte Bindung noch wollte ich weitere Erfahrungen sammeln. Mich plagt nicht die Angst vieler Gleichaltriger etwas zu verpassen. Trotzdem hätte ich nie geglaubt, dass ich mit sechsundzwanzig Jahren bereits Ehemann sein würde. Ich habe mir fest vorgenommen, dass unsere Ehe hält. Schließlich will ich nur einmal in meinem Leben heiraten. Unsere Liebe hat mich erwachsener werden lassen, ich empfinde es nach achtmonatiger Ehe immer noch komisch und ungewohnt, »meine Frau« zu sagen, wenn ich Nathalie Fremden vorstelle.

Vor Nathalie hatte ich bereits eine dreijährige Beziehung, somit ist sie nicht meine erste Freundin gewesen. Meinerseits gab es aber nie einen Zweifel, dass Nathalie die Frau ist, mit der ich unbedingt mein Leben verbringen will.

Wir haben Vorbilder für gut funktionierende Ehen in unseren beiden Elternhäusern. Im Alter möchte ich, zusammen mit Nathalie, umgeben von einer großen Familie sein.

In wen man sich verliebt ist nicht planbar, dennoch war es mir wichtig, eine Frau jüdischen Glaubens zu heiraten. Wir sind nicht strenggläubig, eher traditionell. Wir können die Feiertage gemeinsam begehen und später unsere Kinder im jüdischen Glauben erziehen. Dazu brauchte ich eine Partnerin, die das genauso sieht wie ich. Diesen Menschen habe ich in ihr gefunden.

NATHALIE G.

An meinem Mann Benny gefällt mir, dass er außerordentlich liebevoll, einfühlsam, aufmerksam und aufopfernd ist. Er will wirklich nur mein Bestes und stellt seine eigenen Bedürfnisse hinten an, wenn es mir nicht so gut geht. Mir ist wichtig, dass ich zu ihm aufschauen kann, schließlich möchte ich von meinem Partner etwas lernen, und das kann ich bei Benny. Er ist intelligent und lebensklug. Durch ihn erfahre ich viel Nützliches für mein Leben, etwa mich nicht in Dinge hineinzusteigern oder mich nicht aufzuregen. Vor Benny hatte ich noch keine Beziehung, habe also keinen Vergleich.

Unsere Hochzeit hat uns noch intensiver zusammengeschweißt. Seit wir vor vier Jahren in die gemeinsame Wohnung zogen, war unsere Vertrautheit immer größer geworden. Es gab für Benny und mich also keinen Grund, die Hochzeit weiter hinaus zu zögern. Und es wurde wirklich der bis heute schönste Tag in meinem Leben. Normalerweise heule ich bei jeder Kleinigkeit, aber am Hochzeitstag war ich so aufgeregt, dass ich nicht einmal weinen konnte. Ich musste eher meine Mutter trösten. Die Zustimmung unserer Eltern zu unserer Ehe war uns wichtig. Das war nicht schwer, denn wir kommen beide mit den jeweiligen Schwiegereltern wunderbar klar. So stimmte alles rundum.

Zwar hat niemand direkt zu mir gesagt, nun wartet doch noch ein bisschen, ihr seid doch noch so jung. Aber es gab die eine oder andere kleine Bemerkung, wie:

»Jetzt schon? Willst du nicht noch andere Erfahrungen sammeln? Wie kannst du dir so früh so sicher sein?« Aber ich war mir sicher. In meinen Augen ist Benny der beste Ehemann auf diesem Planeten. Warum hätte ich ihn also nicht nehmen sollen? Ich sehe das doch heute bei meinen Freundinnen, die noch Singles sind, es ist wirklich nicht leicht, den richtigen Partner fürs Leben zu finden. Sie alle haben den großen Moment der Hochzeit noch vor sich. Um ihre Vorfreude beneide ich sie ein bisschen. Andererseits ist mir mein großes Glück schon im Alter von sechzehn Jahren begegnet. Ich habe nicht das Gefühl, etwas in meinem Leben zu verpassen, weil ich vor meinem Mann keine Erfahrungen gesammelt habe. Meine Entscheidung, ein Studium in Frankfurt zu beginnen und vom Rhein an den Main zu ziehen, hätte ich nicht so konsequent durchgezogen, wenn ich nur den geringsten Zweifel an unserer Liebe gehegt hätte. Ich bin ja auch nicht zuerst in eine eigene Wohnung, sondern direkt aus meinem Elternhaus mit Benny zusammen gezogen. Es gab viele kritische Stimmen in meinem privaten Umfeld, die mir dringend von diesem Schritt abrieten, manche dachten, ich mache mich zu sehr von ihm abhängig. Heute weiß ich, es war genau der richtige Schritt für unsere Partnerschaft. Normalerweise fallen mir große Entscheidungen enorm schwer, aber im

Falle unserer Liebe musste ich mich gar nicht entscheiden, mein Herz hat sich glasklar für Benny ausgesprochen. Da hätte ich mir auch von niemandem reinreden lassen. Die Ehe war zum Zeitpunkt des Umzugs für mich noch kein Thema, aber mir war bewusst, dass unsere Begegnung etwas ganz besonderes in meinem Leben ist.

Durch das Zusammenleben ist unsere Beziehung natürlich intensiver geworden, richtig kennenlernen tut man sich erst, wenn man auch den Alltag teilt. Bis dahin hatten wir ja nur die gemeinsamen Wochenenden und die Urlaube. Nach acht Jahren Beziehung bringt mein Mann mir nicht mehr so oft Blumen mit nach Hause, und ich schreibe ihm auch seltener romantische Briefchen. Dafür empfinde ich das Gefühl der Vertrautheit als wahnsinnig schön. Bei meinem Mann kann ich meine Ängste und Sehnsüchte äußern. Wir versuchen täglich unser Glück bei Laune zu halten, aber Kompromisse gehören auch zum Alltag. Manchmal denke ich, das Geschenk dieser Liebe ist mir so früh begegnet, ab jetzt kann es eigentlich nur noch schlechter werden, und das macht mir Angst. Streitigkeiten haben wir auch heute nur noch wegen Nichtigkeiten, nichts Ernsthaftes. Doch wir knallen nicht mit den Türen oder schweigen uns tagelang an, sondern diskutieren statt dessen miteinander. Diese Auseinandersetzungen, auch wenn sie nur Kleinigkeiten betreffen, kann ich schwerer aushalten als Benny. Ich bin da sensibler. Stets bin ich es, die versucht, Spannungen schnell wieder aufzulösen. Aber um ehrlich zu sein, gibt es in unserem Zusammenleben weitaus weniger Konflikte, als ich erwartet hätte.

Heute kann ich nicht länger als drei Tage von meinem Mann getrennt sein, dann wird meine Sehnsucht einfach zu groß. Da wir beide studieren, sehen wir uns eher abends als tagsüber. Es ist nach all den gemeinsamen Jahren immer noch ein herrliches Gefühl, nach Hause zu kommen und zu wissen, mein Mann wird da sein. Der Alltag, die Routine haben es bisher nicht geschafft, unsere Liebe zu ersticken. Das Einzige, worauf ich ein bisschen achten muss, ist meine Eifersucht. Ich frage ihn trotzdem nicht permanent, wo er war, wo er hingeht. Klar kann er das Haus allein verlassen. Ich bin glücklich mit ihm und gern mit ihm allein. Es müsste tatsächlich ein ganz großer Vertrauensbruch stattfinden, bis ich mich aus dieser Ehe lösen würde.

Mein Mann verbringt lieber mit mir einen ruhigen Abend auf dem Sofa, als in einem Club tanzen zu gehen. Er zieht die Zweisamkeit einer großen Gesellschaft vor. Auch ich bleibe lieber bei Benny und genieße die Zeit mit ihm, als mich allein mit Bekannten zu verabreden.

Gern würde ich mit meinem Mann die Erfahrung eines Auslandsaufenthaltes teilen, in meiner Traumstadt New York. Der Big Apple wäre für mein Studium ein Pluspunkt. Trotz der Stabilität unserer Liebe würde ich diesen Schritt, drei Monate in den USA zu arbeiten, niemals allein unternehmen. Sich über diesen langen Zeitraum zu trennen, das gehört sich in meinen Augen nicht für eine Ehe. Benny würde mir auch wahnsinnig fehlen. Vielleicht habe ich aber auch nur Angst, dass dadurch etwas zwischen uns zerstört werden könnte. Ich stelle deshalb diesen Wunsch von Herzen gern zugunsten unserer Ehe hinten an. Für die berufliche Zukunft plane ich momentan Folgendes: noch ein Jahr bis zum Ende des Studiums, danach zwei Jahre ins Berufsleben und im Anschluss mindestens zwei Kinder.

Die Welle des Glücks, auf der Benny und ich gerade surfen, betrachte ich als ein großes Geschenk, da will ich nichts gefährden. Ich bin gern verheiratet.

Mein Alltag hat sich durch die Heirat nicht verändert. Als äußeres Symbol unserer Liebe tragen wir den Ehering. Vielleicht bin ich ja naiv, aber wir zwei wissen jetzt jedenfalls, wir bleiben für immer und ewig zusammen. Ein

Garantieschein für die Treue ist der Ring am Finger sicher nicht, aber das Bekenntnis zueinander gibt mir das Gefühl von Zuverlässigkeit und tiefem Vertrauen. In der Universität sind meine Kommilitonen oft erstaunt, dass ich schon verheiratet bin. Das ist selten in meinem Alter.

Meine Eltern sind jetzt seit vierunddreißig Jahren glücklich miteinander. Sie sind mein absolutes Vorbild. Keiner war länger als eine Nacht vom anderen getrennt. Noch heute leuchtet die Liebe in ihren Augen, das ist doch wunderbar, und das wünsche ich mir für unsere Ehe ebenfalls.

Die Voraussetzungen dafür sind nicht schlecht, denn mein Mann und ich sind nicht nur Ehepartner, sondern auch die besten Freunde. Das kann mit Sicherheit nicht jedes Ehepaar von sich behaupten. Mit großen und kleinen Problemen gehe ich direkt zu Benny und nicht zuerst zu einer Freundin. Auf ihn kann ich mich hundertprozentig verlassen, umgekehrt gilt das natürlich ebenfalls. Diese partnerschaftliche und die freundschaftliche Nähe machen uns als Paar stark. Wer hätte das gedacht, so zaghaft, wie alles vor acht Jahren begonnen hat.

Er war mir damals im Sommercamp direkt aufgefallen, und ich fühlte mich schnell zu ihm hingezogen. Sein Lächeln, seine Intelligenz, seine ganze Ausstrahlung faszinierten mich. Doch meine Anhimmelei war leider einseitig, denn Benny war noch liiert. Meine Gefühle habe ich ihm selbstverständlich nicht offenbart. Nach dem Sommerurlaub verliebte ich mich unglücklich in einen Anderen, hielt aber E-Mail Kontakt zu Benny. Er war damals ein guter Freund und gab mir wichtige Ratschläge bei meinen Liebesproblemen. Im Winter desselben Jahres wurde Benny dann vom freundschaftlichen Berater zu meinem festen Freund. Wir trafen uns erneut auf einer Skireise, er wieder in der Funktion des Betreuers und ich als Teilnehmerin. Ich landete in seiner Gruppe, wir sind beide gute

Skifahrer. Er war zu diesem Zeitpunkt bereits von seiner Ex-Freundin getrennt, und meine Gefühle gehörten bereits hundertprozentig ihm. Die Verliebtheit schlug sich bei mir sofort auf den Körper nieder. Ich konnte kaum essen, mir wurde schwindelig, und ich war total aufgeregt. Benny bemerkte, dass es mir physisch nicht gut ging, und fragte, ob die Symptome mit einem Jungen, genauer gesagt mit ihm, zusammen hingen? Wir schwiegen und blickten uns sekundenlang tief in die Augen, nachdem wir uns unsere Liebe endlich gestanden hatten. Diesen schönen Moment werde ich niemals vergessen, er hat sich tief in mein Herz eingepflanzt. Im Wintercamp lief zwischen uns wirklich nichts. Wir einigten uns darauf, alles auf die Zeit danach zu verschieben. Nächtelang telefonierten wir miteinander, wechselten täglich E-Mails. Einen Monat nach dem Skiurlaub trafen wir uns dann endlich in Frankfurt wieder. Ich hatte noch intensive Diskussionen mit meiner Mutter, warum ich zu ihm und er nicht zu mir nach Köln käme. Liebenswürdigerweise ließ sie mich fahren, und ab diesem ersten gemeinsamen Wochenende waren Benny und ich ein Paar. Ich war damals knapp siebzehn Jahre alt, ging brav in die Schule, wir führten eine Wochenendbeziehung. Benny war meine erste große Liebe, die von ihm genauso intensiv erwidert wurde. Alles, was ich zuvor erlebt hatte, waren vorpubertäre Kontakte, kein Vergleich mit unserer Partnerschaft. Es ist das schönste Gefühl auf der Welt, geliebt zu werden und diese innige Geborgenheit empfinden zu dürfen. Die Liebe, insbesondere die erwiderte Liebe, ist einfach ein Geschenk fürs Leben. Ich tue nichts bestimmtes für unser ganz persönliches Glück, ich bin einfach für Benny da, so wie ich bin.

Interview mit Dr. Angelika Faas,
Dipl.-Psychologin, Paar- und Familientherapeutin

Welche Probleme belasten Paare am häufigsten?

Die Probleme sind so vielseitig, wie die Zweierbeziehungen in unserem Land. Paare sind heute einem enormen Druck und oft großen Schwierigkeiten ausgesetzt. Probleme können ein unerfüllter Kinderwunsch, Stress und Parteilichkeiten innerhalb einer Patchworkfamilie sein, aber auch Geldsorgen, Streitblockaden, das Warten auf den langersehnten Heiratsantrag oder sexuelle Probleme. Ältere Ehepaare, deren Kinder das Haus verlassen haben und die für ihre Zweisamkeit keine Perspektiven mehr formulieren können, melden sich immer öfter bei mir, ebenso wie Partner, die nicht mehr in der Lage sind, sich gegenseitig richtig zuzuhören.

Auch die klassische Krise eines Paares – das Haus ist gebaut, das Kind ist auf der Welt, einer der beiden Partner fühlt sich zurückgesetzt, und der andere stürzt sich in die Arbeit, beide drohen sich als Paar zu verlieren – spielt in den Therapiesitzungen eine große Rolle. In unserer mobilen Gesellschaft kann es eine Zerreißprobe zwischen dem Arbeitsplatz und der Familie geben, die an den Nerven zerrt. Auch die Versorgung der alten Eltern kann zum Konflikt führen, da Familien nicht mehr zwingend in ein und derselben Stadt leben. Früher wurde die Schwiegermutter ja automatisch mit im Haus betreut, heute gibt es große Enttäuschungen, die eine Ehe belasten können, denn viele junge Frauen leisten diese Unterstützung nicht mehr selbstverständlich.

Was suchen Paare, wenn sie zu Ihnen in die Praxis kommen?

Sie suchen entweder einen Schiedsrichter oder wollen in verfahrenen Situationen eine Bestätigung für ihr eigenes Verhalten bekommen. Manche Frauen wünschen sich vom Partner, wieder respektiert zu werden, oder wollen vom Therapeuten nur die Gewissheit, dass der Mann an ihrer Seite nicht richtig tickt. Viele Paare schaffen eine notwendige Trennung nicht allein und benötigen dabei professionelle Hilfe. Zum Glück existiert in einigen Partnerschaften jedoch noch ein Funken der ursprünglichen Liebe, und beide wollen diesen Rest retten und darauf wieder aufbauen.

Erstaunlicherweise habe ich sogar Paare in Behandlung, die erst nach der Scheidung zu mir kommen, um ungelöste Probleme in der Partnerschaft nicht weiter auf dem Rücken der Kinder auszutragen. Die Probleme der Kinder sind oft ein Türöffner für die Bereitschaft zur Paartherapie. Zwistigkeiten geschiedener Ehepartner, die einander in Hassliebe gegenüberstehen, sind ebenfalls ein großes Thema in der Therapie.

Wie viel Zeit muss sich ein Paar für eine Therapie nehmen?

Die Sitzungen, zumindest zu Beginn einer Therapie, sollten mindestens alle zwei Wochen stattfinden, damit Vertrauen zwischen dem Therapeuten und dem Paar entstehen kann. Eine Paartherapie kann wenige Wochen, einige Monate oder länger als ein Jahr dauern, das kommt auf die spezifischen Probleme an. Mann und Frau erscheinen bei mir häufig in der Phase der ersten Separation, wenn beide sich dann wieder nach mehr Nähe und Symbiose sehnen. Sie wollen etwas Vergangenes zurückerobern.

Was sind die Ziele einer Paartherapie?

Die Ziele werden zuvor nicht fest abgesteckt, aber natürlich geht es entweder um die Rettung der Beziehung oder
um eine Trennung. Selbstverständlich äußere ich nicht
meine Meinung bei bestimmten Paarkonstellationen, auch
wenn die Partner es in meinen Augen äußerst schwer miteinander haben. Meine langjährige Berufserfahrung hat
mich gelehrt, dass jeder auf seine Weise glücklich werden
möchte und auch sollte. Toleranz, Offenheit und Einfühlungsvermögen sind mein Handwerkszeug, heute kann
ich mich sowohl in die Situation der Frau als auch gut in
die männliche Sichtweise hineinversetzen. Dennoch prak-
tiziere ich seit etlichen Jahren hauptsächlich die sogenannte »Luxusberatung« zusammen mit einem männ-
lichen Kollegen. Beide Geschlechter fühlen sich somit von
Beginn an gut verstanden. Für das Paar wirkt unsere Zusammenarbeit wie ein Modell, dass Männer und Frauen
tatsächlich miteinander arbeiten können, dass jeder unterschiedliche Stärken besitzt. Wir zeigen, dass man dem
Partner nicht ins Wort zu fallen braucht, und en passant
sind wir ein Vorbild, wie eine gelungene Kommunikation
aussehen kann.

*Warum verändern sich unsere Beziehungen im Laufe
der Zeit und aus dem gemeinsamen Glück wird oft
zermürbender Alltag?*

Der Anfang einer neuen Liebe ist für viele Menschen eine
der beglückendsten Erfahrungen im Leben. Endlich ist da
einer, der mich versteht, der mich liebt und der mich mag.
Es klappt im Bett, und man kann sich beim neuen Partner
fallen lassen. Das Ziel aller Wünsche scheint erreicht.
  Dieser symbiotische Zustand lässt sich jedoch leider

nicht auf Dauer bewahren. Im alltäglichen Miteinander lernt man die weniger perfekten Seiten des Partners kennen. Im Laufe der Beziehung distanziert man sich von einander, beginnt sich wieder mehr für das eigene Leben zu interessieren. Diese kleinen Separationen sind im Laufe einer Beziehungsentwicklung wichtig, um Eigenes zu erleben und berichten zu können. In dieser Phase entstehen eventuell Ungleichzeitigkeiten, Abnabelungen, unterschiedliche Erwartungen, Bedürfnisse und Rhythmen. Oft schauen Paare lange Zeit darüber hinweg, akzeptieren Kompromisse, aber sie müssen sich damit auseinandersetzen, ansonsten kann die Folge sogar eine voreilige Trennung sein. Aus falsch verstandener Symbiose zu lange auf eigene Schritte zu verzichten, kann tödlich für die Liebe sein.

Wer übernimmt in der Krise die Initiative für eine Paartherapie?

Meistens sind die Frauen der Motor, etwas in der Beziehung ändern zu wollen. Beim Erstkontakt am Telefon wollen sie bereits alle Aspekte des Konflikts loswerden und schnell die Bestätigung bekommen, dass sie auf dem richtigen Weg sind. Würde ihr Mann sich nur endlich ändern, dann wären sie wirklich glücklich. Selbstverständlich ist mir auch die Meinung des Mannes wichtig, das versuche ich den Frauen schon beim ersten Telefonat zu vermitteln.

Was ist die Basis einer guten Beziehung?

Das Interesse am Partner ist wirklich das A und O für den Bestand einer Liebe. Man muss dem geliebten Menschen immer wieder vermitteln, dass man Wert auf seine Meinung legt und darf ihn nicht nur als Stichwortgeber benutzen, um über die eigene Misere lamentieren zu können. Es ist wichtig, die Bereitschaft zu signalisieren, auch Heikles hören zu wollen und nicht aus Angst vor Unannehmlichkeiten in einer Beziehung gleich das Unschöne abzublocken. Sich tagsüber vielleicht schon zu überlegen, was man dem Partner am Abend erzählen möchte, kann zum Beispiel hilfreich sein. Die Basis der Liebe ist, ernsthaft mit dem Gegenüber im Gespräch zu bleiben.

Ich habe wenig übrig für Klischees, aber es ist ein Erfahrungswert: Männer tauschen gern Fakten aus, und Frauen analysieren lieber zwischenmenschliche Themen. Die Unterhaltungen der Männer sind deshalb natürlich schneller zu Ende, denn Fakten sind ja zügig ausgetauscht. Männer nennen es oft Beziehungsgequatsche, also, liebe Damen, bitte nicht fünf Minuten vor der Sportschau die Brennpunkte des Miteinanders ansprechen! Bereiten Sie den Partner auf ein Gespräch vor, führen Sie es nicht zwischen Tür und Angel, sondern vereinbaren Sie einen konkreten Termin. Frauen fühlen sich noch immer verpflichtet, ein harmonisches, partnerschaftliches Gespräch in Gang zu halten. Sie suchen eher nach unverfänglichen Themen, um eine Situation zu entspannen.

Lob, Anerkennung, Bestätigung sind oft zu Beginn des Miteinanders noch eine Selbstverständlichkeit, werden aber im Laufe der Jahre oft vernachlässigt. Positive Bemerkungen helfen, etwa: »Du hast immer einen so guten Geschmack bei der Auswahl der Geschenke«, oder »Liebling, dir fallen immer so wunderbare Sachen ein.« So fühlt sich der Partner aufgewertet.

Auf sein Äußeres zu achten, sich nicht gehen zu lassen, statt dem Anderen nur noch im Jogginganzug gegenüber zu treten, auch das hat einen positiven Einfluss auf das Glück. Verliebt sich eine Frau aus dem Bürgertum in einen Mann aus der Arbeiterklasse, kann das in Krisen Konfliktstoff liefern. Beide haben vielleicht dieselben Interessen und Ziele, aber unterschiedliche Werte und Normen bei der Beurteilung einer Situation.

Jeder Partner sollte immer noch eigene Zeit zur individuellen Gestaltung behalten. Ein eigener Freundeskreis ist dabei nicht das Wichtigste, es ist aber schön, wenn man ihn nicht ganz aufgibt.

Ist es naiv, noch an die große Liebe zu glauben?

Den Traum, dass die große Liebe auf ewig funktioniert, hat jeder, das ist legitim. Der Traumprinz soll am liebsten für immer der Traumprinz bleiben. Es gibt Paare, bei denen das tatsächlich funktioniert. Es muss allerdings eine lebendige Beziehung sein, beide müssen sich darin entfalten und weiterentwickeln können. Es besteht aber auch die Gefahr, dass beide Partner sich in konträre Richtungen entwickeln. Eine ausgebildete Arzthelferin strebt zum Beispiel ein Medizinstudium an, aber ihr Mann bremst sie in ihren Träumen, aus lauter Angst, er könne mit ihrer intellektuellen Entwicklung nicht mithalten. Entwickeln sich Paare in unterschiedliche politische Extreme, führt das genauso zu Konflikten, wie eine Konstellation, in der die Partnerin plötzlich zur radikalen Veganerin mutiert, oder wenn in einer religiös geprägten Beziehung einer der Partner vom Glauben abfällt. Das alles sind Gefahren, die Gift für die Liebe sein können.

Gibt es Veränderungen in der Partnerschaft, sobald man in die größere Familienstruktur eintritt?

Viele Paare schaffen genau diese Erweiterung ihres Liebeslebens nicht. Zwei Menschen treffen sich, kommen als Paar zusammen, weil es ihnen Freude macht, miteinander zu leben. Plötzlich aber sind sie konfrontiert mit äußeren Einflüssen, die zur Belastung werden, denn:

– eben waren sie noch das frischverliebte Paar, und plötzlich sind sie Teil einer größeren Familie mit allen Vor- und Nachteilen;
– nun stellen diese Familienmitglieder Ansprüche, die das Paar gar nicht erfüllen kann und möchte;
– auch Kinder aus vorherigen Beziehungen können sich als Hindernis erweisen;
– auch Widerstand der Mutter oder Schwiegermutter gegenüber dem neuen Partner ist nicht ungewöhnlich. Eventuell mag sie die Schwiegertochter überhaupt nicht, muss aber bedenken, dass nur sie ihr den ersehnten Enkel schenken wird; Söhne haben entweder eine sehr positive oder sehr negative Beziehung zu ihrer Mutter, so geraten Schwiegertöchter unfreiwillig in die Falle des Vermittelns: »Schatz melde dich doch mal wieder bei deiner Mutter«; Schwiegermütter beanspruchen oft zuviel Raum in der Partnerschaft, sie geben am liebsten sogar noch Tipps zum Verwöhnen ihres Sonnyboys;
– auch die überschwängliche Vereinahmung des neuen Partners durch die eigene Familie kann zum Problem werden, wenn man sich dadurch nämlich selbst zurückgesetzt fühlt.

Als Paar kann und soll man keineswegs die Wünsche aller Familienmitglieder befriedigen. Auch wenn die Familie tolerant gegenüber Veränderungen ist, werden bei Neuzugängen die Karten jedes Mal neu gemischt. Das betrifft aber nicht nur den Familien-, sondern auch den Freundeskreis. Der erste Krach ist doch schon programmiert, wenn sich die Frau entsetzt weigert, den Freund zum Treffen mit seinen Kumpels zu begleiten, weil sie meint, ihr Liebster würde so schreckliche Typen anschleppen. Ich rate dennoch mitzugehen, denn vielleicht kann dadurch eine Bereicherung für die Beziehung entstehen.

Was bedeuten Kinder für das Glück der Partner?

Kinder zwingen zur Auseinandersetzung der Partner mit den Fragen: Was ist ein guter Vater, was ist eine gute Mutter? Man erlebt den Liebsten in einer neuen Rolle und vergleicht ihn womöglich mit Erfahrungen, die man im eigenen Elternhaus gemacht hat. Durch die Kinder kommen zusätzliche Aspekte in die Paarbeziehung, die für Unruhe sorgen. Diese Neuorientierung muss erst einmal bewältigt werden. Die Beziehung kann instabiler werden, wenn man Verantwortung für ein weiteres Lebewesen übernimmt, denn auch nach der Geburt des Wunschkindes bricht nicht immer gleich das hundertprozentige Glück aus. Sexualität, Rollenverständnis, Selbstsicherheit, Erwartungshaltungen der Familie oder einfach die Gestaltung der freien Zeit miteinander, all das verändert sich – und damit auch die Beziehung des Paares. Beide sind oft gefangen in der Elternrolle und vergessen dabei häufig, dass sie auch noch Mann und Frau sind. In dieser Situation hilft nur Geduld und Gelassenheit.

Was verstehen Sie unter Beziehungsarbeit?

Ich weiß, dieser Begriff klingt grausam, denn Liebe und Arbeit – das passt nicht zusammen. Gemeint ist, dem anderen gegenüber aufmerksam zu bleiben, nicht in Selbstverständlichkeiten zu verfallen, sich zu disziplinieren. Diese Selbstverständlichkeiten haben ja auch etwas Schönes, denn die Grundlage der Liebe muss nicht ständig neu erobert werden. In der Folge entstehen jedoch häufig Ver-

268

krustungen, in denen beide feststecken und sich allein nur schwer daraus lösen können, zum Beispiel wenn:

- Der Partner vorab schon etwas in eine Situation hinein interpretiert: »Ich weiß doch was du denkst …«
- »Lass mich in Ruhe«, ist oft der fatale Schlüsselsatz in einer Beziehung und bedeutet vielleicht nur: »Lass mich Zuhause ankommen, gib mir fünf Minuten Verschnauf-pause«. Der Partner hört aber stattdessen vielleicht: »Ich will nichts von Dir wissen, Deine Sorgen interes-sieren mich nicht!«, und reagiert beleidigt, und was folgt, ist absolute Funkstille.
- Sie fühlt sich vielleicht für den Haushalt verantwortlich und er für das Auto. Die Aufteilung ist irgendwann ein-mal entstanden, weil sie gern einkauft und er gern zum Tanken fährt. Sie möchte als Konsequenz aber nicht den gesamten Wochenendeinkauf allein erledigen und er möchte nicht die Schuld dafür bekommen, wenn sie mit leerem Tank irgendwo stecken bleibt. Beide haben die Verteilung nie thematisiert, und plötzlich explodieren die Vorwürfe: »Warum muss immer ich, du kannst dir doch denken, dass … etc.«

Der Wunsch, der Partner könne Gedanken lesen, statt die eigenen Wünsche klar auszusprechen, ist gerade bei Paaren mit starken Verkrustungen weit verbreitet. Für die meisten Paare ist Streit und Diskussion etwas Gefährliches. Dann scheint die Harmonie schon gestört, wenn man bei kriti-schen Punkten einfach nur nachhakt. Schließlich verstehen die Liebenden einander gerade am Anfang ihrer Verbin-dung beinahe wortlos, und sie wollen dieses Glück um je-den Preis bewahren. Anfangs mag diese Verständigung so-gar gut funktionieren, auf Dauer aber schleichen sich immer mehr Fehler ein. Oft will sich ein Partner die Mühe der »Beziehungsarbeit« nicht machen, denn die Konse-quenz wäre vielleicht eine härtere Konfrontation mit dem anderen oder gar mit dessen Schattenseiten. Manchen Partnern fällt es aufgrund eigener Unsicherheit auch schwer, sich zu öffnen und Schwächen zu zeigen. Kaum jemand will den Menschen, der ihm am nächsten ist, enttäuschen. Wenn ein Partner der Konfrontation ständig aus dem Weg geht, kann das auch damit zusammenhängen, dass er sich bereits anderweitig umschaut. Aber eigentlich wollen die meisten Menschen keine Veränderung ihrer gewohnten Bahnen. Alles soll am besten so bleiben, wie zu Beginn der großen Liebe, denn damals war alles so glückselig, wunderbar leicht, und es knisterte unter dem Dach der Verliebtheit. Daher soll möglichst nie ein böses Wort zwischen ihnen fallen. Doch solch ein Glück ist zerbrechlich, und niemand kann auf Dauer mit rohen Eiern jonglieren.

Man muss sich immer wieder die Frage stellen, was man eigentlich von dieser Liebe erwartet. Vielleicht braucht man ein Wochenende ohne Glotze und ohne Highlights und möchte die gemeinsame Zeit intensiv mit dem Partner nutzen. Nicht dauernd nörgeln und Vorwürfe ausspucken, die eigenen Wünsche klar äußern, das ist unter täglich gelebter Beziehungsarbeit zu verstehen.

Wie wichtig ist Sexualität für eine glückliche Partnerschaft?

Am Anfang kann die Leidenschaft so groß sein, dass man ständig übereinander herfällt und es kaum abwarten kann, den anderen wieder zu sehen, um dann erneut übereinander herzufallen. Flaut diese erste heiße Phase in der Beziehung ab, geben viele schon aus Enttäuschung auf. Bei anderen Paaren beginnt der Sex vielleicht zunächst kuschelig und steigert sich erst im Laufe der Beziehung zur Leidenschaft. Wichtig ist es, sich nicht in falschen Erwartungen zu verfangen.

270

Frauen glauben oft, dem Partner gegenüber eine bestimmte Rolle spielen zu müssen, gerade beim Sex. So mimt manch eine zum Beispiel das scheue Reh, obwohl sie lieber die Initiative ergreifen würde, handelt aber nicht entsprechend, aus Angst, dadurch in ein schlechtes Licht zu geraten. Oder manch einer befürchtet, als unmännlich zu gelten, wenn er bei ihr nicht allzeit bereit ist, obwohl er gar nicht immer Lust auf Sex hat. Die eigenen Wünsche offen zu äußern, sich auch mal ziellos auf eine erotische Situation einzulassen, sich total hinzugeben, das wäre in vielen Fällen stimulierender und erfüllender als ein starres Verhaltensmuster. Gerade beim Sex gibt es Ungleichzeitigkeiten, da gilt es, sich nicht nur auf den Partner einzustellen, sondern auch auf sich selbst zu achten und einen gemeinsamen Rhythmus zu finden.

Warum interpretieren Paare ihr gutes oder weniger gutes Sexualleben oft als Seismograph für die Beziehung?

Körperkontakt, Erotik und Sex sind die intimsten Bereiche in der Partnerschaft. Fühlt man sich hier zurückgesetzt, empfindet man sich als ganze Person zurückgewiesen. Fühlt sich die Frau im Bett bedrängt, wird sie vielleicht zur Sozialarbeiterin auf der Matratze, nur um ihm Gutes zu tun. Nichts ist schlimmer, als wenn beide im Bett etwas aus einer Verpflichtung heraus tun und einander etwas vorspielen.

Sexuelle Unstimmigkeiten können aber auch andere gravierende Beziehungsprobleme spiegeln, über die nicht offen gesprochen wird.

In einer rein körperlichen Affäre dagegen, die ohne jegliche Erwartungen, Konsequenzen und Verpflichtungen auskommt, funktioniert der Sex ohne Druck und Verlustängste oft viel besser. Kontrollverlust beim Sex zuzulassen, heißt ja, sich hingeben zu können und sich der Lust hemmungslos auszuliefern. Ist das Grundvertrauen zum Partner gestört, tritt Argwohn an die Stelle, und das ist Gift für die Sexualität.

Ist Untreue oft ein Anlass für eine Therapie?

Ja, manchmal handelt es sich sogar um eine bereits lange zurückliegende Untreue, mit dem verzweifelten Wunsch nach Wiedergutmachung. Zum Beispiel: »Ich habe beim Partner etwas gut, oder noch eine Rechnung offen, er hat mich betrogen, und ich bekomme dafür den Pelzmantel oder die Reise in die Karibik.«

Ab- und aufzurechnen, statt sich gemeinsam zu fragen, wie es dazu kommen konnte, führt immer tiefer in die Krise.

Ein Seitensprung soll in seltenen Fällen sogar dem Beziehungserhalt dienen, weil er wie ein Ventil für erlittene Zurückweisung wirkt. Dem Beichtzwang nachzugeben, ist dabei aber nicht immer konstruktiv. Man muss sich darüber klar sein, warum man sich tatsächlich dem Partner offenbaren will. Will man nur sein Gewissen erleichtern, oder vielleicht sogar beweisen, dass man für andere sehr wohl noch begehrenswert ist? Eine Beichte kann sehr viel zerstören. Mit der Preisgabe von »schmutzigen« Geheimnissen muss man sehr achtsam umgehen, und dabei gilt es auch zu berücksichtigen, ob der Partner auch von anderer Seite davon erfahren könnte. Dann ist es auf jeden Fall allerhöchste Zeit, es ihm direkt zu erzählen.

Es gibt Paare, die im Beruf und im Privatleben alles
glücklich miteinander teilen, wie geht das?

Etwas zusammen aufzubauen, gemeinsame Ziele zu verfolgen und dabei eine eigenständige Persönlichkeit zu
bleiben, sich eben nicht zu verdoppeln, das kann tatsächlich funktionieren. Wichtig ist, dass es hier eine gegenseitige Wohlwollensunterstellung gibt. Der Grundsatz eines
gelingenden Miteinanders ist es, wenn man zunächst immer davon ausgeht, dass der Partner mit seinem Tun die
allerbesten Absichten verfolgt. Viele Paare neigen hingegen zu Negativunterstellungen, die den Partner in ein
schlechtes Licht rücken und machen ihm dann irrationale
Vorhaltungen.

Fehlt jüngeren Paaren heute das Durchhaltevermögen
für das große Glück?

Die Jüngeren haben heute sicherlich andere Erwartungen
an das Glück. Sie sind zuversichtlich, schnell wieder einen
neuen Partner zu finden, keineswegs nehmen sie aus lauter
Torschlusspanik mit dem Falschen vorlieb. Viel hängt von
ihren Idealvorstellungen ab. Sie fragen sich:»Warum soll
ich mich mit fünfzig Prozent zufrieden geben, wenn ich
möglicherweise auch achtzig oder hundert haben kann?«
Dabei sind jüngere Männer schneller zufrieden als junge
Frauen. Die Jüngeren denken oft, es kommt noch etwas
besseres, oder sie suchen gar nach einer »Phantomliebe«,
einem Idealpartner, der alle denkbaren Vorzüge hat und
sie aus jeder Misere erretten wird. Es gibt auch die Tendenz, dass junge Männer heute eher heiraten wollen als
gleichaltrige Frauen. Die wollen ihrerseits lieber ihre Freiheit und Selbstständigkeit genießen. Die finanzielle Unabhängigkeit der jungen Frauen ändert ihr Verhalten in der

Partnerschaft. Sie haben keine Angst mehr, unversorgt zu sein, auch nach einer Scheidung oder mit einem unehelichen Kind müssen sie nicht mehr fürchten, gesellschaftlich geächtet zu werden. Netzwerke für Singles funktionieren heute viel besser. Im Jahr 2008 behauptet auch keiner mehr, man sei als Frau zu dumm, eine gute Ehe zu führen, falls diese scheitern sollte. Ein bisschen nett im Bett, gut kochen, den Mann aushäusig sein lassen, diese Tipps der Großmütter haben heute keinerlei Bedeutung mehr.

In der modernen, mobilen Gesellschaft mit den vielen Wochenendbeziehungen schmachten beide den gemeinsamen freien Tagen sehnsuchtsvoll entgegen, und der Alltag wird vollkommen ausgeblendet. In diesen Beziehungen funktioniert das langersehnte Zusammenleben dann aber häufig gar nicht, wenn beide Partner endlich einen Arbeitsplatz in derselben Stadt ergattert haben, ihre Liebe droht am grauen Alltag zu scheitern.

Ältere Menschen haben zwar nicht weniger Ansprüche, aber sie haben viele Klippen schon überlebt, auch haben sie weniger Angst, etwas zu versäumen. Das macht sie gelassener.

Der ältere Herr hingegen, der mit einer weitaus jüngeren Frau zum zweiten oder dritten Mal das gleiche Beziehungsmuster – vom Hausbau bis zur Familiengründung – verwirklicht, hat sich wahrscheinlich nicht weiterentwickelt oder will es nicht wahrhaben, dass auch er sich irgendwann dem Alter stellen muss.

Ab wann spricht man in der Paartherapie von einer Krise?

Erst dann,
– wenn beide nicht mehr in der Lage sind, über den eigenen Schatten zu springen, um die Blockaden zu lösen,

- wenn zu viel Trennendes das Paar belastet;
- sobald das Einfühlungsvermögen für den Partner ganz fehlt,
- oder man gar eine Abneigung entwickelt, man ihn oder sie weder hören noch riechen oder sehen kann,
- man die Argumente des anderen als dümmlich empfindet
- und es einem peinlich ist mit dem anderen in der Öffentlichkeit zu erscheinen,
- wenn man einander ständig Vorwürfe macht oder den Partner als nervigen Alleinunterhalter empfindet, der zwar in Gesellschaft witzig ist, sich Zuhause aber als muffeliger Tyrann entpuppt.

Das sind Gräben, die man nur schwer überwinden kann. Die gute Grundlage ihrer Zweisamkeit geht vielen Paaren im Laufe der Jahre verloren, wenn sie nicht aufmerksam (und respektvoll) mit sich selbst und mit dem anderen umgehen.

Wie ist der Erfolg einer Paartherapie messbar?

Erfolg ist für mich, wenn die Partner einander besser zuhören können und beide genau wissen, welche Ansprüche sie an sich selbst, an den anderen und aneinander haben und was sie sich von ihrer Liebe versprechen.

Gibt es ein Geheimnis glücklicher Paare?

Ja natürlich! Und das zeigt sich darin, dass sich das Gefühl festigt, vom Leben etwas geschenkt zu bekommen, was man sich schon immer gewünscht hat. Und wenn einem dabei das Herz weit aufgeht, dann ist man dem Geheimnis des Glücks auf der Spur. Intensive Glücksmomente in der Liebe muss man im Augenblick genießen und darf nicht ständig erwarten, dass sie sich für immer festhalten lassen. Sich als Paar gemeinsam über dasselbe freuen zu können, in der Beziehung aufmerksam zu bleiben, kann solch ein Glücksgefühl auch längere Zeit aufrechterhalten. Hilfreich für ein dauerhaftes lebendiges Miteinander ist es, sich gemeinsam neue Welten zu erschließen, dem Partner Überraschungsmomente zu bereiten und gleichzeitig auf die eigenen Bedürfnisse zu achten.

Alle Paare schaffen sich ein eigenes Universum, in dem bestimmte Gesten, Worte, Klänge, Assoziationen, spontane Erinnerungen und Empfindungen eine exklusive Bedeutung haben, die nur sie beide entschlüsseln können, wie ein gemeinsamer Kosmos, zu dem niemand anders Zugang hat. Wenn sie diese Verbundenheit immer weiter wachsen lassen und dafür sorgen, dass diese Einheit nicht zerstört wird, dann haben sie gemeinsam ein ganz großes Stück vom Liebesglück erobert.

Dank

Die Autorinnen danken M. Monks, Lili S. und Franziska Günther.

Aus persönlichkeitsrechtlichen Gründen wurden einige der im Buch vorkommenden Namen verändert.

Bildnachweis

Picture alliance, Frankfurt/Main S. 152/153
Privat S. 119, 216/217, 229

Alle anderen Porträts stammen von Thomas Kläber.

»Man muss sich die Kunden des Aufbau-Verlages als glückliche Menschen vorstellen.«

Monika Schuck und Bärbel Schäfer
Ich wollte mein Leben zurück
Menschen erzählen von ihren Erfahrungen mit Krebs
Mit Fotos von Karsten Bartel
Mit einem Vorwort von Dagmar Schipanski
256 Seiten
ISBN 978-3-7466-2416-7

Diagnose: Krebs

Prominente und Nichtprominente berichten, wie sie sich der
Krankheit gestellt und sie mitunter sogar als Chance empfunden
haben. Bärbel Schäfer und Monika Schuck erzählen von Menschen,
die - oft mit Kraft und Zuversicht - diese Situation meisterten.
Mit Rudi Carrell, Robert Gernhardt, Jörg Berger, Michael Lesch,
Heiko Herrlich, Ina Deter und vielen anderen.
Mit einem Verzeichnis der wichtigsten Diagnose- und
Therapiezentren. In Zusammenarbeit mit der Deutschen Krebshilfe.

Mehr von Monika Schuck und Bärbel Schäfer:
Die besten Jahre. Frauen erzählen vom Älterwerden. AtV 2497
Das Glücksgeheimnis. Paare erzählen vom Gelingen ihrer Liebe.
ISBN 978-3-378-01102-1

Mehr Informationen erhalten Sie unter
www.aufbau-verlag.de oder in Ihrer Buchhandlung

aufbau taschenbuch

Monika Schuck und Bärbel Schäfer
Die besten Jahre
Frauen erzählen vom Älterwerden
Mit Fotos von Karsten Bartel
284 Seiten
ISBN 978-3-7466-2497-6

Die Lust am Älterwerden

Models, Sportlerinnen und Tänzerinnen gelten bereits mit Anfang 30 als »alt«, eine Professorin ist noch mit 40 »blutjung«, und mit 45 können Frauen heute ebenso gut Mütter wie Großmütter werden. Bärbel Schäfer und Monika Schuck porträtieren prominente und nichtprominente Frauen mit unterschiedlichsten Berufen und zeigen, dass die »besten Jahre« heute längst keine Frage des Alters mehr sind.

Mehr von Monika Schuck und Bärbel Schäfer:
Ich wollte mein Leben zurück. Menschen erzählen von ihren
Erfahrungen mit Krebs. AtV 2416
Das Glücksgeheimnis. Paare erzählen vom Gelingen ihrer Liebe.
ISBN 978-3-378-01102-1

Mehr Informationen erhalten Sie unter
www.aufbau-verlag.de oder in Ihrer Buchhandlung

Gina Mayer
Zitronen im Mondschein
Roman
522 Seiten. Gebunden
ISBN 978-3-378-00691-1

Die Tochter der Wahrsagerin

Zwei Frauen in den Wirren und der Aufbruchstimmung der Zwanziger Jahre. »Es ist etwas in dir, das ihm den Tod bringt.« Nach einer Weissagung verlässt Maria den Mann, den sie liebt, einen außergewöhnlich begabten Maler. Allein versucht sie sich mit ihrem Kind als Wahrsagerin in einem Wanderzirkus durchzuschlagen. Als der Hunger während des Ersten Weltkriegs immer größer wird, bringt sie die kleine Mira in ein Kinderheim. Erst Jahre später treffen sich die beiden Frauen in wieder. Mira verachtet ihre Mutter. Sie verliebt sich in einen Kinopianisten, der sie mit einer revolutionären Gruppe bekannt macht. Doch dann taucht ein seltsamer Mann auf, ein Kunstmaler, dessen Geschichten und Ideen sie faszinieren.

Mehr Informationen erhalten Sie unter
www.aufbau-verlag.de oder in Ihrer Buchhandlung

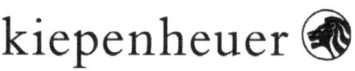

Guillaume Musso
Weil ich dich liebe
Roman
Aus dem Französischen von Claudia Puls
320 Seiten. Gebunden
ISBN 978-3-378-00689-8

Wie viel Schmerz erträgt die Liebe?

Die glückliche Ehe von Nicole und Mark zerbricht am rätselhaften Verschwinden ihrer kleinen Tochter Layla. Die verzweifelte 15-jährige Evie überfällt auf offener Straße den Psychologen Connor McCoy. Die exaltierte Milliardärstochter Alyson Harrison wird von derart entsetzlichen Schuldgefühlen gequält, dass sie nicht mehr weiterleben will. All diese prekären Lebens- und Schicksalswege kreuzen sich auf mysteriöse Weise in einem alles entscheidenden Augenblick: Werden die aus der Bahn geratenen Seelen wieder zu sich zurückfinden, bekommen sie noch einmal eine Chance auf ein neues Lebensglück? Ein Roman über Liebe, Freundschaft und Verlust – anrührend und spannend bis zur letzten Seite.

»Ein explosiver Cocktail aus Spannung, Gefühl und Phantasie.« ELLE

Mehr von Guillaume Musso:
Wirst du da sein? Roman. AtV 2513

Mehr Informationen erhalten Sie unter
www.aufbau-verlag.de oder in Ihrer Buchhandlung

Ricardo Coler
Das Paradies ist weiblich
Eine faszinierende Reise ins Matriarchat
Aus dem Argentinischen Spanisch von
Sabine Giersberg
165 Seiten. Gebunden
ISBN 978-3-378-01103-8

Im Reich der Frauen

Monatelang lebte der Journalist Ricardo Coler im Süden Chinas
unter den Mosuo, um zu erforschen, wie eine Gesellschaft funktioniert, in der die Frauen das Sagen haben. Mit Autorität und
Charme bestimmen bei den Mosuo die Frauen, wo es langgeht:
Sie arbeiten und tragen Verantwortung, sie stellen die Regeln
für die Gemeinschaft auf, sie werden zum Oberhaupt der
Großfamilie ernannt. Jeden Abend versammeln sich die Mosuo
an den Ufern des Lugo-Sees zu einem Tanz, bei dem die Frau
entscheidet, welcher Mann sie gegen Mitternacht aufsuchen darf.
Nie leben Männer und Frauen hier als Paar zusammen, und da
zur Familie nur zählt, wer blutsverwandt ist, wissen die Kinder
nicht, was ein Vater ist. In einer »Besuchsehe«, wie die Mosuo
eine Liebesbeziehung nennen, sind Eifersucht, sozialer Druck und
Enttäuschungen unbekannt. Dieses Buch entführt seine Leser in
die wunderbare Welt einer Gemeinschaft, die eine überraschend
konfliktfreie Ordnung gefunden hat.

»Ein absolut mitreißender Bericht.« ELLE

Mehr Informationen erhalten Sie unter
www.aufbau-verlag.de oder in Ihrer Buchhandlung

kiepenheuer

Renan Demirkan
Septembertee
oder Das geliehene Leben
167 Seiten. Gebunden
ISBN 978-3-378-01098-7

Ein Leben?
Viele Leben!

In ihrem 50. Lebensjahr steht Renan Demirkan am Grab ihrer Mutter in deren türkischem Heimatdorf, erinnert sich noch einmal an die gemeinsamen Jahre und fragt nach den Vorstellungen von Leben und Glück, die ihre Generation mit der ihrer Mutter zugleich verbanden und von ihr trennten. Demirkan kam als Siebenjährige nach der türkischen Staatskrise 1962 nach Deutschland, wuchs in Hannover auf und machte Karriere als Schauspielerin und Autorin. In diesem Buch zieht sie die bewegende und sehr persönliche Bilanz eines Migrantenlebens, das geprägt war von der Frage nach der Identität zwischen den Kulturen. Diese »zwei Leben in einer Haut«, so das Credo von Renan Demirkan, waren Last und Chance zugleich.

»Man weiß selten, was Glück ist, aber man weiß meistens, was Glück war.« Renan Demirkan

Mehr Informationen erhalten Sie unter
www.aufbau-verlag.de oder in Ihrer Buchhandlung

Simone Veil
Und dennoch leben
Autobiographie
Aus dem Französischen von
Nathalie Mälzer-Semlinger
316 Seiten. Gebunden
ISBN 978-3-351-02677-6

Ein europäisches Jahrhundertleben

Sie ist eine der bekanntesten Politikerinnen Europas und verkörpert vor allem eines: das Streben nach Unabhängigkeit und Freiheit. Nach ihrer Deportation und dem Kriegsende wird die dreifache Mutter zur »Madame le Ministre« unter Jacques Chirac. Ihr Kampf für die »Loi Veil«, die Legalisierung der Abtreibung, geht in die Geschichtsbücher ein. Neben Helmut Kohl und François Mitterrand wird sie zur Galionsfigur der europäischen Gemeinschaft. In ihren Erinnerungen berichtet sie fesselnd vom Austausch mit Politikerinnen wie Hillary Clinton oder Margaret Thatcher und schildert spannende Begegnungen mit den Mächtigen ihrer Zeit: Helmut Schmidt, Bill Clinton, George Bush, Nelson Mandela, Papst Johannes Paul II.

»Veil hat teilgehabt an den symbolbeladenen Ereignissen des 20. Jahrhunderts.« SÜDDEUTSCHE ZEITUNG

Mehr Informationen erhalten Sie unter
www.aufbau-verlag.de oder in Ihrer Buchhandlung

Günter Krenn
Romy Schneider
Die Biographie
Mit 68 Abbildungen
416 Seiten. Gebunden
ISBN 978-3-351-02662-2

Die letzte Diva des 20. Jahrhunderts

Ihre Tragik war ein Dasein zwischen höchstem Ruhm und existentiellem Scheitern. Anders als andere Biographen zeichnet der renommierte Filmexperte Günter Krenn Romy Schneiders Leben nicht allein anhand ihrer Skandale nach, sondern nimmt ihre mehr als 60 Filme in den Blick. In unablässiger Folge drehte sie mit den berühmtesten Regisseuren ihrer Zeit, wie Claude Chabrol, Orson Wells, Luchino Visconti, und verausgabte sich dabei körperlich und seelisch völlig – getrieben von dem Ziel, das verhasste Image der »Sissi«-Filme loszuwerden. Krenn geht auch auf das komplizierte Verhältnis zwischen Star und Öffentlichkeit ein: Nur zu oft trennte Romy Schneider nicht zwischen privater und öffentlicher Tragödie, wovon sie medienwirksam profitierte und woran sie zugleich zerbrach.
Das faszinierende Leben einer Diva – brillant geschrieben und gestützt auf umfangreiches, teilweise bislang unerschlossenes Material sowie Gespräche mit Karlheinz Böhm, Volker Schlöndorff, Bertrand Tavernier, Jean Rochefort u. a.

Mehr Informationen erhalten Sie unter
www.aufbau-verlag.de oder in Ihrer Buchhandlung